ERNST MOLDEN

WIEN MITTE

Ein Wochenbuch

Deuticke

Ernst Moldens Kolumne *Wien Mitte* erscheint
seit 2009 in der Tageszeitung *Kurier*.

2. Auflage 2017

ISBN 978-3-552-06355-6
Alle Rechte vorbehalten
© Deuticke im Paul Zsolnay Verlag Wien 2014
Satz: Eva Kaltenbrunner-Dorfinger, Wien
Printed in Germany

Für meine Liebste,
den Erstgeborenen,
den Zweitgeborenen,
die Drittgeborene

EIN BUCH
IN ZWEIHUNDERT-
SECHSUNDDREISSIG
WOCHEN

Im Frühling 2009 ging ich mit drei, vier Aufsätzen und drei, vier weiteren Ideen zu Michael Horowitz, dem Chefredakteur der *Freizeit*, der Samstagsbeilage der Wiener Tageszeitung *Kurier*. Mir schwebte eine lose kleine Serie vor, zusammengehalten von einer Gegend namens Wien Mitte, dem zentralsten Teil des dritten Wiener Gemeindebezirks. Horowitz ist ein Redakteur alter Wiener Schule, sein Samstagsmagazin produziert er seit einem Vierteljahrhundert. Er, der einst Fotograf war und als solcher die schönsten Porträts von Helmut Qualtinger gemacht hat, hätte auch schon in der Zwischen- oder Vorkriegszeit Wiener Redakteur sein können. Voraussetzung dafür ist diese Offenheit, prinzipiell in allem ein Thema sehen zu können. Horowitz sah auch das Thema Wien Mitte und nahm meine Texte.

Ein paar Wochen später rief er mich an. Ich nahm an, er werde sich für die Zusammenarbeit bedanken, stattdessen bestellte er mich in die Redaktion, wo ich fotografiert werden sollte. So eine Kolumne brauche ein Porträt, sagte Horowitz. Du schreibst doch weiter, sagte er.

So schrieb ich, bis jetzt fast fünf Jahre lang. Jede Woche, was ich nie für möglich gehalten hätte. Aus den Grätzelstories wurden nach und nach wöchentliche Berichte aus dem Leben, das ich mit meiner Liebsten und unseren drei Kindern teile. Als wir zwei Jahre später aus Wien Mitte fortgingen und nach Erdberg zogen (eine deutlich andere Landschaft desselben Wiener Bezirks), behielt die Kolumne ihren Titel. Wien Mitte, das waren jetzt irgendwie wir.

Mein Dank geht an die netteste Redaktion der Welt: Michael Horowitz, Annemarie Josef, Andreas Bovelino und Christine Hons.

Ernst Molden
Wien, Oktober 2013

Der Blick aus dem Fenster geht über eine Schlucht, in der die Eisenbahn fährt. Hier sind wir *down there by the train*, wie Tom Waits singt, *down there where the train goes slow*. Willkommen in Wien Mitte. Es gibt auf der Welt verschiedene Mitten. Meine Schwägerin etwa lebt in Berlin Mitte. Die Schwägerin ist bald nach der Wende hingezogen, hat Hypes und Huren ausgesessen und lebt noch immer dort, in diesem mittlerweile wieder gelassener gewordenen Königsbezirk, der groß und gewachsen ist, alt und berühmt. Wenn die Schwägerin die Berliner Mitte als Adresse aufschreibt, weiß sie warum. Der Mensch in Wien Mitte hingegen lebt an der irgendwie geisterhaften Südostperipherie eines Zentrums, das ungleich berühmter ist als die Mitte. Diese heißt nach einem weitgehend unterirdischen Bahnhof, dem mittigsten aller Wiener Bahnhöfe, daher dieser eigentlich total unwienerische Name, der auf das Grätzel übergegangen ist. Wien Mitte ist nicht Erdberg, auch nicht wirklich Landstraße, wir nagen höchstens ein wenig am unteren, verdorbenen Ende dieses großen Boulevards. Wien Mitte hat auch mit dem Diplomatenviertel am Rennweg nichts zu tun, und schon gar nichts, darauf legen wir hier Wert, mit der Inneren Stadt. Wien Mitte ist ein Geisterzentrum hinter dem Zentrum, eine Stadtgegend, geprägt von den letzten überirdischen Ufern des Wienflusses, von einer seltsamen botanischen Phantasmagorie der Gründerzeit namens Stadtpark und bis vor Kurzem von jenem Bahnhof, der uns den Namen gab und uns nun weggerissen wurde. Nun, da die Krise fern und nahe grollt, brodelt die Baustelle gemach vor sich hin, unser Namensgeber ist eine Art Schlund mit ein paar Ruinen. Wir sind hier Zumutungen gewöhnt, warten also ab. Das Herrliche an Mitte ist, dass es ein Grätzel ohne einen bestimmenden Menschenschlag, ohne dominierende Ethnie, ohne tonangebende soziale Schicht ist. Von daher wirkt es hier wie eine Reminiszenz an ein früheres Wien, an eine Zeit, als große Städte zur Durchmischung da waren. Der weggerissene Bahnhof, die zugesperrte Halle waren letzte große Zentrifugen solcher Durchmischung. Die zu Durchmischenden stehen jetzt gerade ein bisschen herum. Aber sie halten durch. Bitte dranzubleiben.

Die EU tötet die Glühbirne, es kommt die Energiesparlampe. Ich kann mich dem ökologischen Argument nicht verschließen. Aber ich liebe die Glühbirne. Sie ist die Erfindung der Moderne schlechthin, so wie Edison ihr Ingenieur war. Selbst als Existenzmetapher ist mir die Glühbirne lieber als die Kerze, weil erstens ist sie nicht so wächsern und zweitens scheppert sie nach dem Erlöschen, so wie unsere Gebeine im Sarg. Ich kaufe mit Leidenschaft neue Glühbirnen ein. Doch Birnen in Elektronikketten zu erstehen, bringt Frustration. Allzuoft ist die begehrte Stärke oder die Gewindegröße nicht vorrätig. Und wenn doch, liegen in den Schachteln nicht selten kleine gläserne Leichen. Es war ein Triumph, vor ein paar Jahren meinen Birnengarten zu entdecken, auf der Landstraßer Hauptstraße. Es ist ein wunderbares Geschäft, nicht größer als ein Einbaukasten, zierliche Theke, ein paar Stellagen, weiter hinten noch ein Gelass, gleichermaßen Büro und Lager. Die Gärtnerin ist die Elektrikerin, die dieses Geschäft betreibt, silberne Haare, aquamarinblauer Arbeitskittel, blitzblank geputzte Augengläser. Sie führt eine kleine, wohlkompilierte Auswahl an alltäglichen Elektrogeräten – Taschenlampen, Wecker, Radios. Kaum etwas davon wurde nach den ausgehenden Achtzigern des vergangenen Jahrhunderts fabriziert. Dennoch ist alles gepflegt und stammt eben gerade noch aus der Zeit, als Elektrogeräte bei Versagen nicht weggeschmissen, sondern gerichtet wurden. Vor allem aber gibt es Birnen. Alle Größen und Stärken, neben Birnen auch Birnderln sowie Kerzen und Kerzerln. Und es gibt diese großartige Vorrichtung, eine Fassung in der Wand, in der jede zu kaufende Birne eingeschraubt und getestet wird. Vor einiger Zeit fand ich meinen Garten zu. Den Rolladen unten. Kein Schild. Ich ging in eine Kettenfiliale, fand das Gesuchte, trug es nach Haus, wo sich prompt eine von vier Kerzen als hin erwies. Ich nahm an, dass die Gärtnerin ihren Birnen voran ins Ausgedinge gegangen war. Aber dann, Ende März, kam ich zufällig vorbei und fand den Garten offen. Wo bitte waren Sie?, rief ich aus. Thailand, sagte sie, wissen S', im Winter muass i manchmal ans Licht. Ohne Not kaufte ich sofort vier Birnen. Ein wenig Zeit ist noch.

Im Prater stinkt wieder der Bärlauch. Das sind die Tage der Hoffnung. Wenn nämlich später, wie Lehár einst sang, die Bäume blühen, dann ist das große Versprechen ja eingelöst. Dann herrscht Sicherheit. Dann muss der Mensch aus Wien nicht mehr mutig sein, wenn er ein Frühlingsgefühl zeigen will. Jetzt müssen wir noch zittern. In Wien kann es eigentlich im April noch immer schneien. Man kann sich auf nix verlassen. Das macht diese Tage des stinkenden Bärlauchs so sexy. Heustadelwasser: Gelb schreit die Forsythie von der Staude. Die Sportler, sie lächeln. Die Stadtgärtner, sie plauschen, und vor ihren Besen raschelt das alte

Laub, das alte Jahr, der alte Schmerz. Im Wasser laichen Erd- und Knoblauchkröte, stumm treibt der Molch dahin, lustig wackelt der Stockentenbürzel. Das Repertoire an Wildlife, das unsere Bundeshauptstadt zu bieten hat, mag enden wollend sein, aber nun, in diesen nach Bärlauch stinkenden Glückstagen, da ist es vollzählig am Werken, da zeigt jedes seiner Mitglieder auf, und wir Wiener Menschen, wir spielen mit. Wir kriegen irgendein Zeichen, und sei es die torkelnd zwischen Innen- und Außenfenster erwachende Schmeißfliege, und wagen uns in den Dschungel des Bärlauchs. Wir schimpfen nicht beim Autofahren, obwohl es Gründe gäbe, weil alle grad so belämmert unterwegs sind. Wir sprechen kurz nicht über Krisen, weder über jene der Weltwirtschaft noch über unsere eigenen Psychos. Wir ziehen uns entschieden zu leicht an und holen uns die letzte verfügbare Verkühlung der Saison. Unglaublich: Wir grüßen, und zwar Fremde ebenso wie Bekannte, was bekanntlich viel anstrengender ist.

Wir riechen wieder Dinge in der Atmosphäre unserer Lebensstadt, selbst wenn es (dort wo kein Bärlauch wächst) nur die ausapernden Hundstrümmerln sind – »seine schuhspitze trat in spröden, knochenweißen hundekot«, wie Artmann, der Große, in »How much, Schatzi!« schreibt. Wir sammeln den Bärlauch, ehe sich die giftigen Maiglöckerln druntermischen, wir kochen Bärlauchknöderln, Bärlauchsuppen und Bärlauchgratin, und wenn erst passiert, wovon Lehár sang, wenn also die Bäume blühen, dann sind wir schon wieder … naja: irgendwie abgebrüht.

Im Stadtpark gibt es verschiedene Dinge, die zwar von Reiz aber ohne Sinn sind. Etwa alle Komponistenstatuen, außer der des Schani Strauß. Weil sie nämlich von niemandem frequentiert werden, etwa der tragische, dicke Schubert. Letzterem hat vor ein paar Jahren einmal wer so ein winziges Clownhütchen aufgesetzt, und damit war Schubert derart tragisch, dass man fast weinen musste. Eine weitere schöne Sinnlosigkeit ist das Wetterhäuschen nah beim Parkring, formal eher ein kleiner Turm. Ein Geländer aus Säulchen umgibt es. Ich steige die drei Stufen gern empor, wenn die Kinder nicht von den öden Enten wegwollen. Dann wende ich mich dem Barometer zu. In meiner Kindheit war ein Barometer eins der Dinge, bei denen man nicht wusste, ob sie Manderl oder Sache waren, darin gleich dem Teller und dem Radio. Die stärkeren Buben in meiner Klasse sagten: der Radio, das Teller und der Barometer. Einst war ein Barometer Luxus der Privatgelehrten, die Opas traten nach dem Tevau-Wetterbericht gern mit Argwohn im Blick vor ihr Privatbarometer im Mahagoni-Kästchen und prüften nach. Und das zu einer Zeit, als man der Hohen Warte noch glaubte. Heute ist die Hohe Warte verlässlicher geworden, aber niemand glaubt mehr dem Wetterbericht und niemand tritt mehr ans alte Barometer, das einem der Opa vermacht hat. Schade, denn eigentlich ist so ein Barometer eine schöne Sache. Es geht auf Galileis Forschungen zurück, der in den Florentiner Gärten die Bewässerungsanlagen modernisierte und dabei den Luftdruck entdeckte. Das Barometer misst den Luftdruck, ist aber schwer deutbar. Bei den Opas stand noch »schön« bei hohem, »schlecht« bei niedrigem Luftdruck und »wechselhaft« in der Mitte. Heute weiß man, dass sich auch Unwetter durch hohen Luftdruck ankündigen, dem Blick aufs Barometer haftet also etwas Orakelhaftes an. Jüngst ersehnte ich den Frühling, wandte mich von Kindern und Enten ab und trat ans Barometer. Es wies ganz leicht in den positiven Bereich. Da kam eine alte Dame vorbei und sagte in scharfem Ton:»Glauben S' das nicht! Man wird überall belogen.« Ich nickte, denn dieser Satz stimmt natürlich mehr als jede Prophezeiung der Hohen Warte. Trotzdem kann man nicht sein ganzes Leben danach richten.

Ich pflegte Heurige lang abzulehnen. Als Kind hatte ich mein Fenster auf die Maschekseite eines Heurigen hin, nachts musste ich mit dem Gegröle holländischer Busladungen und Wiener Großkopferter einschlafen (und bisweilen davon erwachen). In jenem Heurigen, ironischerweise in einer der letzten Wohnstätten Beethovens untergebracht, spielte auch Musik. Ein Herren-Duo mit öligen Stimmen, die ein ebenso öliges Angebot beinhalteten: einzugehen auf eine von den Musikern behauptete und von den Busladungen erwartete Gemeinsamkeit, die es natürlich nie gab. Diese erlogene Gemeinsamkeit kostete mich meinen Bubenschlaf. Wohl darum mied ich Heurige jahrzehntelang. Und Walther Soyka, absoluter Herrscher im Reich der Wiener Knöpferlharmonika, brauchte lang, um mich zu einem Besuch jenes Heurigen zu verführen, in dem er zweiwöchentlich mit dem Zithervirtuosen Karl Stirner auftritt. Aber oh: Schon dieser Heurige unterschied sich von meinen sinistren Erinnerungen. Ein Heuriger als schlichter Teil eines Wiener Alltags, so wie, sagen wir, ein Greißler, ein Spital, eine Vorstadtkirche. Keine Insignien, keine Buschen, keine komischen Wagenräder. Bloß da die Schank, dort der Tisch. Da der Aschenbecher, dort das Viertel. Und dann der Soyka und der Stirner, mit ebenso knochentrockener wie wunderschöner Musik,

mit Liedern, die Sachen sagen wie: Mei Vota hod gsogt, i soi
d' Menscha lossn / Und er kauft ma a Haus auf da Linzer-
strossn / Oba i pfeif auf sei Haus und i sch... eam auf sei Göd /
I geh liaba zu d' Menscha Holaruiulo. Rundherum eine sich
allmählich vergrößernde Runde, bestehend aus Musikern,
die nur zum Hören da sind, aus Gästen, die scheu näher-
rücken, und aus der Frau des Wirten, Agnes Palmisano, einer der wenigen jungen Dudlerinnen in Wien. Dudeln ist
bekanntlich das Wiener Jodeln, der Unterschied, so Soyka,
liege nur in der Lautstärke. »Ein Jodeln von Tisch zu Tisch.«
Hier also wohnt der Folk aus Wien. Es wird spät. Der Winter ist jetzt tot. Frau Palmisanos Kopfstimme klingt wie der
Sommerwind in den Bäumen am Hameau. Was wollt ich
noch sagen? Genau: Heurige sind super.

Wenn ich überlastet bin, wähle ich eine von
mehreren Entspannungsstrategien. Von einer möchte ich
jetzt berichten. Ich gehe aus und suche mir einen Platz:
Das kann eine Ufermauer am Kanal sein, ein Parkbankerl,
manchmal reicht eine Hausecke. Ich setze Sonnenbrillen
auf. Nun warte ich. Länger als drei oder vier Minuten dauert es nie. Dann kommt er oder sie. Der Läufer oder die Läu-
ferin. Ich schaue in die Gesichter von Stadtläufern. Das
beruhigt mich. Bilder von Hast, Mühe, aber auch jener Ab-
gehobenheit zu sehen, die Läufer nach einer Zeit des Laufens überkommt, das zerstreut meine eigene Angespannt-
heit. Laufenden zuzusehen ist ein schönes Steckenpferd. Ich
bin mir dabei eines gewissen Voyeurismus' zwar bewusst,
andrerseits ist dies ein Sportschauen wie jedes andere auch.
Ich pflege allerdings eine dezente Art des Schauens. Nur
aus den Augenwinkeln mustere ich die auf mich zulaufende

Person, versuche sie anhand des Laufens kennenzulernen, noch ehe ich ihr ins Gesicht blicken werde. Da gibt es Unterschiede. Läuft der Mensch leicht oder schwer, ist die Bewegung rhythmisch-fließend oder ruckig? Zehn, zwölf Meter vor unserer einseitigen Begegnung beginne ich die laufende Person zudem zu hören: Das Klopfen der Füße auf die harte Schale der Stadt, ist es groovy? Und der Atem, schnurrt er in Ebenmaß oder stockt und scheppert er? Jetzt ist der rennende Mensch auf meiner Höhe, wenn ich mich richtig verhalten habe, nimmt er mich gar nicht wahr. Beim Abstand von anderthalb Metern gestatte ich mir einen kurzen Blick in sein Gesicht. Dann bleibt mir etwa eine Dreiviertelsekunde. Manche Gesichter sind hart, zum Zerreißen angespannt, die mimische Muskulatur hält alles beisammen wie dickes Leder. Andere Antlitze lösen sich auf, werden ganz weich und konturenlos. Aber eines strahlen alle diese laufenden Gesichter aus: ein unbedingtes Leben im Moment. Das ist es, was ich sehen will, was mir so gut tut. Es funktioniert bei neun von zehn Versuchen. Wenn es aber nicht geht, dann werde ich noch nervöser. Dann muss ich heim und aus unserem Vorzimmergrusch meine verlebten Adidas kramen. Dann laufe ich selbst, den Blick übrigens bevorzugt auf steinerne Reliefs auf Hausfassaden oder Karyatiden gerichtet.

Die Oma, Leitstern meiner Kindheit, sagte gern »Schau am Weg!« Dabei schaute ich nicht in die Luft, während ich an ihrer Hand oder auch davon losgelöst unterwegs war. Ich schaute vielmehr in die Erdgeschoße. Wiener Erdgeschoße an Nachmittagen vor etwa 35 Jahren waren nämlich großes Kino. Hinschauen lohnte ungeheuerlich. In den Erdgeschoßen oder gar Souterrains residierten Geschäfte aller Art, Greißler, Drogerien, Schlossereien. Aus den Fenstern ebenerdiger Wohneinheiten blickten unwirsche Hausmeister, ihre Gasse todfest im Blick. In wieder andere waren die damals hochexotischen Gastarbeiter gezogen, es roch nach Speisen mit viel Zwiebeln, was mir gefiel und der Oma nicht. Haustore standen offen, der Blick in die Höfe zeigte fremde Kinderkosmen, wert kennenzulernen oder auch zu befehden. In anderen Höfen stellten wunderliche Werkstätten schwer zu beschreibende Sachen her, in wieder anderen, speziell suburbanen, schnurrte das Prinzip der Selbstversorgung: Hendln liefen herum. Wenn ich mich also bei unseren Stadtgängen fast dastessen hätte, dann wegen dieser quietschlebendigen Stadtregion auf Augenhöhe. Insofern gehe ich im 21. Jahrhundert ungleich sicherer durch Wien.

Das Erdgeschoß als Ablenkung ist nämlich tot. In denselben zwei, drei Jahrzehnten, in denen Wien so viel lebendiger geworden ist, sind seine Erdgeschoße verarmt, vertrocknet, verstorben. Am tristesten sind die Neu-Garagen, ehemalige Wohnungen oder Läden, in denen jetzt Autos schlafen, weil wegen eines Dachbodenausbaus Stellplätze geschaffen werden mussten. In anderen Wohnungen scheint zwar noch irgendwer zu leben, aber anders als einst, als weitgeöffnete Fenster sowohl Zumutung als auch Verheißung bedeuten konnten, ist heute alles bummzu. Und die Geschäfte: Ob emeritierte Elektriker, Installateure, Floristen oder Fleischhauer – wie Mausoleen wirken ihre vormaligen Wirkungsstätten, leere Augen einer Stadt. Manchmal hoffe ich, dass die Krise diese Lokale irgendwann ganz billig macht, sodass Tunichtgute wie ich und meine Freunde sich hineinsetzen dürfen, auf ihren Leiern zupfen, ihre Journale schreiben, an ihren Blumen riechen.

Wiener Erdgeschoße, ihr hättet uns verdient!

Thema »Luxus, der unseren Weg säumt«.
Kapitel: Die Liegewiese im Stadtpark. Der Stadtpark ist ja
der innerste Wirkungszirkel der Stadtgartendirektion. Am
Stadtpark lässt sich also wahlweise Kreativität oder Ratlosigkeit der Stadtgärtner direkt ablesen. Als das gute, jahr-
zehntelange Regime des legendären Stadtgartendirektors
Schiller vor einigen Jahren endete, waren einige Anzeichen
eines Machtvakuums zu gewärtigen. Erst stellte man besonders viele Bankerln um die großen Wiesen herum auf, damit
sich niemand hineinlege. Dann räumte man viele Bankerln
wieder weg, damit sich die Sandler nicht drauflegten. Als das
erste Problem wieder virulent wurde, führte man so etwas
wie eine private Parkpolizei ein, die allgemein nicht ernst
genommen wurde. Aber jetzt, seit ein paar Jahren, sind die
Dinge im Lot. Bankerln sind gerade genügend da, dass die
jeweils Bedürftigen aller sozialen Schichten eins vorfinden,
und die große Wiese beim Zelinka-Denkmal ist offiziell Liegewiese (sollte jemand eine andere Wiese zum Liegen bevor-
zugen, wird ihm auch nicht mehr der Kopf abgeschlagen).
Und die Parkpolizei ist bizarre Geschichte.
Das Gras ist saftig, denn seine Benützer geben in den meisten Fällen gut acht darauf. Mein Lieblingsort auf dieser
Wiese ist der schüttere Schatten jener Weihrauchzeder, die
neben dem riesigen Ahorn steht. Weich ruht der Leib, wach
ist der Geist. Der Blick geht auf die wunderschönen Bäume,
die Blutbuche, die Linden, auf den Farnwald bei der kleinen
Brücke, und die anderen Menschen, die am selben Luxus
naschen. Studentenpärchen, vormittags zeichnende Klassen
von der Stubenbastei und Kindergartengruppen. Menschen
mit Laptops, die mich hier, anders als in Cafés, nicht stören.
Mein Lieblingssandler mit seinem weichen Hobbitgesicht,
der wie eine Uhr der Sonne von Bankerl zu Bankerl folgt,

die, wie es scheint, immergleiche Schwechaterdose in der Hand, als tränke er schon lang nur noch Wasser aus dieser alten Dose. Wir zwinkern einander zu, in stiller Einigkeit: Die »Rasenfreiheit«, vor mehr als drei Jahrzehnten von den Wiener Gammlern gefordert und erkämpft, sie kommt gleich nach den drei Säulen der französischen Revolution.

Jetzt ist er da, der Frühlingsregen, wie ich ihn liebe. Über Wien Mitte fallen ja zwei Sorten von Frühjahrsregen, der frühe und der späte. Der frühe wischt den Winter auf, einer muss diese Arbeit ja machen. Der Regen bemüht sich redlich, und die Sache geht niemals ohne einen Haufen Dreck ab. Dieser erste Frühlingsregen arbeitet hart, doch wir vermögen ihn dafür nicht zu lieben. Er ist noch zu kalt, und das, was er transportiert, was er brauntrüb vor unsere Füße spült, das ist tot, und wir wollen es nicht mehr sehen, es ist das Aas des gerade überstandenen Winters. Dann erst darf der richtige Frühling anbrechen, und wenn alles so gesegnet wie heuer verläuft, dann ist dieser Frühling ein fast unwirkliches Geschenk aus Wärme, Sonne, Explosion der Natur. Aber wenn sich der Lenz für seine Verhältnisse vor lauter Brunst ein bisschen übernimmt, wenn alles zur Unzeit ein wenig staubig und rissig zu werden droht, dann muss der zweite, der späte Frühlingsregen kommen. Jetzt ist er da. Man macht alle Fenster auf, um seine Musik hören zu können. Man öffnet gern, denn dieser Regen ist jetzt nicht mehr kalt. Er ist frisch, im besten Fall gar mild, und was er in seinen Bächen mit sich treibt, das ist der Blütenstaub der Robinien und Rosskastanien, der Himmelslurch. Dies ist der Regen, der Autos säubert. Dies ist der Regen, der die Winternarben heilt. Dies ist der Regen, angesichts dessen wir unseren Bankerten gestatten, in Lacken zu hupfen und gar die jahrzehntelang abgehangene, eigene Freude am Lackenhupfen wieder bergen und empfinden dürfen. Der gute Regen. Gestern Nacht kam ich spät mit dem Auto vom Gürtel her. Ich musste lang suchen, ehe ich eine Parklücke fand. Bei jedem anderen Regen hätte ich mein Schicksal verflucht. Bei diesem, gleichwohl sturzbachartigen, nahm ich am Weg zum Haustor den Hut ab und ließ mir den Regen in den Kragen rinnen. Aus einem Garten wucherte ein Hollerbusch hervor, Detonationen aus weißen Dolden, und der Regen wusch den Duft dieser Blüten genau in mein Gesicht und in mein Herz. Verdrehten Kopfes betrat ich die Wohnung und stellte im Vorzimmerlicht fest, dass ich mir möglicherweise die Schuhe ruiniert hatte: Le sacre du printemps.

In unserer fünfköpfigen Kernfamilie sind wir Freunde von Wetten. Mit gewonnenen Wetten lässt sich kurz innerfamiliäres Oberwasser erringen, das reinigt die Psychochemie und schupft Gschrappen wie Eltern gut durch den Tag. Verlassen wir etwa unser Heim mit dem Auto, so nehmen wir die Reisner zum Heumarkt runter, wo es eine quasi Immer-rote-Ampel gibt. Kurz bevor wir die Ampel sehen, sagt dann der Zweitgeborene: »Ich sag, es ist ein anderes Auto vor uns.« Jemand kontert: »Ich sag, wir sind die Ersten.« Der Rest schließt sich einer der beiden Parteien an, denn die Chancen, so lehrt es die Empirie, stehen fifty-fifty. Wenn wir aber zu Fuß aus Mitte fortwollen, wandern wir an der Bahnschlucht entlang. Donnert da unten ein Zug heran, schreit eine oder einer: »Ich sag Roter Zug.« Das meint die neuen S-Bahn-Garnituren. Ebenso wahrscheinlich ist »Blauer Zug«, nämlich eine der alten S-Bahn-Garnituren.

Seltener und ruhmbringender ist der »Grüne Zug«, also ein zum Flughafen surrender CAT. Ganz rar macht sich der »Güterzug«, eine mit ihm gewonnene Wette bringt Gloria, die noch nach Stunden leuchtet. Unsere Königswette allerdings betrifft den Hochstrahlbrunnen am Schwarzenbergplatz. Dieses Monument aus Fels und Wasser errichtete man zur Eröffnung der ersten Wiener Hochquellwasserleitung vom Schneeberg an die Donau. Wenn der Sommer am heißesten ist, geht man vorbei und lässt sich die Gischt über den Leib legen, bessere Kühlung jenseits eines Freibades gibt es hier nicht. Und nachts ist der Brunnen beleuchtet. Rot, Blau, Mauve, Lila, Gelb, Grün, Weiß ... Es wechselt im Halbminutentakt. Bessere Wett-Voraussetzungen gibt es nicht. Nähert sich also das greise Auto mit der ausflugsmüden Familie, schreit jeder eine Farbe, und Sekunden später gibt's den Sieger, oder sogar zwei, wenn der Brunnen gerade wechselt. Als wir unlängst vorbeifuhren, stellten wir geschockt fest, dass der Strahl des Brunnens nur noch halb so hoch war. Entweder war etwas hin, oder dies war Sparen in der Krise. Und obwohl der Papa gewonnen hatte (Blau!), musste er auf den letzten Metern grummeln: Einen unnötigen neuen Bahnhof bauen, aber beim Hochstrahlbrunnen sparen. So geht gründlich missgesetzte Priorität.

Nachtrag zu einem Großereignis: Vom Konzert der australischen Rocksöldner AC/DC haben wir mangels übermäßiger Bindung an die Band wenig bis nichts mitbekommen. Ein lieber Freund versuchte mich bis zuletzt zu überreden, ihn zu begleiten, er kriegte meinen Segen, doch nicht meine Gesellschaft. Andererseits wissen wir doch wieder sehr viel. Der Prater hat uns nämlich allerhand weitererzählt. Am Konzerttag meiner Liebsten, und am Folgetag mir.

Die Liebste nämlich war rennen, spätnachmittags, nicht ahnend, was da passiert. Da sah sie diese Menschen im Prater und verstand allmählich: AC/DC. Tausende Fans. Millionen Biere. Auf vier Männer, sagt sie, sei eine Frau gekommen. Fast alle Fans in Jeans, schwarzen Leiberln mit AC/DC-Inprints. Vereinzelte in Shorts, mit weißen Hemden und Krawattln, die Angusse sozusagen. Viele singend, wobei der AC/DC-Anhänger ja weniger Texte singt, sondern eher Angus-oder-Malcolm-Riffs mit dem Mund erzeugt, also etwa die Laute »Duum Duum Du-Duuuuum-Duum« oder »Paa Paa Papapa Paa« verwendet. Das königlichste Bild, berichtet die Liebste, sei aber die von Mannerschnitten gesponserte rosa Liliputbahn-Garnitur gewesen, die bei ihrem Eintreffen in der Station »Ernst-Happel-Stadion« gleich dutzende bierselige Hardrocker in Hardrockschwarz ausgespuckt habe. Gibt's so nur in Wien, sagt die Liebste. Hat sie recht. Nachts dann kamen nur ein paar mächtige gewittrige Soundwolken über Auwald und Kanal zu uns nach Wien Mitte herübergeweht. Hätte auch ein meteorologisches Donnerwetter sein können. Anderntags brach ich meinerseits in den Prater auf, um im Stadionbad zu schwimmen. Der Tag war frisch und zart tauend, ich hatte auf die Australier schon wieder vergessen. Dann sah ich, was sie zurückgelassen hatten: Die tausenden Hülsen und Becher, die in dieser Nacht zu den Myriaden Akazien- und Kastanienblüten hinzugekommen waren und nun ohne Eile von einer kleinen Armee aus 48ern aufgesammelt wurden. Zwischen all diesen Resten richtete sich unter einer enormen Silberpappel ein einzelner Mensch auf. Jeans, schwarzes Leiberl. Ein Mann. »Oida«, begann er, um nach einer geraumen Weile hinzuzusetzen: »Waasst wie leiwaund?« – »Kommas vurstön«, antwortete ich und betrat das Stadionbad. Der Prater liebt. Der Prater verzeiht.

Echte Wiener Freibad-Aficionados haben einen Referenzwert für zeitgerechtes Erst-Besuchen ihrer Lieblingsbäder: Die Bademeister müssen noch weiß sein. Und das gilt nur im Mai. Heuer habe ich mich eingereiht. Ein halbes Dutzend Mal war ich im Verlauf des Wonnemonats, der wettermäßig teils super, teils grauslich verlief, im Wiener Freibad meiner Wahl zum Schwimmsport anwesend. Es handelt sich dabei um das üppige, proletarische und zugleich majestätische, verschwenderisch ausgerüstete und im universellen Sinne urbandemokratische Stadionbad. Und ja: Die Bademeister waren noch befriedigend weiß. In der ersten Maihälfte versuchten sie zwar sich zu bräunen, aber das Schlußdrittel des Monats zwang ihren unfertigen Teint dann gar in Trainingsjackerln. Im Mai oder im Juni kann man ja noch gut erkennen, was das Regime zur neuen Saison verändert hat. Mit Genugtuung bemerkte ich: wenig. Die Trafik sperrt spät auf und bietet neben Tschik und Zeitung auch Schwimmflügerln. Das Buffet ist seinem ersten Michelin-Stern noch nicht wirklich nähergerückt. Grüblerisch lesen die Sanitäter im Erste-Hilfe-Raum die Tageszeitung. Neu ist eine irgendwie ungute Dreiteilung des großen Schwimmbeckens. Zwei Bahnen gehören jetzt den Senioren, zwei den ernsthaft trainierenden Sportlern, die restlichen vier dem Rest. Das führte dazu, dass ich mehrmals den eher leeren Seniorenabschnitt benützte, und beim dritten Mal tatsächlich von einer Oma mit Turmfrisur und Gary-Larson-Brille angefäult wurde: »Nur für Senioren!« Ich verbiss mir eine Frechheit und sagte: »Ah so? Sie schaun oba aa ned so oid aus!«, weshalb ich weiterschwimmen durfte. Entschädigung brachte der Weg zu den Duschen: Dort gibt es kleine Rasengevierte zwischen Hecken, wo betagte Stammgäste der Kontemplation frönen. Eine weit über hundert Kilo schwere Dame hatte sich dort gerade genüsslich ausgestreckt, als ein winziges, hutzeliges Manderl des Weges kam und ausrief: »Heast Rosi! Bist scho wieda do? Jetzt wor die Wiesn grod so schee!« So geht Stadionbaden. Ich lachte schallend und bemerkte dabei einen Schnupfen. Jetzt ist Juni, und ich bin von meinen Badeblödheiten total verkühlt. Wenn ich aber wiederkehre, hoffe ich, den Badewascheln farbmäßig noch immer das Wasser zu reichen.

Die Reform des Verlaufs der Ring-Straßenbahnen ist ja bald ein Jahr her, aber so richtig hab ich unbeweglicher Patron mich noch immer nicht daran gewöhnt. Wer erinnert sich noch: 1er- und 2er-Bim waren jene Linien, die exklusiv auf Wiens großer Prachtstraße verkehren durften, ersterer in, zweiterer gegen die Fahrtrichtung des Autoverkehrs. Nunmehr touchieren die Linien die Ringstraße nur noch zum Teil und haben dafür die Aufgaben gewisser Vorstadt-Verbindungen übernommen, anstatt dafür eingestellter Linien. Besonders beim 2er irritiert dies meine Liebste und mich noch immer, und zwar aus verschiedenen Gründen: Meine Liebste, Ottakringerin, vermisst den verstorbenen J-Wagen. Diese Linie wurde nicht nur durch Helmut Qualtinger unsterblich gemacht, der sich mit ihrer Hilfe den Griechenland-Urlaub ersparte (»Akropolis? Schaut aus wias Parlament. Nur kaun i durt min J-Wogn hinfohrn und hob die Pallas Athene davua!«), sie war auch die ganz spezifische Anbindung der berühmtesten Wiener Vorstadt, Ottakring, an das Zentrum. Zum Stolz des Menschen, der aus dem 16. Hieb kam, gehörte die Existenz des J-Wagens. Ich wiederum vermisse den alten 2er, und zwar ausschließlich aus deppert-sentimentalen, biografischen Gründen. Der 2er war meine erste Berufs-Tramway, vor mehr als zwanzig Jahren. Da werkte ich als Lokalreporter bei einer Wiener Zeitung, die dazumal noch am Parkring residierte, wohnen tat ich in der unbenutzten Wohnung meiner lieben Oma an der Grenze zur Josefstadt. Mein, äh, Dienstweg führte also von der Haltestelle Stadiongasse bis zur Haltestelle Weihburggasse, und dies am frühen Morgen, weil der auf Zeilenschinderei angewiesene, sogenannte »Fixe Freie« gut daran tat, früh zu erschienen. Da ich dazumal abends ungleich öfter und länger fortging als heute, fiel ich morgens im sanft rüttelnden 2er immer wieder in die vielleicht erholsamsten Schlafphasen meines Lebens, fuhr an der Weihburggasse mitunter zwei- oder dreimal vorbei und erwachte dann an irgendwelchen sinnlosen Stellen des Rings wie Börse oder Salztorbrücke. Beschämt über meine Müdigkeit stieg ich dort dennoch aus und machte mich zu Fuß zum Parkring auf, wovon ich mir Belebung versprach. Nur so lernte ich den ersten Bezirk kennen. Ich frage Sie: Was sollen künftige Generationen tun?

Wenn Sie das lesen, haben Sie womöglich schon die Chance verpasst, das, was ich Ihnen nun schildern will, mit mir zu teilen. Oder Sie haben es eh aus Eigeninitiative genossen. Am 21. Juni nämlich, zu Mittsommer, war die letzte Vorstellung des Zirkus Safari in Wien. Es sei denn, das deutsche Familienunternehmen hat seinen hiesigen Aufenthalt noch einmal verlängert. Die zehntletzte Vorstellung oder so, die haben wir gesehen. Am Fronleichnamstag. Eigentlich wollten wir nach Verzehr eines riesenhaften Tafelspitzes meiner Liebsten über Landstraßer Haupt und Schlachthaus in den Prater fahren, als es genau an der Kreuzung dieser beiden Erdberger Lebensadern wie aus Schaffeln zu wischerln begann. Und als die Kinder gerade bedauernd Oiii!!! aus dem Fond machten, kamen wir an diesem Zirkus vorbei, der an dieser Kreuzung auf einer Riesengstätten sein Quartier aufgeschlagen hatte. Regen ist Schicksal, wir kauften Tickets (es war Fünf-Euro-für-alle-Tag) und gingen hinein. Eigentlich hatten wir ja gar nicht wollen. Groß nämlich ist die Gefahr, im Zirkus deprimiert zu werden, mit Erinnerungen an Krone, Knie (frühere Generationen) und vor allem die wunderbare Elfi Althoff-Jacobi hinein- und mit Bildern von Tierleid und schlechtem Schmäh wieder hinauszugehen. Nicht so im Safari. Hier arbeitete eine verzweigte Familie so hart wie unterhaltsam daran, aus den bescheidenen Mitteln das Beste zu machen. Hier werkten die zwölfjährigen Buben, Zwillinge, als Clowns. Hier liefen nur Haustiere, vornehmlich Pferde und Ponies, durch die Manege. Die wildesten Lebewesen waren ein Trampeltier und ein ungarisches Steppenrind, das wie alle ungarischen Steppenrinder wirkte, als habe es einen Trog voll Tranquilizer verzehrt. Hier konnte man im ausverkauften Sitzrund alle Ethnien Wiens beim Popcornfressen, Leuchtkugerlschwenken und vor allem beim (gemeinsamen!) Lachen beobachten. Tagelang wirkte die gute Zirkuslaune nach. Und als ich gestern im leicht spießigen Elternforum parents.at bei einer Posterin tatsächlich lesen musste, sie würde diesen entzückenden Zirkus nicht mehr besuchen, weil einige Tiere kahle Stellen im Fell hatten, dachte ich mir: Kinder, tut's euch nix an, solche Stellen kriegen wir alle.

Ich will zu einem Thema zurück, das wir schon hatten, aber wohl noch nicht genug davon. Der Hochstrahlbrunnen. Erstens musste ich unlängst zu Fuß dran vorbei, am Weg vom Funkhaus retour nach Mitte. Beim Brunnen stand ein altes Wiener Ehepaar und betrachtete das in Renovierung begriffene Siegesdenkmal der Sowjets, das sich, fest verankert im Boden ebenso wie im Staatsvertrag, am Schwarzenbergplatz erhebt. Die Eheleute schauten lange und so gründlich, wie nur alte Ehepaare Dinge betrachten können. Nach Langem entspann sich folgender kurzer Dialog. Sie: »Schau, en Russen dans herrichtn.« Er: »Jo, und i frog mi, zu wos?« Sie: »Na, dass er wieda fesch is!«

Was den betagten Herrschaften nicht auffiel, war der schlappe Charakter des mittleren, an sich hohen und daher namensgebenden Brunnenstrahls des Brunnens, den ich an dieser Stelle vor einigen Wochen moniert hatte. Meine Vermutung, die Stadt Wien versuche hier am falschen Platz zu sparen, wurde ein paar Tage später, zweitens, vom reizenden und sehr lustigen Walter Kling, dem Leiter der Wiener Wasserwerke, auf das launigste zerstreut. Gespart, schrieb dieser, werde keinesfalls, vielmehr hat der Hochstrahlbrunnen nunmehr einen Windstärke-Messer eingebaut, der bei mittlerem und starkem Wind (also in Wien, wie man leider sagen muss, praktisch fast dauernd) die Höhe des Strahls drosselt. Und zwar, damit Vorbeigänger nicht mehr wie bisher plötzlich unvermutete Wasserwatschen bekommen. So viel Unvermutetes gibt's bei uns ja nicht. Ich wollte also schon zurückschreiben, schaut's, liebe Wasserwerke, ich mag ein Freak sein, aber ich krieg ganz gern einmal eine Wasserwatschen, die mich nicht tötet, mir aber ein Gefühl fürs Hier und Jetzt verleiht. Da aber kam noch ein Mail, diesmal vom hier schon gerühmten Stadtgartendirektor a. D. Paul Schiller, der aus der Pension nach wie vor alles sieht, sogar das, was ich schreibe, und mir auseinandersetzte, dass allzuweit fliegendes Wasser schon Verkehrsunfälle verursacht habe. Gut, ich ziehe zurück, so ein Freak bin ich auch nicht. Sichert meinetwegen den Strahl, aber wehe ich komme bei Flaute vorbei und sehe kein Riesendings.

Unlängst war ich bei der Burgi, unserer Greißlerin, einkaufen. Ich musste, wie wir es daheim nennen, das Nachtmahl aufstocken, also Details zukaufen, hier einen Liptauer, da ein paar Paradeiser, dort einen Kornspitz. Das kann man gut bei der Burgi, der Fußweg zu ihr dauert nur drei Minuten. Nach der Ankunft braucht man allerdings Zeit. Burgis Geschäft war gut gefüllt. An der Vitrine wartete ein Bauarbeiter auf die sieben Extra-mit-Gurkerln-Semmerln für seine ganze Partie, danach kam noch eine Mutter dran, die sich zum Zeitpunkt meines Eintritts mit ihrem Sohn noch lange nicht über das Wesen des zu erstehenden Eises geeinigt hatte. Burgi, in ihrem sanften Groove, schnitt Wurst, Gebäck und Gurkerln. Die Zeit verging, in einer Ecke saß gemütlich Burgis Freundin, eine farbige Gospelsängerin aus New York, und sah der Burgi beim Gurkerlschneiden und der Zeit beim Vergehen zu. Greißlerin Burgi ist eine hübsche, freundliche Frau, die eine unendlich charmante Zerstreutheit ihr Eigen nennt und deshalb nicht die Schnellste ist. Wenn die rasenden Hofer-Kassierinnen, die 100 Artikel in 20 Sekunden über den Scanner schleudern, das Yang im Lebensmittelhandel darstellen, dann ist Burgi das Yin. Ungeduld wäre ganz kontraproduktiv. Man muss sich in das gänzlich andere Vergehen von Zeit in diesem Geschäft schlicht und einfach ergeben. Man hat aus unverrückbaren Gründen plötzlich so etwas wie eine Leerstelle im Tag, man hat Muße, einfach herumzustehen, die kleine Greißlerei zu betrachten und sich zu freuen, dass es sie gibt. Als ich vor 12 Jahren in Wien Mitte eingezogen bin, war die Burgi gleich am zweiten Tag unseres neuen Lebens an diesem Ort eine Mordstrumm-Bestätigung für unseren Entschluss: Jö, es gibt an Greißla! »Soll i vielleicht, waun i beim Greißla bin, die Bundeshymne singen?«, fragte Qualtinger alias Travnicek einst zum Thema Lokalpatriotismus im Einzelhandel. Ja, so ist es. Wer die Hymne nicht mag, singt halt einen Bach'schen Choral oder ein Hermann-Leopoldi-Lied. Jedenfalls ist ein Greißler Lobes wert. Klar verliert man scheinbar Geld und Zeit an solchen Orten, weil sie teurer und gemächlicher sind. Dafür gewinnt man Hier und Jetzt.

Dass meine Lebensstadt Menschen von außen, die sie besuchen, verwandeln kann, ist bekannt. Ich habe Wien-Immigranten aus Nord, Ost, Süd und West erlebt, die hier wahlweise verrückt oder gesund, böse oder bessere Menschen geworden sind. Umgekehrt passiert das kaum je. Wir sind hier, atmosphärisch gesprochen, gleichermaßen wandlungs- wie beratungsresistent. Und von Amerikanern, das gilt seit dem Dritten Mann, lass ma uns besonders ungern etwas sagen. Aber die Ausnahme war da. Sie heißt Bruce Springsteen und hat nach Jahren wieder hier gastiert. Schon 1996 schaffte es Springsteen im Austria Center solo mit Westerngitarre, den ebenso unpraktischen wie hässlichen vorletzten Willen Kreiskys in etwas zu transformieren, was, sagen wir, nach Fillmore East roch. Vergangene Woche, am Tag vor Vollmond, kam er wieder und hatte die E-Streetler mit. Im Rahmen einer Tournee, die gleich seiner letzten

Platte »Working On A Dream« heißt, widmete er sich zwischendurch einer zusätzlichen Aufgabe, nämlich Working On A Wien. Anfangs saßen da im Happel-Stadion 50 000 leicht müffelnde und gereizte Wiener in der Gewittrigkeit des schwülsten Juli seit der Erfindung des Superlativs herum. Dann aber erschien, als Erster, Nils Lofgren auf der Bühne und spielte auf einem nachtkasterlgroßen Akkordeon den Donauwalzer. So ist Freundschaft. So muss der Kaugummi geschmeckt haben, den die GIs den europäischen Nachkriegskindern überreichten. Leicht pickert, aber edel, hilfreich und gut. Bruce selbst drehte uns halbe Hunderttausendschaft dann durchs Werkl seines gewaltigen Kanons, schickte uns Outlaw Pete an den Hals, schmiss uns in den River und holte uns wieder raus ehe The Darkness At The Edge of Town einfallen konnte. Am Schluss warf eine entzückende junge Frau ihr Leiberl auf die Bühne, auf dem Jersey Girl stand. »Guess we gotta do that now«, sagte Bruce und spielte das Lied, wiewohl es grad gar nicht im Repertoire war. Den Menschen, die anschließend durch den dampfenden Prater nach Hause gingen, hätte man zugetraut, auch mal Obama zu wählen statt die üblichen Granitköpfe. Nach dem Vollmond, sagte einer, werde es auch weniger schwül sein. Selbst das sicherlich wegen Bruce.

Dass Lebewesen in der Kälte erstarren, weiß man. Mitunter erstarren sie auch in der Hitze. In einer Hitze, wie sie zur späten Mitte dieses Juli über Wien Mitte lag, und wohl auch anderen Distrikten dieser Stadt. In einer, wie Jörg Mauthe in seinem schön bizarren Roman geschrieben hat, großen Hitze. Die große Hitze hielt schon ein paar Tage, da hatte ich einen Weg. Einen weiten, transdanubischen Weg.

Ich suchte den Karlsplatz auf und bestieg eine Garnitur der U1. Ich war dankbar, dass der einfahrende Zug einer der altmodischen Silberpfeile mit einzelnen Waggons war. Die neueren Züge haben keine Waggons, es sind ungegliederte, quasi endlose fliegende Därme, und dieser Charakter des Unendlichen wäre mir bei der schier unendlichen Größe der herrschenden Hitze zu viel gewesen. So nahm ich am Stirnende eines Silberpfeilwaggons Platz, neben mir ein beleibter Wiener, der nur eine Oozwickte und darüber ein Westerl mit tausend Taschen trug. Mir gegenüber, schwer atmend, zwei festverschleierte muslimische Frauen. Im nächsten Bankabteil ein ganz junges Liebespaar. Weiter schafften es meine Blicke nicht. Aber es waren noch andre Menschen im Waggon. Von der Bevölkertheit her erinnerte der Zug an ein Bruegel-Gemälde, nur dass die Gesichter, von der Hitze leicht verzerrt, eher dem Goya oder dem Kubin zuzuordnen gewesen wären. Ich beobachtete die Erstarrung. Hatte hier jemand seinen Platz gefunden, rührte er sich nicht mehr. Er hielt still und achtete, wenn schon nicht auf Kühlung, so doch auf das Vermeiden weiterer Erwärmung. Manchmal nahm jemand einen Schluck Wasser. Überhaupt das Wasser: Als wir den Donaukanal querten, wurde der Waggon kühler, als stünde uns der Wasserlauf bei. Nach vorübergehender Erwärmung am Praterstern wiederholte sich der labende Vorgang an Neuer Donau und Entlastungsgerinne, ebenso an der Alten Donau. Wichtig war nur, nicht zu sprechen. Der Mann im Westerl schien kurz etwas zu mir sagen zu wollen, da brachen ihm schon Schweißperlen aus und er verhielt. In Kagran stieg ich aus. Ich erledigte meinen Weg, blitzartig, dann fuhr ich nur eine Station zurück, um mich im Bundesbad ins Wasser der Alten Donau zu stürzen. U-Bahn im Sommer: Öffentlichkeit wie ich sie liebe.

Der August, das ist, wienmäßig gesprochen, so etwas wie der entleerte Monat. Der reine Monat. Der einzige Monat, an dem sich in mir das Gefühl breitmacht, dass der von den hiesigen Öffis gern getätigte Sager, die Stadt gehöre mir, tatsächlich Wahrheit birgt. Die unnötigen Leute – im August sind sie fort. Wien ist nicht nur wunderschön im August, auch die Wiener sind es. Beautiful People, in dem Sinn wie mein liebstes singendes Blumenkind, Melanie, sie mal besungen hat. Man kann sich einfach treiben lassen im August, aber es lässt sich auch ein sanfter Plan fassen und die idealen urbanen oder suburbanen Augustorte aufsuchen. Winzige Wallfahrten innerhalb Wiens. Koordinaten zur Vergrößerung des Glücks in einer eh schon glücksgeschwängerten Zeit. Ich will Ihnen ein paar dieser Orte anbieten, alle sind sie meinerseits erprobt, manche oftmals. Beginnen wir – erstens – mit der Kombination Gelsenbar/Mauthnerwasser. Dies ist ein Wallfahrtsziel, das sich auch für gemäßigtes Regenwetter eignet. Die Gelsenbar, eine leicht schiefe Hütte mit Schanigarten, halbwegs zwischen Lusthaus und Galopprennbahn im Prater gelegen, ist mir von allen dortigen Gaststätten die heimeligste, was damit zu tun haben mag, dass ihre Wirtin mich einmal gerettet hat. Als nach dem Laufen im kalten Frühlingsregen die Zentralverriegelung unseres Autos verstarb, nahm sie mich verschwitzten, handylosen Mann in ihr noch gar nicht aufgesperrtes Etablissement auf, speiste und tränkte mich, gab mir eine Decke und rief mir den ÖAMTC. Seitdem ist meine Liebe zur Gelsenbar unerschütterlich. Also: Gehen Sie dorthin, essen Sie etwas Leichtes, der Jahreszeit Entsprechendes, etwa Grammelknödel, Blunzen oder Surbraten, trinken Sie zwei Gspritzte dazu, wegen der Bewusstseinserweiterung, und dann wandern Sie einmal ums angrenzende Mauthnerwasser, das man auch als Lusthauswasser kennt, den letzten, südlich der Donau erhaltenen Seitenarm des Stroms. Auf einem morschen Silberpappelstamm zwischen Rohrkolben widmen Sie sich der Verdauung und der Innenschau. Und vor der Dämmerung, ehe die Gelsen kommen, kehren Sie heim. Das ist ein guter Anfang. Und der August kann noch viel mehr.

Die Alte Donau ist kein dezenter Ort. Aber man muss sie auch loben. Beispielsweise ist das Wasser nicht grindig, und auch die viel geschmähten Algen in diesem größten Altarm unseres Stromes sind keine Algen, sondern Wasserpflanzen, die, wie es ihre Art ist, langsam vom Grund nach oben wachsen. Und den anderthalb-Meter-Wels, den ich einst zwei Männer aus der Alten Donau in ihr Boot ziehen, vermessen und wieder hineinschmeißen sah, den werd ich auch nie vergessen. Das hat schon alles seine Richtigkeit dort. Sekundärnatur, klar, aber diese allerweil! Hier badet man zudem in würdigem Nass. Die Alte Donau war ja vor der großen Regulierung Ende des 19. Jahrhunderts als »Floridsdorfer Arm« der Hauptweg des Stromes, heute ist sie der Wiener größtes Freibad. Seine Sektionen heißen Gänsehäufel, aber auch Angelibad, Arbeiterstrandbad, Bundesbad und so weiter. Auch ein paar ungeregelte Einstiege gibt es, auf der Nordseite. Ich selbst geh gern ins Bundesbad, trotz sehr vieler anderer, genauso entscheidender Menschen. Weil, erstens, die sehr flache Brandung hier dazu führt, dass meine Kinder nicht abrupt, sondern nur allmählich ersaufen können, weil, zweitens, der Vorteil des Silberpappelschattens die Nachteile der Aggro-Ameisenkolonie überwiegt und weil, drittens, das Essen im Bundesbadbeisl so gut ist. Ab und an schupfen die Liebste und ich einander Zeitspannen zu, in denen der eine allein auf die wuselnde Schar achtet, während der andere Zeit hat, um, wie wir es nennen, »sportlich schwimmen« zu gehen. Wenn ich dieser andere bin, dann schwimme ich hinaus, bis zur Perlenkette aus gelben Bojen, die den Schwimmbereich von den Alumnen der allgegenwärtigen Segelschule Hofbauer trennen. An diesen Bojen entlang mache ich meinen Kilometer, und dann, dann blicke ich zum Strand. Das Bild, das ich dort sehe, die tausenden öligen Halbwasserwesen, das erinnert mich an die alten Grzimek-Tierfilme, mit denen ich in den Siebzigern des vorigen Jahrhunderts aufwuchs. Da gab es doch immer diese Episode mit den See-Elefanten im Pazifik. Auf einem einzigen Felsen wimmelten zehntausende See-Elefanten, und Grzimeks Stimme sagte dazu so etwas wie: »Was wie ein einziges Chaos wirkt, gehorcht einem genauen Plan!« – Genauso ist es auch bei uns.

Auf in den Augarten! Wir hier in Wien Mitte verfügen uns ja selten in andere Parks. Wir haben den Stadtpark, unseren Garten. Wir sehen die Welt im dortigen Ententeich gespiegelt, wir ergehen uns auf den Spielplätzen der Heumarktseite, wir singen das Donauweibchen an seinem Brunnen an, wir ruhen auf der Wiese nahe dem Schubertdenkmal. Aber der Augarten, der Konkurrent jenseits des Kanals, er spielt schon viele Stücke. Von Josef II. den Wienern geschenkt, kann er grad zu Zeiten geistiger Ausdünnung im Sommer künstlerisch erfreuen. Das dort residente Österreichische Filmarchiv zeigt seine Freiluftfilmreihe »Kino wie noch nie«, der Aktionsradius Wien brät mit einem kleinen, feinen Wienmusik-Festival quer, dazu riecht's gut von den Fress-Standln. Doch das Idyll ist kein ungetrübtes – wir landen in einem erbitterten Konflikt. Teile des Augartenspitzes sind geräumt worden. Anlass: Probebohrungen für einen Neubau, eine Konzerthalle für die Wiener Sängerknaben. Dafür soll der herrlich verkrautete Spitz mit seinem historischen Pförtnerhäuschen geopfert werden. Die Burghauptmannschaft, in deren Regime der Augarten fällt, hat dies genehmigt. Zahlen soll ein Sängerknabenmäzen, der hauptberuflich einen Hedgefond managt. Aber die streitbare Anrainerschaft des Parks, vertreten durch den Aktionsradius und das »Josefinische Erlustigungskomitee«, besteht klug und furchtlos auf ihrem allen gehörigen Grün. Wir hier in Wien Mitte haben ja nix gegen die Sängerknaben. Wir finden, sie singen wirklich schön. Aber sie singen, erstens, bereits in der Hofburgkapelle, in den großen Konzertsälen des Landes, in dem eh schon ihnen gehörigen Schloss Augarten, und auf der ganzen Welt auch. Wir hören, zweitens, dass der Wientourismus Sorgen mit dem altbacken imperialen Image unserer Lebensstadt hat, und schließen daraus, dass wohl eher urbanes Gebrodel wie Freiluftfilmreihe und Wienmusikfest promotet werden sollte, als nochmal die Sängerknaben. Und wir sind, drittens, seit dem Einzug eines Luxusrestaurants und der Limousinen seiner Gäste in den Stadtpark, heikel, was den öffentlichen Raum angeht. Drum unterschreiben wir diese Petition. Ein bisschen Arbeit darf sein, selbst im August.

Wir waren schon am Mauthnerwasser, an der Alten Donau und im Augarten. Aber eine Kolumne, die heißt wie die meine, sollte sich auch in ihrer Sommerserie dem Kernthema widmen. Also: Diesmal bleiben wir endlich in der Mitte. Und gehen nur ein paar Schritte, rüber auf den

Karlsplatz. Als ich Ende der Achtzigerjahre lokaljournalistisch erzogen wurde, stellte der Karlsplatz für uns Redaktionsnovizen so etwas wie ein kleines Gesellenstück dar. Da waren die Junkies, da war die U-Bahn, beides in Wien noch eher neue Anblicke, da gab es so etwas wie frühe ethnische und soziale Durchmischung der Urbs, und alles zusammen summierte sich in einer sonst noch sehr verzopften Bundeshauptstadt zu so etwas wie einem kleinen Ausschnitt Moderne Stadt, deren Teile man besingen, beklagen, in jedem Fall aber herrlich beschreiben konnte. Wenn also gar nix los war in den Schluchten von Alt-Wien, ging unsereins bisweilen zum Karlsplatz, um das Erlebnis zu suchen. Irgendwo wurde da stets geamtshandelt, irgendwer trat gegen irgendetwas auf, und, wie es in einem meiner Lieblings-Asterixe (»Die Lorbeeren des Cäsar«) heißt: »Überall lauern Bettler und Kundenfänger.« Der Karlsplatz war sowas wie ein Scandalon ex machina. Für Wien schwer zu verdauen. Für uns unverzichtbar. Hingegen der Karlsplatz in einem lauen August am Vorabend der Zehnerjahre: ganz, ganz was anderes. Da sind ein paar Junkies, aber die gibt es jetzt an so vielen Plätzen, und vor allem: Die Leute gehen so anders an ihnen vorbei, vielleicht haben doch die meisten verstanden, dass Junkies kranke Menschen sind. Der Resselpark ist voller Spätsommerblumen und voller glutigem Vorabendlicht. Der Spielplatz brummt und zwitschert. Die Karlskirche ist und bleibt der Taj Mahal von Wien. Und der Teich davor ist und bleibt seicht und leicht vergrindet. Und mit diesem geradezu vierdimensionalen Verständnis für das Vergehen von Zeit setzt der Mensch sich in den Schanigarten des Kiosko, der geheimen Schaltzentrale des neueren Karlsplatzes, und trinkt einen Cuba Libre. »Nix wird besser«, hat die liebe Oma gern gesagt. Ich muss wieder gehen und ihr widersprechen.

Aufmerksame Leser werden ja schon wissen, dass diese Kolumne so etwas wie einen Soundtrack hat. Und das ist der knochentrockene Ur-Folk von Wien, wie ihn Walther Soyka und Karl Stirner spielen. Jetzt ist ihre seit ... ja, was: zehn Jahren? sehnsüchtig erwartete Platte bei der Nonfoodfactory erschienen, wird von der Extraplatte vertrieben und macht mich seit Monaten (hehe, ich durfte sie schon vorher hören) glücklich. Meine Freunde Soyka und Stirner gehören ins Epizentrum der Nacht. Da sitzen sie, haben Augenringe und Augengläser, und die beinah letzte echte Wiener Volksmusik umgibt sie wie ein illuminierter Nebel. Walther Soyka, Knöpferlharmonika, und Karl Stirner, Zither. Selten musizieren sie ausgestellt auf der Bühne. Walther Soyka sagt gar, er mag die Bühne nicht. Er mag seine Musik lieber aus dem Leben heraus spielen, also mitten im eigenen Publikum sitzen und da heraus plötzlich zaubern, still nämlich anfangen, nicht lauter werden, bis die anderen leiser sind, leiser und im besten Sinne betroffen. Es ist schon so: Die Moderne gehört allen, das Biedermeier uns allein. Es hat die Wiener Volksmusik, wenn schon nicht erfunden, dann doch aus ihren Zutaten gruppiert. Und daraus schöpfen Soyka und Stirner, daraus und aus dem, was nachher geschah. Aus dem Erbe der Schrammeln, der Walzerkönige und auch aus dem, was von den Gscherten am Land in die große Stadt gekommen ist und sich dort urbanisieren ließ oder eben auch nicht. Manche Helden des »Neuen Wienerlieds« mischen demselben etwas bei, ein bisschen Moderne, ein bisschen Kunst. Soyka und Stirner tun nichts dazu, außer ihre eigenen schönen und abenteuerlichen Persönlichkeiten. Der Altwiener Tanz und der Altwiener Marsch, sie wandern durch zwei Rock'n'Roller hindurch und kommen erfrischt wieder hervor. Als ich letztes Mal über Soyka und

Stirner schrieb, kamen dann liebe *Freizeit*-Leser zum Heurigen Hengl in die Iglaseegasse, lauschten den beiden und beschwerten sich, sie spielten zu leise. Nächste Woche kann man ebendort wieder lernen, wie leise ein Publikum zu werden vermag.

Vor 20 Jahren lebte ich noch im Zentrum statt, wie heute, in der Mitte. Damals war das Zentrum, genauer: das Bäckerstraßenviertel, in dem ich lebte, der spannendste Ort der Welt, wenigstens für einen jungen, noch etwas blöden Mann. Aber vor genau 20 Jahren wurde ich einmal nach Mitte eingeladen, zum Nachtmahl bei einem Philosophen und einer Psychiaterin, und, was ich natürlich nicht wusste, genau in der Gasse, in der ich heute lebe. Ich ging zu Fuß, weil es trennen ja nur gute zehn Fußminuten das Zentrum von der Mitte. Ich staunte: über die Stille in diesem Viertel. Über den herrlich verkommenen Sixties-Bahnhof. Über die zahllosen tadellos angezogenen und doch so grimmig dreinschauenden alten Damen. Über die allgegenwärtige Bahn in ihrer Ziegelschlucht. Schön, dachte ich, und: etwas für ältere Leute. Aus der Zeit und aus dem Raum. Ein Distrikt wie ein Schattenreich. Acht Jahre später fand ich meine Liebste, und wir suchten Wohnung. Dreißig Wohnungen in ganz Wien besichtigten wir, und dann wurden wir ausgerechnet in Wien Mitte, in genau dieser Gasse, fündig. Wir nahmen die Wohnung, die (damals noch) der aschgrauen Veterinärmedizinischen Hochschule gegenüberlag, weil hinter deren klassizistischem Giebel zwei eng beieinanderstehende Pappeln in die Höhe ragten, Sie verstehen schon, zwei Pappeln, so wie wir zwei. Seitdem ist viel passiert. Die Veterinärmedizin ist nach Floridsdorf gezogen, stattdessen die Musikuniversität in das klassizistische Haus, man malte es schönbrunngelb an und nannte den Abschnitt der Bahngasse in Anton-Webern-Platz um, als hätte man sich für die Adresse Bahngasse geniert. Wir Locals schüttelten darüber ein bisschen den Kopf, freuten uns aber über eine neue Schalldämmung für die Bahn und eine breite, schlingpflanzengezierte Brücke vor unserem Haus. Der Bahnhof ist abgerissen und im Augenblick eine Baugrube, das Hilton renoviert, und daneben, im Village, gehen meine Kinder gern ins Kino. Aber die Mauersegler fliegen immer noch zu Hunderten durch die Bahngasse. Und der Sound der Bahn klingt so wie die Wellen des Meeres. Wenn wir (noch) älter sind, ziehen wir ja vielleicht ins Zentrum zurück. Oder, besser noch, ans Meer.

Und schon ist er wieder vorbei, der Sommer. Wir merken das, weil es auch mit der Ruhe vorbei ist. Die Weggewesenen, sie sind wieder da, auch Freunde sind darunter. Die stehen dann vor uns, und unter ihrer auffälligen Sonnenbräunung tragen sie so eine unangemessene Erwartungshaltung an sich: He, ich war weg, aber jetzt bin ich wieder da, ich bin total erholt, und du, freu dich jetzt! Wir hier freuen uns nicht. Wir lieben unsere Freunde, aber die Rückkehrer verstellen uns das Spätsommerlicht. Und die Stille, ja, sie schwindet ebenfalls. Da kommen sie, die Zweifel, da rollt sie an, die Prä-Herbst-Depro.

Hätte man doch wegfahren sollen? War es falsch, der in den vergangenen Wochen aufgezählten Schönheiten halber zurückzubleiben? Aber man kann ja immer noch wegfahren. Man verlässt die Lebensstadt nur ein paar Kilometer, man übersetzt den Rubikon, sozusagen, und war noch kurz vor Ferienende am anderen Ende der Welt. Zu diesem Zweck pflege ich Kritzendorf zu bereisen. Die Donau ist dort zwar schon so groß wie bei uns, aber unschuldiger, denn sie hat Wien noch vor sich. Sechs Stationen mit der U4, fünf Stationen mit der S-Bahn Richtung Tulln, und schon ist man da. Die S-Bahngarnitur hält im Flussdschungel. Der Weg ins Strombad ist schattig und kurz. Am Flussufer wirft man alles außer der Badehose ab und geht baren Fußes donauaufwärts, am Treppelweg Richtung Höflein. Nach einem Kilometer erreicht man eine kleine sandige Bucht. Dort betritt man den Fluss, er treibt einen abwärts. Kritzendorf, seine Stelzenhäuschen, seine enormen Pappeln und Weiden ziehen vorbei wie ein Film. Langsam kriecht die Kälte des großen Wassers in die Knochen und auf der Höhe des Gasthaus Sienel, das schon wieder anders heißt, kommt man an den Strand. Diese Strände sind jetzt breit, die Donau liegt tief. Das Licht ist warm und nicht mehr angriffslustig. Ein Frühpensionist schnorrt einem eine Johnny. Als sinke der Goldball des Froschkönigs in Zeitlupe, schmeißt sich die Sonne ins Tullnerfeld. Über den Urwäldern vor Korneuburg landet ein Graureiher. Ja, er ist wieder vorbei, der Sommer, und, ja, wir waren da, aber auch ein bisschen weg.

Nein, ich bin noch nicht soweit. Ich weigere mich, den Alltag zu betreten. Auch wenn die Kinder endlich willig hinter den Pforten von Schule und Kindergarten verschwinden und ihren alltagslosen, verwehten Papa komisch anschauen. Um mich herum rüstet sich die Welt zu neuen Großtaten, genährt vom Brennstoff der sommerlichen Regeneration. Und ich, der ich eh nicht unregeneriert bin, will nicht mittun. Ich poche auf das Recht meines Restsommers, und, ja, wenn Sie das hier lesen, dann dauert dieser Erzherzog unter den Jahreszeiten noch immer drei Tage. Also fahre ich, eine Woche nach dem jüngst geschilderten Kritzendorftrip flussabwärts, Fisch essen zu Georg Humer III., in dessen geniales Uferwirtshaus in Orth, mitten in den Donauauen. Es gibt nicht allzuviele Menschen in diesen Breiten, die den Humer nicht kennen, und wenn schon nicht ihn, dann haben sie wenigstens einen seiner enorm guten Hechte, Karpfen oder Welse getroffen. Der Humer ist so weltberühmt, dass ihm die ihrerseits weltberühmten maschek zum 70er seines Lokals vor ein paar Jahren ein Filmchen schenkten, in welchem die gesamte Ösen-Politprominenz dem Wirt einen Besuch abstattet. Dabei ließen maschek den Bundespräsidenten Fischer zum (damaligen) Kanzler Gusenbauer einen herrlichen Satz sagen: »Aufpassen, Fredi, weil wenn man zuviel Fisch isst, dann wächst einem ein Karpfengesicht!« Der Georg Humer III. ist das ideale Gegenüber für einen Menschen, der unter der anschwellenden Endsommerhektik leidet. Georg ist der einzige Mensch, der gleichzeitig viel reden und mich dabei total beruhigen kann. Wir speisten gebackene Karpfenmilch, also Fischsamen, und während ich mir einen Fisch mit leerem Gesicht und offenem Mund beim Erzeugen dieser Delikatesse vorstellte, erzählte der Humer von seiner Kindheit im Donaudschungel. Man spürte, dass dieser Mann sich zurücklehnte, dass es für ihn und nur für ihn gerade ein wenig ruhiger wurde. Retour in der Stadt, traf ich einen Bekannten, der bemerkte, dass es sich bei ihm schon »total abspiele«. – »Und du?«, fragte er schließlich. Ich murmelte, dass ich am Fluss war, Fischsperma essen. Gewaltig endet so das Jahr, schrieb Trakl über den Herbstbeginn.

Das Wesen des Werktages erhebt wieder sein Haupt. Nachts träume ich noch vom Sommer. Ich träume, ich sei wieder auf unseren Abenteuern. Ich streife durchs Schilf, lasse mich in kaltes Wasser fallen, ich esse, trinke und rauche im Schatten eines riesigen Baumes, ich renne meinen kichernden Kindern durchs Unterholz nach.

Dann weckt mich ein Duett aus piepsendem Wecker und röhrender Schnellbahn, ersterer auf dem Weg in mein Bewusstsein, zweitere auf dem Weg nach Floridsdorf. Ich schlurfe in die Küche, schmiere ein Jausenbrot für den Erstgeborenen. Die Butter ist steinhart, ich kämpfe darum, sie auf der Schnittfläche zu verteilen. Der Erstgeborene hasst etwaige Butterklumpen in der Mitte seines Brotes und trockene Ränder. Der Morgen schreitet voran. Der Erstgeborene und seine Geschwister verschwinden im Maul der Institutionen. Die Liebste küsst mich und geht. Freudlos schaue ich aus dem Fenster. Um diese Zeit im Jahreslauf bräuchten Wien und ich eigentlich jedes Mal eine Paartherapie. Unsere sonst so flutschige Beziehung ruckelt ein bisschen. Aber Wien bemüht sich. Es rollt mir die Früchte seines Herbstes vor meine Füße. Meine Kinder sammeln sie ein. Die Früchte des Herbstes sind erstens Kastanien, zweitens Eicheln und drittens das, was wir die Würschtln vom Würschtlbaum nennen. Der Würschtlbaum muss eine Art Akazie sein (Botaniker unter meinen Lesern, korrigiert mich!), im Herbst behängt er sich mit bis zu ellenlangen Schoten, in denen wie kleine harte Bohnen seine Samen sitzen. Die Kinder verwenden die Samen als Zahlungsmittel oder als Wurfgeschoß. Die Kastanien werden angebohrt. Die Eicheln beraubt man ihrer Hütchen, wie würdelose kleine Kojaks liegen sie überall herum.

Die Früchte des Herbstes werden in den Alleen von Prater,

Stadt- und Schwarzenbergpark aufgelesen, sie füllen Sackerln und Körberln, sie bedecken den Boden. Der aus den Früchten des Herbstes in unserer Wohnung allmählich entstehende Sauhaufen verärgert mich, aber nur an der Oberfläche, subkutan versöhnt er mich mit der Jahreszeit und der Stadt, in der ich lebe. Ich träume weniger, schlafe besser. In der Früh, am Weg zum Gefecht mit dem Jausenbrot, trete ich auf eine Eichel. Mein Schmerzensschrei enthält auch Fröhlichkeit.

Die Liebste und ich haben unlängst wieder einmal das Lob unseres ureigensten Boulevards gesungen: der Landstraßer Hauptstraße. Sagen Sie mir: Wo in Wien gibt es denn sonst eine Straße von solcher Breite und Majestät, die dabei eine derartige Gelassenheit ausstrahlt? Nix Kärntner, nix Mariahilfer Straße.

Unser Boulevard wird von Ruhe und gemessenem Takt bestimmt. Dabei ist er kein Prachtboulevard. Selbst im innersten Abschnitt, eben bei uns in Mitte, regiert eher das Schäbige, tiefe Fressstandeln, mehrheitlich staubige Filialen diverser Ketten. Dazwischen aber Besonderheiten. Etwa unseren entzückenden Optiker mit seinem exklusiven Sortiment, der selbst meinen weltgewandten Freund R. aus Canterbury verblüffte, weil er die schönen Persol-Sonnenbrillen führt. Oder der Messermann.

Der Messermann ist eigentlich zwei Messermänner. Das Stahl- und Schneidwarengeschäft ganz unten am Boulevard wird nämlich von Zwillingen geführt, so feinen wie hünenhaften Herren Mitte der Vierzig, die sich extrem ähneln. Jene stummen Männer, die, wie vor allen Messergeschäften, stundenlang an den Scheiben kleben und Spring- oder

Klappmesser begehrlich betrachten, werden wohl gelernt haben, die Antlitze der Brüder zu unterscheiden. Ich selbst, der ich nur zweimal im Jahr zum Messermann gehe, nehme eben nur einen Messermann wahr. Ich kaufe nichts Martialisches beim Messermann, das Wildeste war ein Messer für den Erstgeborenen, der jetzt Pfadfinder ist. Scharf, aber ohne Spitze. Wenn du groß genug bist, hab ich dem Erstgeborenen gesagt, schleift der Messermann es dir spitz. Dann wieder eine erstklassige Haarschneideschere für die Frisuren meiner Kinder. Dann wieder das beste Nagelzwickerl der Welt, das ich später verlegt habe und mir nicht nachkaufen traue, weil der Messermann damals sagte, es werde ewig halten. Was immer ich auch kaufe, jedesmal betrachte ich versonnen die wunderschönen Rasiermesser. Eines Tages nämlich möchte ich meine Gilletteklingen wegschmeißen und mit der Messerrasur beginnen. Man lernt es rasch, sagte mir der Messermann, am Anfang fließt halt ein bissl Blut. Noch trau ich mich nicht. Aber wenn du groß genug bist, sagt der Erstgeborene, kaufst du dir eins.

Wenn meine Liebste und ich von langen Wochenendausflügen mit den Kindern nach Hause kommen, dann stellen wir einander vorne im greisen Auto manchmal die leise Frage, ob wir nicht zum Unaussprechlichen gehen sollen. Wir nennen den Unaussprechlichen nicht beim Namen, denn sonst würden uns die Kinder mit dreistimmigem Gejohle dazu zwingen hinzugehen. Der Unaussprechliche ist die berühmteste Fastfoodkette des Planeten, und die Kinder lieben deren Burger und die dazu überreichten Geschenke. Ich finde das Essen wertlos, aber in Momenten der Erschöpfung ganz gut, die Liebste findet es wertlos und unerfreulich.

Aber manchmal ist man zu mürb, um noch ein Abendessen zu machen.

Unlängst wandten die Kinder hinten im Fond ein, wir seien schon seit Juni nimmermehr beim Unaussprechlichen gewesen, wobei sie den Namen des Unaussprechlichen natürlich aussprachen. Normalerweise sagt in diesen Momenten die Mutter Nein, während ich eher einlenke, also Good Cop bin. Aber gerade jetzt sage ich ebenfalls Nein, und zwar noch lauter als die Liebste. Ich bin nämlich stinksauer auf den Unaussprechlichen. Das hat mit seinem Werbespot zu tun, den ich im Staatsfernsehen am späteren Donnerstagabend, der sich mit seinen diversen Blödeleien wohl an sowas wie die, äh, junge Bildungsschicht wenden will, gleich dreimal sehen konnte. In dem Spot will, zunächst in tristem Schwarzweiß gefilmt, ein junges Pärchen in einem altvatrischen Wiener Café einen Latte Macchiato und einen Cappuccino trinken. Der mieselsüchtige Ober bringt den beiden zwei Häferln mit schwarzer Flüssigkeit. Die beiden sind entsetzt, gehen wieder, um dann beim Unaussprechlichen an der ebendort neu installierten Kaffeebudel zur vollsten Zufriedenheit bedient zu werden. Also, Unaussprechlicher, lass dir drei Dinge sagen: Erstens sind Latte Macchiato und Cappuccino außerhalb Italiens zwei kaffeegewordene Missverständnisse, die namentlich in Deutschland in Form von milchigem Gschlader der Hartz-IV-Generation Weltläufigkeit suggerieren wollen. Zweitens musst du nochmal hundert Jahre Fleischlaberln braten, ehe du einen guten Wiener Kaffee auf die Reihe kriegst. Und drittens bleibe ich, was dir wurscht sein mag, noch lange sauer deshalb.

Sonntagsausflug auf den Nussberg, öffentlich, weil der greise Renault ist verstorben. Der Herbst strahlt und jubelt, als wir die U-Bahn besteigen, er tiriliert, als wir in Heiligenstadt in den 38A wechseln. Der 38A ist randvoll, meine drei Kinder nehmen zwischen den Sitzreihen auf der rundlichen Wölbung des Busbodens Platz, die über dem Vorderrad liegt. Immer noch mehr Menschen drängen in das Fahrzeug. Wiener aller Altersstufen, bewaffnet mit Flugdrachen und Gehstöcken, welke Pärchen, Möpse auf den Schößen haltend. Ein Touristenpärchen schwer zu bestimmender Provenienz steht in sturer Freundlichkeit auf dem Trittbrett, während der Fahrer dreimal erklärt, dass der Bus voll ist, irgendwann schreit der Fahrer donnernd »Ausse!«. Die Touristen erwachen aus ihrem Traum von einem freundlicheren Wien und flüchten aus dem Bus. Wir fahren los. Auf dem Gipfel des Kahlenberges erkläre ich den Kindern den Polenkönig Sobieski und zeige ihnen den verkrauteten Friedhof der Camaldulenser-Mönche, auf dem die Trautwieser Karoline, das schönste Mädchen des Wiener Kongresses, ebenso begraben liegt wie der gute Prälat Leopold Unger, der Chef der Caritas war, als ich klein war. Überhaupt, klein: Kaum haben wir den neugeschaffenen Heinz-Werner-Schimanko-Weg passiert und erreichen via Eiserne Hand und Eichelhofweg den Nussberg, quellen meine Kindheitslegenden aus mir heraus und auf meine Nachkommenschaft.

Die Wiese, auf der der Zweitgeborene den Drachen steigen lässt, die verfallende Winzerhütte am Osthang, der steinerne Torbogen, der die untere Eichelhofstraße überspannt, lauter Papagschichtln, nach denen niemand gefragt hat. So wird der Papa stumm, weil er merkt, dass in den Kindern grad der gegenwärtige, der jetzige Film abläuft. Der Papa hakt sich bei der Mama unter, zieht den Duft der verfaulenden Weinberl-Haufen ein, und erst, als er unten beim Kierlinger-Heurigen auf den Berthold-Onkel trifft, spricht er zu diesem leise wieder über die alte Zeit. Die Kinder wählen sich derweil Pischinger-Produkte auf Kosten des Berthold-Onkels, die bleiben über alle Epochen gleich. Die Drittgeborene lässt mich von ihrem »Goldenen Wiener Herzen« abbeißen. In der Dämmerung entschläft der Nussberg.

Pferde sind bei uns grad ein Thema. Weil die Drittgeborene halt ein kleines Mäderl ist und Pferde folgerichtig super findet. Aber auch weil der Papa grad Cormac McCarthys unwahrscheinlich herrliches Buch »The Crossing« gelesen hat, und da geht es um Pferde und um das, was man sich eintritt, wenn man sie zu wichtig nimmt. Schließlich führte eine Episode der hier beliebten KIKA-Serie »Briefe von Felix« nach Wien, was meine Kinder mich sogleich herbeibrüllen ließ. Der Zeichentrickfilm zeigte Wien als eine Stadt der Pferde. Die Geschichte erzählt von einem Fiakerpferd, das mit einem Hofreitschulpferd Rollen tauscht und für Verwicklungen sorgt, die der Plüschhase Felix löst. Wien: Stadt der Pferde? Das machte mich dann doch nachdenklich. Zur Hofreitschule hab ich ja nicht viel zu sagen, außer dass ich noch nie dort war und Tierdressur generell nicht so mag. Zu den Fiakerpferden wiederum ist meine Ansicht, dass sie arm sind. Seit sie Windeln tragen, sind sie noch ärmer, weil ihnen damit die Möglichkeit des ultimativen Kommentars genommen ist, nämlich sich auf die Stadt zu entleeren, die sie schindet.

Ich mag Fiaker nur ganz spät am Abend oder in der Nacht, wenn sie durch eine neblige Nachtszenerie nach Hause klappern. Fiakerpferde tagsüber, überhaupt im Armageddon des ersten Bezirks, gehören hingegen zum Bemitleidenswertesten, was diese Stadt birgt. Anders aber als bei der Hofreitschule wurde ich bei Fiakern schon Kunde. Als Firmling – ich war ein Bilderbuchfirmling, der fraß, Fiaker und Hochschaubahn fuhr und sich am Ende des Tages, wie unsere Kanzler neuerdings sagen, erbrach. Und später stieg ich noch einmal in einen Fiaker, gemeinsam mit meinem Freund Charles aus Missouri und einer jungen, unwahrscheinlich schweizerischen Schweizerin, eine halbe Nacht fuhren wir im Ersten herum, leerten eine Flasche Wodka und versuchten die Schweizerin zu bewegen, sich auf einen der Herren festzulegen.

Stattdessen sprang sie in der Morgendämmerung aus dem Fuhrwerk, und Charles und ich teilten uns eine Rechnung über knapp zweitausend Schilling.

Ich glaube, dass ich Pferde am liebsten in Cormac McCarthys Büchern habe. Da werden sie gefladert, nach Mexiko gebracht und nicht mehr gesehen.

Wenn ich die Maronimänner (gibt's auch Maronifrauen? Kennt wer eine?) so gegen Ende des Septembers zum ersten Mal sehe, bin ich zunächst unmutig. Ich finde nämlich, dass Maronimänner immer viel zu zeitig auf den Straßen auftauchen. Wie Nornen kommen sie mir vor, männliche Schicksalsgeister, die meinem Sommer das Zumpferl abschneiden wollen. Mit mürrischem Blick betrachte ich sie, ziehe ein Gesicht, als ob ich mein Lebtag keine Maroni oder Braterdäpfel essen würde, und konzentriere mich sodann auf irgendein altweibersommerliches Detail, einen Schmetterling etwa, der noch nicht ahnt, dass seine Zeit abgelaufen ist, oder die bunten Asterln im Park. Aber dann kommt jenes

Wetter, das den Glutmännern hinter ihren rabenschwarzen Öfen Recht gibt. Der eisige Wind. Die klamme Feuchtigkeit, die einem, selbst wenn es nicht regnet, unter den Kragen des nicht mehr zeitgemäßen Kleidungsstückes kriecht und das Gnack versteift. So schwenkt man dann ein, zum Maronimann, kurz geniert man sich für seinen Hochmut von unlängst, dann kapituliert man lustvoll. Frei nach Willi Resetarits (»Ich bin Lokalpatriot, wobei mir das Lokal wurscht ist«) kaufe ich meine ersten Maroni gern im Angesicht unseres Ex-Bahnhofes, der nunmehrigen Riesen-Künett'n von Wien Mitte. Der Maronimann dort gab mir zehn Stück und den gewissen Bonus-Erdapfel oben drauf. Ich stand und aß. Die Ausbeute an guten Edelkastanien im Inneren meines Stanitzels war okay. Eine einzige Maroni war nicht gut, zwar weder graumehlig noch schimmelig, dafür aber von jener gummiartigen Konsistenz, die einen beim Kauen mit Argwohn erfüllt. Das Wiener Marktamt rät übrigens zur Reklamation, wenn mehr als zwei von zehn gekauften Maroni verdorben sind. Während ich herzhaft aß, staubte ich ein bisschen von der Wärme des in meinem Rücken bullernden Maroniofens ab. Und dann fühlte ich diesen Blick. Ich wandte mich um und sah den Maronimann. Unter seinem Schnauzer hervor lächelte er versonnen. Ich hatte aufgegeben. Dies war sein Triumph, seiner und der des sechsmonatigen Wiener Winters. Ist schon gut, Maronimann, dachte ich. Das Leben ist ein fortwährendes Strecken der Waffen.

Mangels des Rohstoffes Zeit werde ich bei der heurigen Viennale wohl nur einen einzigen Film gesehen haben. Dieser aber war groß: Der chinesische Streifen »Jalainur«, die Geschichte zweier Dampflokführer in einer Kohlenmine, die in dieser unbeschreiblichen Mondlandschaft aus Ruß, Stahl, Dampf und Kohle solange Dienst tun, bis der eine in Pension geht und der andere ihm folgt. Während die beiden in ihrer Unterwelt aus dampfender Maloche und schwarz-staubiger Schicht glückliche Männer waren, wirken sie in der neugewonnenen Freiheit irgendwie verloren, haltlos im engsten Wortsinn.

Dies ist willkommenes Fundament für meine Theorie, dass Korsette uns guttun können. Nehmen wir nur jenen einen Verkehrsstau, den ich liebe. Ich werd im Stau nämlich schnell unruhig, unrund und ungut. Ich hupe, schimpfe, gräme mich. Die Liebste mahnt mich, die Brut im Fond verzieht den Mund. Ein einziger Stau aber stimmt mich zufrieden, ein Stau, den man nicht ändern kann, eine Art gottgewollter Stau. Ich spreche von jenem Stau, der zustandekommt, wenn in einer engen Gasse der Mistwagen der MA 48 fährt und man halt warten muss, bis die 48er ihr Werk getan haben, bis die Gasse endet oder eine Ausweichspur naht. Nur der Idiot hupt die Kübler an. Erstens tun sie Gutes, zweitens rächen sie sich für Gehupe mit Spott und Hohn, drittens: Was sollen sie machen? Im 48er-Stau werde ich ganz ruhig, wie der Dampflokführer in der Unausweichlichkeit seiner mongolischen Kohlenmine. Ich betrachte das Ballett der orangen Männer, ich höre den dumpfen Trommelschlag der Coloniakübel, das Tschinellenrasseln des in den Wagen fallenden Mists, ich erfreue mich an der in Jahren perfektionierten Choreografie der 48er. Keine Bewegung ist zufällig, auf den Zentimeter genau rollt die Tonne zum Schlund des Lasters, auf die

Sekunde genau hüpft der letzte Kübler auf das Trittbrett des schon wieder anrollenden Wagens. Genießen Sie dies! Vergessen Sie jedes Über-Ich! Ein 48er-Stau gibt uns Ruhe, wie sie in der Urbs selten ist, wie man sie sonst nur mit teuren Arzneien erzielt. Der 48er-Stau ist nebenwirkungsfrei, und meist auch schnell wieder vorüber. Die Ruhe aber bleibt noch ein bisschen.

Die Liebste und ich sind im Besitz dreier plastikgebundener Freytag & Berndt-Buchpläne aus verschiedenen Jahrzehnten, aber selbst denen trete ich mit Argwohn entgegen. Ich bin ein Mensch, dessen Stadtgefühl von Stadtwanderungen abhängig ist. Es wird Sie nicht verwundern, dass einer wie ich mit »Dschipiess«, wie es der Erstgeborene andächtig ausspricht, schon gar nichts am Hut hat. Stadt ist für mich Empirie. Die schönste Rechtfertigung für angewandte Herumtreiberei. Manchmal geschieht aber doch das Wunder, dass ein Medium die Stadt erschließen kann. So wie jetzt gerade: Da ist der erfolgreiche Stadtplan ein klingender. Der Musikjournalist Wolfgang Schlag hat unter dem Titel »Migrant Music Vienna« auf 4 CDs Musik versammelt, die in den vergangenen zwei Jahrzehnten nach Wien ein-, durch Wien hindurch- oder in Wien herumgewandert ist. Darauf findet der Mensch französische und chinesische, keniatische und ukrainische, jiddische und madegassische Klänge, und noch endlos viele mehr, allesamt geeint in der Tatsache, dass die Künstler (auch) Wiener sind. Da, muss ich gestehen, war ich ein paar Tage lang so baff, dass ich über die Musik das In-der-Stadt-Herumrennen vergessen habe. Weil ich ja eh schon auf Reisen war: Auf allen Kontinenten der Welt und zugleich in meiner Lebensstadt. Wer offenen Mundes aus der ersten CD (Schlusstrack: Dobrek Bistro mit Unterwegs) heraustaumelt, stopft sofort die zweite ins Gerät, wo ihn Mamadou Diabate & Bekadya mit Sara Fila empfangen. Das Ganze endet dann so, dass die vier Platten im Radl rennen. Diese Zusammenstellung ist ein Kunstwerk in sich. Und eine Erinnerung: dass alle diese Musiker ja auch auf Bühnen stehen, auf Bühnen in meiner und Ihrer Nähe, dass man sie anhören sollte, im ureigenen Interesse, dass die klangliche Weite Wiens nur mit der nötigen Bereitschaft erwandert werden kann. Gestern Abend war ich noch im Kongo, geführt von Prince Zeka, heute früh habe ich mit Mandys Mischpoche die osteuropäischen Schtetln bereist, nachmittags werde ich mit meinem alten Freund Salah Addin den südlichen Sudan besuchen. Wien kann so schön grenzenlos sein, augenblicksweise.

D er Erstgeborene hat im fortgeschrittenen Herbst Geburtstag. Es dunkelt früh, der Outdoor-Teil der Party, den ich zur Erschöpfung der Geladenen für unverzichtbar halte, braucht Beleuchtung. Dafür wollte ich mir heuer eine Petroleum-Sturmlampe kaufen, Retro-Typ, der ich bin. Ich suchte im Netz und stieß auf ein Camping-Geschäft im Neunten.

Ich fuhr hin, und da war wieder diese unverwechselbare Atmo des neunten Bezirks, den ich in seiner steinernen Ehrwürdigkeit achte, vor dem mich aber auch immer ein wenig gruselt. Ich tue dem Neunten ja vielleicht Unrecht – andererseits sagen nicht wenige meiner Freunde »Im Dritten?! Könnt ich nie leben!« – und auf ihre Art haben sie sicher recht. Ich selber habe am Alsergrund im letzten Jahrzehnt des letzten Jahrhunderts zweimaliges Scheitern hinter mir.

Im Neunten arbeitete ich an einem Theater, ohne dafür geeignet zu sein. Im Neunten lebte ich dann wenig später mit einer Frau zusammen, ohne für sie geschaffen zu sein. Der Neunte erschütterte mich nachhaltig. Erst der Dritte, ein paar Jahre später, erdete mich wieder. Und nun, auf der Suche nach meiner Petroleum-Sturmlampe, wanderte ich über die Stätten meines Scheiterns, durch die Porzellangasse, wo ich gearbeitet, die Liechtensteinstraße, wo ich gewohnt hatte. In der letzteren fand ich das Camping-Geschäft, in dem alles wirkte wie in den Siebzigern, wenn auch für diesbezügliche Nostalgiker etwas zu, hmm, hart. Zum Kauf eines Dochtes und eines halben Liters Petroleum schickte man mich weiter die Liechtensteinstraße runter, in eine Drogerie, die überhaupt aus den Dreißigern zu stammen schien, der entzückende, greise Drogist wie ein Vetter Heimito von Doderers. Ich erinnerte mich, dass mich schon seinerzeit die Fähigkeit des Neunten beeindruckt hatte, den Menschen wie mit einem Handstreich aus der Gegenwart ganz woanders hin, in seltsam gefärbte Vorzeiten zu entführen.

Nun sitze ich auf meinem aschenbechergroßen Balkon in Wien-Mitte, stinkend brennt die Sturmlampe, ich freue mich des Dritten und denke an den Neunten. Nein. Im Neunten könnte ich nie (mehr) leben. Aber ich muss immer wieder hin, um ein wenig zeitzureisen.

Das sogenannte Wiener Zentrum, also der Erste, ist bei mir ja eher selten ein Thema. Das ist, wie ich gern zugebe, ein bissl undankbar, wo ich doch zehn Jahre im Ersten gewohnt habe. Allein, dies ist bald dreizehn Jahre her, und wer einmal zum Mitte-Bewohner geworden, der ergibt sich demütig in sein Schattenzentrum. Aber dieser Tage ist der Erste grad präsent.

Erstens haben mir gezählte elf Frauen und ein Mann auf meinen Maronibrater-Text hin gemailt, dass es, ja, doch, eine Maronifrau gibt, und zwar am Schwedenplatz. Ich war dort, und, stimmt, da ist eine Maronifrau, die man nicht nur quotentechnisch frequentieren sollte, sondern der hohen Qualität ihrer Ware wegen. Zweitens kommt bald das Christkind, und der Papa trifft das Christkind gern im Ersten. Drittens hatte ich noch andere Rendezvous, deren Beteiligte sich alle unbedingt im Ersten verabreden wollten.

So ging ich in die Innenstadt und fand die Straßenkunst. Allerhand Musiker, tief dankbar für das milde Novemberwetter, aber auch die lebenden Statuen in Gold und Silber am Stephansplatz. Die mag ich nicht so. Sie lösen in mir eine Empfindung von Tristesse aus, wie sonst nur venezianische Karnevalsmasken. Andere Menschen, die ich kenne, finden Weißclowns ähnlich trist. – Dafür war wieder der geniale Tiroler Marionettenspieler da, mit seiner Pianistenpuppe und seinem herrlichen Schmäh.

Ein einziger frierender Mensch, der den ganzen Graben tief und dauerhaft verzaubern kann, das ist herrlich, das ist große Straßenkunst.

Am Weg aus dem Ersten zurück in die Mitte fiel mir wieder meine Lieblings-Straßenkünstlerin aller Zeiten ein, irgendwann spät in den Neunzigern ist sie verschwunden. Vielleicht kann sich ja eine Leserin, ein Leser erinnern: Sie war eine liebe alte Dame, die Saxofon spielte, höchstens drei, vier Nummern, darunter Zarah Leanders »Ich weiß, es wird einmal ein Wunder geschehen«. Immer in ihrer Nähe war ihr noch älterer Mann, der Lose für die Kriegsblinden-Lotterie verkaufte. Man verehrte die beiden, schon auch wegen der traurigen Melodien, vor allem aber, weil sie stets zusammenblieben, der größte Sieg, den es zu verbuchen gibt, über die Straße im Allgemeinen und den Ersten im Besonderen.

Ein größerer Auftrag treibt mich gerade durch verschiedene Szenerien des Wienerwaldes, was mir nicht unrecht ist. Ich habe ächzend den Hermannskogel, das Dach von Wien, erklommen, im dichten Nebelschleim den Vogelsangberg umrundet und vor ein paar Tagen, als der falsche Frühling Wien unpackbare 15 Celsiusgrade bescherte, da parkte ich unseren neuen Lieferwagen an der Höhenstraße über Neuwaldegg und machte mich an die Bezwingung des Hameaus.

Am Weg dorthin passiert der Mensch den Schwarzenbergpark, und das ist die schönste Parkanlage meiner Lebensstadt, obwohl und gerade weil sie so sehr an deren Rand liegt, dass ihre Ränder in den Wienerwald ausfransen. Riesige Bäume, borstige Alleen, Obelisken mitten im Wald. Einer von ihnen trägt übrigens die Unterschrift des legendären Joseph Kyselak, der ein Reiseschriftsteller des Biedermeier war und die Angewohnheit hatte, an allen möglichen und unmöglichen Orten, selbst an Steilwänden im Hochgebirge, seinen Namenszug zu hinterlassen. Mit letzter Kraft erreiche ich das Hameau. Auf den Sonnenbankerln sitzen zwei Blondinen in lackschwarzen Stepp-Anoraks, zu ihren Füßen wuzeln sich herzige Kampfhunde im Gatsch. Die Blondinen reden über das Leiden einer abwesenden Freundin (Sie glaubt, ihr Herz pumpert, dabei san des ollas de Nerven!), und ich stelle mir das Hameau in alter Zeit vor. Der Feldherr Graf von Lacy, der Errichter dieses Parks, brachte in einem pittoresken Kunst-Dorf auf der Anhöhe (heute

steht davon nur noch das verwaiste Schutzhaus) seine Jagd-
gäste unter. Später wurde das Areal zum Waldwirtshaus, in
das bis in die 1960er-Jahre die Wiener nach dem Skilauf
pilgerten. Jetzt greift der Wald nach dem Hameau. Selbst
die Blondinen gehen, die Kampfhunde schließen sich an.
Ehe die Dunkelheit über diesen, jawohl, doch ein bisschen
gespenstischen Ort schwappt, mache ich mich auch an den
Abstieg.

Weit unten, in einem laubverwehten Hohlweg steht dann
das kleine Mausoleum des Grafen von Lacy. Ich entzünde die
erst halbabgebrannte Grablaterne und rauche eine auf Lacys
Andenken. Leben soll er, der Kommandeur des Ersten Dal-
matinischen Infanterie-Regimentes, wo immer er auch ist.

Die Stadtzeitung meiner Präferenz berichtet
aktuell, dass Wien die designteste Straßenweihnachtsbe-
leuchtung der Welt habe. Aha und ja: Das finde ich auch gut.
Konkret bin ich ein Anhänger von Bubble-Chinatown in der
Rotenturmstraße, während sich's die Liebste immer auf die
trippigen tiefblauen Kugeln über der Josefstädter gestanden
ist, und sie dieses Jahr bitterlich vermisst. Unangenehmer
ist die Szenerie, auf die das Licht der Big Balls of Neon fällt:
nämlich auf die Punschbude, jenes von Bsuffs jeglicher Provenienz bevölkerte Standlwerk, das sich, eh für einen guten
Zweck, wie Neurodermitis über den Leib von Wien geschli-
chen hat und selbst vor meinem schönen, sonst recht immu-
nen Mitte nicht haltmacht.

Mir ist das Punsch-ins-Dunkel-Konzept fern: Erstens packe
ich das Trinken auf der Straße irgendwie nicht. Ich kann gut
im Zimmer trinken, auch im Garten, auf der Wiese oder im
Wald. Aber auf der Straße schlecht. Zweitens mag ich Punsch

nicht, ebenso wenig wie Glühwein. Ich trinke immer kalte, blasse Gspritzte, im Sommer und im Winter, diese alkoholische Monokultur habe ich von meinem Vater übernommen, der damit bis ins hohe Alter gut fährt. Drittens mag ja der zwischen Sackerln und Manterln gepflegte Rausch vielleicht einen Reiz haben (ja, einst, Anfang der Neunziger probierte ich einen aus), schlimm aber ist das Danach, das Nachhauskommen und das Zuhaussein. Für die Unbemerktheit des angeschlagenen Heimwegs schließt das Standl zu früh, für den bewusstlosen Schlaf belastet das Gschlader zu sehr den Magen. Sprich: Als Punschhasser kann man nur nüchtern durch die Urbs schleichen, bitter zur wirklich sehr schönen Weihnachtsbeleuchtung raufschauen und nicken, wenn einmal ein Punschstand niederbrennt.

Nicht einmal am Karlsplatz, sonst Ort meiner Erlösung, nicht einmal hier fand ich diesmal Trost. Frau Gabi und Herr Christoph, die sommers an ihrem Kiosko wirklich guten Gspritzten feilbieten, lassen mich auch im Stich. Sie spielen die beste Musik aller Punschstände, der Zweck ist 1A, es trinken wirklich nette Menschen, aber was? Punsch!

Nur ist unser Punsch halt wirklich gut, sagt Frau Gabi.

Ja, Frau Gabi, das sagen sie alle.

Meine liebe Redakteurin, sie hatte mich vorbereitet: Viele Menschen, sagte sie, würden auf Frau Lucia Westerguards Erwähnung in meiner vorvorletzten Geschichte reagieren, jener alten Saxofonspielerin vom Graben mit ihren Zirkuslegenden. Und es waren viele Menschen, leuchtend vor Erinnerung. Ein Mann aus Innsbruck, der mir schilderte, dass Frau Lucia das schönste Bild aus seiner lange zurückliegenden Wiener Zeit sei. Menschen aus Deutschland, die noch Fotos und Bücher von ihr besäßen. Menschen, die Andrea Eckerts Film über sie gesehen hatten. Menschen, die mir die letzten Jahre ihres Lebens schilderten. Menschen, die von ihrem Tod sprachen.

Ich staunte, wie eine einzige, liebe alte Dame mit einem Saxofon so sehr kollektive Erinnerung bedeutet. Unter der schönen Last dieser vielen Schreiben ging ich etwas anders durch die Stadt in den vergangenen Tagen. Ich dachte an andere Stadtengel, die mir begegnet waren, Menschen die nicht und nicht zu vergessen waren. An den Herrn Leo, den ersten Obdachlosen, den ich in meiner Jugend persönlich kennenlernte. Er saß gern im Strauß-Lanner-Park am Sieveringer Spitz, wo wir unbefugt erst Eis kauften, später dann Zigaretten rauchten. Wem davon schlecht wurde, dem half Herr Leo mit seinem beeindruckenden Zeusbart wieder aufs Bankerl zurück. Sagte: Hearts auf mit dem Bledsinn!

Oder das Lercherl von Hernals, der kleine spitzbärtige Mann mit dicken Augengläsern und Jägerhut, der im Falsett zarte Wiener Melodien sang, der den freundlichen Buben Muscheln aus Grado schenkte, wenn sie ihm lauschten, und der die bösen lehrte, wo man in Wien hinzugehen hat, wenn man bös ist: Geht's in O...! Und dann später, die winzige, uralte Frau hier in Mitte, die mit zwei Gehstöcken und steckerlfischdünnen Beinen ihre Wege machte, ganz langsam und von jedem besseren Windstoß umzublasen, wie es schien. Einmal, als solche Windstöße gingen, wollte ich ihr über die Beatrixgasse helfen, aber sie sagte: Greifen S' mi lieber ned an, Herr, bei mir is ollas so zerbrechlich wiar a Glasl.

Die sind alle tot, denke ich. Oder? Auf die Frage, ob Frau Lucia noch lebe, sagte eine Frau, die sie kennt, sie könne das mit einem Anruf herausfinden. Andererseits, sagte sie, warum? Sie lebt auf jeden Fall.

Do you see what I see?, singt Bob Dylan auf seiner herrlichen Weihnachtsplatte, die wir hier grad im Dauerbetrieb zuschanden hören. Do you see what I see? Mein Redakteur wünscht Rückblick auf das sterbende Jahr. Bitte: Es haben sich Dinge verändert, in Wien Mitte. Auch wenn man das nicht überschätzen darf. Ich behaupte ja, dass sich eine gewisse Grundstimmung hier unverändert hält. So wie man ein Haus, das auf Sand gebaut ist, zwar renovieren kann, aber sein Grundproblem bleibt bestehen. Dennoch sehe ich gutes: Die Zerschlagung der Markthalle vor einem Jahr hat, verzögert aber doch, zur Folge gehabt, dass sich ein paar der tapferen Fieranten in der Gegend niedergelassen haben. Der türkische Fleischhauer und die Feinkostmenschen mit ihren Räucherwürsteln und Weinen auf der Invalidenstraße. Der Onkel Sam und seine so hübschen Gemüse direkt vor dem geschlachteten Bahnhof. All das ist so gut wie banal. Gut und heroisch hingegen war, wie diese Oma im Sommer mit gleich zwei Krückstöcken auf die depperten Touristen einprügelte, die vom Hilton kommend mit den Segway-Rollern ihre und unsere Kreise im Stadtpark störten. Überhaupt haben die Vorkommnisse im Augarten unseren Blick dafür geschärft, was wir am Stadtpark haben. Was gibt's noch? Ahja, ich bin jetzt Ihr wöchentlicher Kolumnist. Das heißt, dass ich im Schnitt einmal pro Woche etwas erleben muss, um es Ihnen zu erzählen. Das ist gar nicht so einfach. Schließlich ist es eine Qualität von Mitte, mit einigem Geschick hier auch nichts zu erleben. Ich erlebe an sich gerne nichts. Lassen wir hierzu nochmal Dylan singen: *I eat when I'm hungry, drink when I'm dry.* So ist das auch mit den Höhepunkten des Lebens. In manchen Wochen achte ich nunmehr darauf, zweimal etwas zu erleben, um in der Folgewoche Ruhe zu haben. Manchmal erlebe ich aber nichts, obwohl ich will oder doch müsste. Dann bin ich knapp davor, etwas zu erfinden oder Rätselhaftes aus meiner Vergangenheit auszugraben. Und plötzlich erfahre ich Unglaubliches, eins nach dem anderen, viel zu viel, um es Ihnen zu erzählen. So hamstere ich Glühbirnen und Sensationen.

Die Tage sind grad kurz, hier in unserem steinernen Land, aber bald wird es besser.

Anfang Jänner, das ist Normalität. Das ist die Abwesenheit von Glanzlichtern, das ist der Kater nach der weihnachtlichen Orgie. Dazu zeigt der Winter hämisch den Mittelfinger – Motto: Jaja, nach Weihnachten warads ihr mich gern wieder los, aber nix, ich bleibe noch schlappe vier Monate.

Ich lebe zu gern in Wien, um mir die Stadt von solchen Stimmungen vermiesen zu lassen. Meine Gegenstrategie liegt in der Kunst der Rückkehr. Rückkehren müssen wir nach den Weihnachtsfeiertagen ohnehin.

Lasst es uns ganz bewusst tun. Man führt sich also zunächst vor Augen, wie es außerhalb ist. Man stellt sich vor, dort zu leben, wo man eigentlich nur Besuchs halber war. Etwa in einem Kuhdorf, das zwar wie fast alle österreichischen Kuhdörfer von herrlicher Landschaft umgeben ist, aber bewohnt wird von argwöhnischen Kuhbauern oder in den Tourismus umgestiegenen Ex-Kuhbauern, die jeden Fremden, den sie nicht sofort als zahlenden Gast einordnen können, mit Blicken ansehen, in denen schon der Homizid liegt. Oder in einer Kleinstadt mit wie fast immer possierlichem historischen Kern, wo die Laternen in den possierlichen Fußgängerzonen von Anfang an dennoch ausstrahlen, dass man sich am besten dran aufhängt. Solche Gefühle lässt man in sich ganz groß werden. Und dann, dann fährt man nach Wien. Heim. In unsere einzige Stadt. Schon an der Westeinfahrt genieße ich dann stets das schwefelige Abendlicht, das die Wiener Wolkenbäuche auf die Wiener Dächer zurückwerfen. Ich sauge tief den Geruch nach klammem Pflaster und Hundeexkrementen ein. Ich genieße den Klang des Wiener Spruchs und den Sound vieler Fremdsprachen. Und welche Krise mit Wien ich auch immer hatte, bis ich zuhaus bin, ist sie vorbei.

Mein diesjähriger Lieblingsfilm, »Der Knochenmann«, geht übrigens darauf ein. Am Ende steht Josef Hader nämlich an der Südosttangente, er hat eine Panne und hält jenen seiner Finger in der Hand, den ihm draußen am Land der von Sepp Bierbichler gespielte Mörder abgeschnitten hat. Hader schaut verträumt auf die vorbeifahrenden Laster, raucht mit der gesunden Hand einen Joint und stellt versonnen fest, dass es schon sehr schön sei, hier in Wien.

Sehen Sie's, da draußen? Die Berge aus vertrockneten Koniferen? Jetzt sagt keiner mehr Christbäume. Etwas, das man wegschmeißt, nennt man nicht mehr Christbaum. Man sagt: der Baum. Oder: er. – Bringst du ihn raus oder ich? Die Halden aus dürren Nadelgehölzen sind in Wien das erste Bild des Jahres. Ja, der Mensch ist ein komisches Tier: Vor kurzem, als die Nächte am längsten waren, sind Millionen welke Leute mit grünen, duftenden Bäumen in ihren Häusern verschwunden, jetzt sind sie erfrischt wieder da, und die armen Bäume, sie haben den ganzen Harm abgekriegt. In der Zeit aber, als Menschen und Bäume hinter zugezogenen Rollos miteinander allein waren, hat es hier bei uns die eine oder andere Erscheinung für mich gegeben.

Ich erwähne hier den Proviantmann, seltener auch OKAY-Markt gerufen. In versunkenen Zeiten residierte der fast stets geöffnete Minimarkt in der Bahnhofshalle, und hinter der Kasse saß ein Typ, der mich an einen abgemagerten Rutger Hauer erinnerte. Jetzt findet sich der Proviantmann, wie so vieles in unserer herzerfrischend kleinen *favela* von Mitte, in einem Container, und zwar in Gestalt mehrerer Frauen. Unterm Jahr ist es stets eine kleine Niederlage, zum Proviantmann zu müssen und die doppelte Kohle am Schädel zu hauen, weil man die Zeiten der richtigen Geschäfte versäumt hat. Zu Weihnachten ist das anders. Da ist der Proviantmann das einzige Geschäft der Welt. Und als ich hinging, um Salzstangerln und Cola zur Behandlung meiner stoffwechselmäßigen Weihnachtsverfassung zu kaufen, da war mir, als dürfte ich noch einmal zum ersten Mal im Leben einkaufen, wie damals 1973 beim Herrn Bäuerl in der Probusgasse.

Am selben Feiertag hatte die Liebste auch eine Erscheinung, als sie mit der Brut in den Ersten wanderte. Sie dachte, jetzt werde da drin alles sein wie früher nach dem Heiligen Abend, leer und spooky, aber noch bestrahlt vom Weihnachtslicht. Letzteres habe zwar gebrannt, doch sei der Erste bummvoll mit Touristen gewesen, fröhliche Touristen, satte Touristen, lustiges, kollektives Krisen-Ignorieren. Ja, eh, sagen wir, wissen wir, Wien ist super.

Und jetzt, 48er, ihr Helden meines Werktags, light up the big Reisighaufen!

Baden, sagt meine japanische Bekannte, ist die einfachste Form der Rekreation. Und so haben am Ende der vergangenen Weihnachtsferien die Liebste, die Brut und ich das Bad in der Therme wiederentdeckt. Die Weihnachtsferien sind ja gefühlt länger als die Sommerferien. Das liegt an der Jahreszeit. Zur Mitte des Winters zwingt die neunschwänzige Kältekatze den Menschen ins Innere. Dem Lagerkoller kann man verschiedene Dinge entgegensetzen, etwa rodeln zu Tausenden im Wienerwald. Oder rodeln zu immer noch Hunderten am coolen, kleinen Jesuitenwiesen-Kunstschneehügel. Oder den faden Stadtpark-Gang, wo außer einem selbst und der Brut nie wer anderer ist. Oder eben den Gang in die Therme. Das Wiener Becken liegt ja bekanntlich in der Mitte der Großen Thermenlinie, die sich von Karls- und Marienbad in Böhmen bis zu den slowenischen Radenska-Quellen zieht. Uns Wienern gehört Oberlaa, aber weil wir großzügig sind, streichen wir auch Baden, Bad Vöslau und Bad Fischau moralisch ein. Wir hier waren mit Oberlaa immer ganz zufrieden. Bis uns unlängst Nachbar Lehmann zum Besuch der Römertherme in Baden riet. Die Römertherme ist hübsch und überdies das, was wir hier als gustig bezeichnen. Es mochte zudem an der kultivierten Atmosphäre Badens liegen, dass unsere Kinder mit uns plötzlich höflich und miteinander großzügig umgingen. Ich hatte bald meinen Lieblingsplatz, das sogenannte Schwefelbecken im Freien, vor dem ein Schild rät, aus Kreislaufgründen nicht länger als 20 Minuten drinzubleiben. Ich blieb eine Dreiviertelstunde, unterbrach mein Bad nur kurz, um ein Jägerschnitzel zu essen, kehrte für noch eine Dreiviertelstunde zurück. Über mir der stahlgraue Jännerhimmel, um mich Dampfschwaden, neben mir: reine Wiener! Vielleicht auch reine Badener, aber ein paar Wiener erkannte ich am

Spruch. Weißen, makellosen, wenn auch ausladenden Leibes saßen sie im Schwefelbecken, alles Zotige fiel von ihnen ab, leichte freundliche Gespräche drangen durch den Dunst, einen Augenblick lang waren wir alle neue Menschen. Selbst auf der Rückfahrt erkannte ich die Genossen aus der Römertherme wieder. An der Entspanntheit hinterm Steuer. Noch immer total relaxt, fassten die Liebste und ich abends am Divan einen Entschluss: Wir werden wiederkehren. Baden. Die reinste Rekreation.

Tja, der vorvorletzte Text wurde missverstanden. Mindestens von einem Leser, Herrn Fritz W. aus Niederösterreich. Weil dieser Leser aber aufgrund seiner Sprache und Selbstdarstellung ein Pfundskerl zu sein scheint, quasi der ideale Leser, tut mir das leid. Ich leiste Abbitte.

Was ist passiert? Ich wog in der vorvorletzten Abhandlung die Dörfer und Kleinstädte der Provinz gegen Wien auf, Österreichs einzige echte Stadt, wie ich schrieb (und wieder schreiben werde). Für die Dörfer allerdings wählte ich den Ausdruck Kuhdorf, wertfrei, weil ich selbst mag ja Rinder, drei pubertäre Sommer lang pflegte ich sie sogar als Almhirt in Tirol. Dennoch schreibt Leser W., habe ihn das getroffen, »fast ein bisschen beleidigt«. Das wollte ich gar nicht. Respektlosigkeit liegt mir fern, da wo ich lebe, ist Respekt harte Währung. Außerdem sind wir einander näher als man meinen könnte: Der Bezirk, in dem sich Wien Mitte befindet, heißt Landstraße, was schon sehr viel sagt. Und wie ich oft betone, arbeite ich daran, diesen Bezirk so selten als möglich zu verlassen, denn er gibt mir alles. Man sieht, ich bin Dörfler, als Landstraßer auf eine morbide Art sogar Kuhdörfler, denn hier im Dritten lag jahrzehntelang mit Sankt Marx der größte Rinderschlachthof des Landes. Ich arbeite daran, alles, was anfällt, hier zu erledigen. Mit dem Rabenhof habe ich ein Theater diesseits der Kaffgrenze gefunden, das mir Arbeit gibt. In den Cafés Heumarkt und Malipop lässt man mich musizieren, aber auch Zeitung lesen oder nur trinken. Ich habe hier einen Doktor, mehrere Wirten, vor allem den Kiang am Rochusmarkt, und eine Trafik. Die reißenden Wasser von Wien und Donaukanal, die Steppe Simmerings, die Haine des Belvederes – sie trennen mein Dorf vom Rest der Welt. Es wird immer seltener notwendig, sie zu überschreiten. Ich komme zur Ruhe. Die Dörfler von Mitte entstammen hundert Nationen und teilen sich einen Distrikt. Alle hier sind sich provenienzmäßig fremd und kennen einander doch. Meine Leser vom Land: Versteht ihr mich jetzt? Ich bin einer von euch, ich scheine fremd, aber ich komme von nicht weiter als aus dem Nachbardorf.

Was mein Dorf von anderen unterscheidet, ist bloß eins: Es befindet sich in Österreichs einziger Stadt. Und zwar in der Mitte.

Fallweise ist Wien unwahrscheinlich französisch. Nicht in der Lebensart, nein, da legt man es bei uns doch ein wenig, hm, schwerer an. Nicht auch im Städtebaulichen, da differieren die Dimensionen. Was in Paris ein Platz ist, ist bei uns ein Bezirk.

Aber die Sprache, man muss es sagen, da sind wir Little Paris. Unlängst stapften der Erstgeborene und ich durch den hartgefrorenen Stadtschnee, und dieser Firn von Wien Mitte machte unter unseren Sohlen ein knirschendes Geräusch. – Als würde man auf ein Baiser steigen, sagte ich dem Erstgeborenen. – Auf WAS, Papa?, fragte dieser. Ich erklärte ihm, dass das Baiser heutzutage meist Windbäckerei heiße, gezuckerter Eischnee sei und in meinen Kindheitstagen von allen leicht herzustellenden Nachspeisen die beliebteste war. Mit Schlag und viel Zucker. Während der Erstgeborene in Pâtisserie-Träumen schwelgte, setzte sich in mir eine Gedankenspirale des Franko-Wienerischen in Gang, ich bemerkte, dass der Schnee langsam schmolz und auf dem Trottoir die Hundstrümmerln ausaperten. Dann sah ich Schmutz auf den Händen des Sohnes, stellte aber fest, dass wir am Weg zu unserer Destination kein Lavoir, auch als Lawua bekannt, mehr passieren würden. Und abends, als ich die Polly-Pocket-Püppchen der Drittgeborenen zusammenräumte, fiel mir ein Polly-Pocket-Wäschestück in die Hand, das in mir einen glühenden Sentimentalitäts-Schub auslöste. Es handelte sich um eine Kombinege. Als ich ein kleiner Bub war, brüllte mir meine herzallerliebste Oma manchmal zu, ich sollte diesen oder jenen Raum nicht betreten, weil da stünde sie »nur in der Kombinege«. Weil Omas Warnung manchmal zu spät kam, erhaschte ich seinerzeit den einen oder anderen Blick und weiß daher, dass die Kombinege ein eher bizarres Stück Unterwäsche ist, ein Bastard aus Kleid, Hemd und Wonder-Bra. Nur deshalb konnte ich die kleine Gummi-Kombinege unter Polly Pockets Habseligkeiten überhaupt identifizieren. Vor ein paar Tagen kam ich im Ersten (wo es viele Sachen gibt) an einem Wäschegeschäft vorbei und fühlte den Impuls hineinzugehen und zu fragen, ob man Kombinegen noch herstellt. Dann aber habe ich mich geniert. Hören Sie? Geniert! Schon wieder Paris.

Ich neige dazu, die alljährlichen Celebrities, die Hans Hurch zur Viennale einlädt, nicht zu kennen und deshalb auch nicht zu erkennen, weswegen sich meine Liebste ein bisschen für mich geniert. Das hängt mit meinem latenten Desinteresse an Hollywood einerseits zusammen, andererseits mit meiner Eigenschaft, in Gesichtern, die mir nicht gleich was sagen, gar nicht weiter herumzuforschen. Aber so war es schon bei jener französischen Schauspielerin vor ein paar Jahren – Sie sehen, ich habe den Namen schon wieder vergessen –, die wir an Hurchs Seite sogar leibhaftig im Café Engländer sahen. Ich machte völlig ohne böse Absicht mein leeres, ignorantes Gesicht, weswegen meine Liebste mir das ein bisschen unmutig wieder erklären musste, die Filme und Regisseure aufzählte, mit denen die Französin berühmt geworden war.

»Ah, ja, stimmt!«, sagte ich schließlich, und die Sache war für ein Jahr bereinigt.

Im vergangenen Jahr kam dann Tilda Swinton zur Viennale nach Wien, und als die Liebste mir das ankündigte, nahm ich allen meinen guten Willen zusammen und sagte: »Stimmt, die hat Elizabeth I. gespielt!«

»Nein«, sagte die Liebste in mürbem Tonfall, »das war Cate Blanchett.« Ich schwieg entmutigt, und die Liebste, meinen guten Willen würdigend, murmelte sanft: »Na ja, stimmt, sind ähnliche Typen.«

Aber jetzt, Tilda Swinton, jetzt ist alles anders. Jetzt hat sich Ihr Name ebenso in mein Bewusstsein eingegraben wie Ihr aristokratisch-eckiges Antlitz. Jetzt würde ich Sie spätnachts in einem Erdberger Wettcafé erkennen, wenn Sie dort wären. Jetzt weiß ich wieder ganz genau, dass Sie das waren, als Bill Murrays Ex in Broken Flowers, und das, obwohl Ihre Kolleginnen genauso super gespielt haben. Jetzt ist das geregelt zwischen Ihnen und meinem Langzeitgedächtnis, und zwar wegen Ihrem Statement, dass man dem Augarten besser nix abzwacken und den Sängerknaben vorwerfen sollte. Ich weiß nicht, Tilda Swinton, ob Sie den Park überhaupt kennen, aber das mit dem öffentlichen Raum haben Sie kapiert, und wenn ich Sie an Hans Hurchens Seite jemals im Engländer sehen sollte, zahl ich Ihnen einen Mokka. Wenn die Sängerknaben ihre Halle woanders bauen, kriegen sie übrigens auch einen Mokka von mir. Jeder Einzelne. Sogar und gerade die im Stimmbruch.

Ich hab es schon einmal erzählt, doch will ich es wiederholen. Als die Liebste und ich, kinderlos und am Zenit unserer Kräfte, hier in Mitte einzogen, residierte im Haus vis-à-vis die Tierärztliche Hochschule. Manchmal, zeitig am Morgen, hörten wir unmenschliches Gebrüll; der Trafikant erklärte uns, dies seien die Jungtiere bei ihrer Kastration. Seit bald einem Jahrzehnt nun birgt das Haus gegenüber die Musik-Universität. Ich sage Ihnen: kein Vergleich. In Zeiten wie diesen, wo man unschlauerweise (sind ja nur noch fünf Wochen!) an den Frühling zu denken beginnt, da freue ich mich besonders über die zahllosen Übenden dort drüben. Diese kleinen musikalischen Schritte auf dem Weg zu einer musikalischen Meisterschaft, sie nehmen mir den Lenz vorweg. Komme ich aus der Beatrixgasse, passiere ich den Perkussions-Trakt. Dort klopft stets einer seine Sechzehntel-Triolen auf die Felle der Congas, eine andere klöppelt aufs Vibraphon. Sind am Hauptgebäude die Fenster offen (und langsam sind sie es wieder, denn auch in der Musik-Uni denkt man unschlauerweise an den Frühling), jauchzt die Violine, unkt das Holzblasinstrument, trumpft das Klavier auf. Und in dem Trakt auf der anderen Seite proben die Bands. Da legt dann etwa ein Gitarrist den immergleichen Wes-Montgomery-Lick hin, samtig und amtlich. Diese E-Gitarristen, sie haben die Fenster nie offen. Das finde ich schade, aber ich verstehe es, denn vor ihren Fenstern befindet sich der Hundeauslauf, und gnadenlos fäult die Rottweiler-Wurzn, das verträgt sich nicht mit Bebop.

Mein eigenes Musikertum hat ja niemals eine musikalische Alma Mater erblickt, wild und frei und autodidaktisch wuchs ich in diversen schlechten Bands, aber immerhin neben diversen besseren Gitarristen zum Musikanten heran, mit der uralten Wiener Rockmusiker-Hauptregel »Waun de Gruuv passt und des Fieling, daun is leiwand«. So hatte ich anfangs ein wenig Komplexe angesichts dieser strengen, emsigen Mönche dort drüben. Aber das habe ich mir abgewöhnt. Gern reiße ich nun die Balkontür auf, knipse den Mesa-Boogie-Verstärker an und schicke Gruuv und Fieling über die Bahnschlucht. Den Frühling spüren wir alle. Auch wenn er noch nicht da ist.

Kaum denkt man dann ein paar Minuten unstatthafterweise im Februar an den Frühling, wird es sofort wieder eiskalt, kriegt es augenblicklich wieder Häuser unter null. Die Spuckpatzen der Verlorenen von Wien Mitte gefrieren zu blinden Augen auf dem Gehsteig. Und die schönen Übungsmelodien der Musikstudenten von gegenüber verdämmern hinter fest geschlossenen Doppelfenstern.

Aber Winter, du kriegst mich nicht! Denn auch im Inneren meines ehrwürdigen Zinshauses regiert die Musik, privat, semiprofessionell, hauptberuflich. Ebenerdig etwa residieren die Japanerinnnen, eine Mutter mit zwei Töchtern. Eine von ihnen singt, eine spielt Klavier, streng klassisch. Dazu hören sie noch wunderschöne Klassikplatten, manchmal stehe ich vor der Lifttür und grüble, ob das, was ich höre Platte oder Wirklichkeit ist. Oder, ebenfalls ebenerdig: O. mit seiner schwarzen Westerngitarre und seiner wunderbaren Frau J., die vor auch schon wieder ein paar Jahren aus Kalifornien bei ihm eintraf und eine extrem hippe E-Violine mitbrachte. Ein Stock über uns wiederum der lässige Salzburger Pianist, den mein Zweitgeborener als Baby den Mann-Dirridaa taufte (Dirridaa: in der Babysprache des Zweitgeborenen soviel wie Gitarre, aber auch Musik). Der Mann-Dirridaa spielt bevorzugt Ragtime auf seinem Klavier, was ich liebe, weil Ragtime in die meisten Stimmungen des Lebens passt. Im vergangenen Advent spielte der Mann-Dirridaa Henry Mancinis Pink Panther Theme, was sehr unweihnachtlich, aber auch leiwand war. Und noch einen Stock höher schließlich der musikalische Zar des Hauses, Jimmy L. aus Queens, Irisch-New Yorker Großmeister an so entlegenen Saitenrudern wie Oud, Lapsteel und Zwölfsaitiger. Besitzer mehrerer Millionen Effektpedale und milder Richter über das, was wir Nachbarn so musizieren. Und mittendrin in all diesem Wohl- und Vielklang sitzen wir, die Liebste, die Brut und ich, zwischen Pölstern, noch ein paar Gitarren und noch ein paar hundert Platten. Dieses singende und dudelnde Haus, diese herrlichen Nachbarn, das ist auch der Grund, weswegen ich ewig hier verbleiben mag, auch wenn die Wohnung unter uns fünfen platzt, wie ein mürber Schlauch voll zu schwerem Wein. Und wer war nochmal der Winter?

Jetzt sind auch die letzten Nachwehen des Faschings vorbei, was mich stets erleichtert. In meiner Kindheit war das auch schon so. Endlich Normalität, endlich keine Furcht mehr, mich verkleidet als Was-auch-immer lächerlich zu machen. Nunmehr in der, hm, Blüte meiner Vaterschaft hab ich die Jausen dreier Kinder absolviert, die sich als Diebe, Wickies und Prinzessinnen durchaus Würde bewahrt haben. Unlängst aperte aus dem alten Stadtschnee vor unserem Haus ein Satz Drakulazähne aus, der mich rührte, weil er mich an die Faschingsfeste im Döbling meiner Kindheit denken machte, und an all die herrlichen Untoten und Blutsauger dieses großen Bezirks.

Aber jetzt wird gefastet. Das heißt Fisch. Mein Fastenfisch liegt in sauren Saucen, ist mariniert, kalt und fett. Ich hab das gern, als Einziger in unserem Haushalt. Mich hat schon mein Vater geschickt an Produkte wie marinierten Aal herangeführt. Manchmal kauf ich mir Sachen wie ein Glasl Russen und ess es daheim allein auf, von allen anderen eher verständnislos angestarrt. War ich früher diese Außenseiterrolle leid, ging ich in unsere Markthalle selig, stieg ins erste Obergeschoß und besuchte die Fischtante aus Yugo mit ihren vier Plastiktischen und ihrem herrlichen, kalten Fischzeug. Schon als die Liebste und ich noch zu zweit waren, verbrachte ich Teile meiner Vormittage hier, rauchend nämlich (was man hier und nur hier durfte), ein Vormittagsseidl trinkend, kontemplierend. Dazu schnitt ich eine Schillerlocke oder ein Matjesfilet mit Pfefferkörnern, so groß wie Amselaugen.

Später, als die Kinder Babies waren, lenkte ich den Kinderwagen manchmal über die Rolltreppen rauf, wobei die Babies genau hier, am lautesten Platz der Stadt, einzuschlafen pflegten. Neben dem herrlich stillen Kinderwagen aß ich Fisch, trank ein Seidl und – schimpft nur, Nichtraucher – nahm eine Muratti zu mir. Geht jetzt eh nicht mehr. Die Markthalle ist leer, dieser mein Ort ist verwaist. Im Gegensatz zu manch anderem Fieranten weiß ich bei der Fischtante auch nicht, wo sie hingezogen ist. So geh ich halt zum Supermarkt, kauf mir ein Tatzerl pikanten Heringssalat und ess ihn daheim auf.

Freudlos, allein. Fastenmäßig.

Lokalpatriotismus, die Zehnte: Unlängst erwähnte ich, wie sehr es mich freut, dass mich grad ein Theater beschäftigt, das sich innerhalb meiner Bezirksgrenzen befindet. Das ist wie zuhause hackeln, dachte ich. Letzte Woche hat die Hacke begonnen, ich fand mich mit meiner Band auf der Probenbühne ein. Doch spätestens als wir die erste Mittagspause machten und ich auszog, um mir was zu essen zu kaufen, merkte ich: Mein Bezirk ist nicht mein Bezirk.

Das Theater agiert in einem sehr distinguierten, berühmten und bei aller Rauheit Selbstbewusstsein-Teils meines Bezirkes. Hier, in diesem Grätzel, wuchsen vor einem dreiviertel Jahrhundert zwei Buben auf, Freunde, die sich Großes vornahmen und in die Welt hinausgingen. Der eine wurde zum beinah einzigen Musiker der Welt, der einem, iiih, Keyboard Schönheit zu entlocken verstand. Der andere wurde berühmt als der Bundespräsident mit dem grantigsten Gesicht bei einer Regierungs-Angelobung ever. Ich spreche von den Herren Zawinul und Klestil. Und von Erdberg.

Doch Erdberg, verstand ich bei meiner Mittagspausenrunde, ist urweit weg von Wien Mitte. Es schaut anders aus. Es hört und fühlt sich anders an. Es riecht anders. Auch Mitte ist sozial und ethnisch durchmischt. Aber die Gemengelage ist eine völlig andere. Ich wanderte durch die Straßen. Ich fand türkische Greißler (besser als bei uns), Supermärkte (schlechter als bei uns), ein Mordstrumm Eckwirtshaus, zum Verkauf stehend. Nebeneinander die Redaktionen einer Tageszeitung und eines Magazins, für die ich im vergangenen Jahrhundert gearbeitet habe. Dazumal lebte ich im Ersten, und die genannten Medien hatten ihre Redaktionen ebenfalls dort. Aber während ich immer das Gefühl hatte, es mir selbst durch den Umzug in den Dritten verbessert zu haben, bin ich mir bei Zeitung und Magazin nicht ganz sicher. Zuletzt tauchte ich unter einem uralten Blechrolladen durch und betrat den schönsten Bioladen, den ich je gesehen habe. Mit gelassenen, leise-lustigen Betreibern. Mit herrlichem Mittagessen, mit unglaublich geformten Paprikas. Ich spürte so etwas wie Heimat des Moments. Ich verwarf meine gerade gewonnene Sicht auf Erdberg. Ich fing nochmal an. Wo etwas wie dieser Bioladen existiert, als stille Urzelle, ist alles möglich. Selbst ich.

Der Wiener Frühling trägt schwer zu entschlüsselnde Gesichter, eines davon ist unser Vorzimmer. Bei uns im Vorzimmer schaut es jetzt folgendermaßen aus, dass das Wintergewand noch nicht weg, das Frühlingsgewand aber schon da ist. Die beiden Gewandfamilien (jeweils von fünf Familienmitgliedern) verschmelzen in der Ungewissheit dieser Tage zu einer unheiligen, undurchschaubaren, unseligen Gemengelage. Der Dreck des Wintergewandes bröselt auf das Frühlingsgewand, zur Unzeit, noch ehe Letzteres getragen ist. Aber man muss es bereithalten, denn nichts Unwürdigeres gibt's auf der Welt, als unterm zu dicken Wintermantel zu schwitzen, derweil draußen das Schneeglöckerl keimt. Andererseits bin ich unlängst mantelfrei und im frühlingsmäßigen Samtsakko nach Erdberg zur Theaterprob' marschiert. In dem Probenkabuff war's dann kälter als draußen, drum hab ich das Sakko den ganzen Tag nicht ausgezogen und mir am abendlich kühlen Heimweg erst den letzten Schnupfen des Winters oder den ersten des Frühjahrs, ganz wie Sie wollen, eingefangen.

Der Frühling in Wien bleibt lange eine Jahreszeit der Angst, und zwar weil wir ihm lange nicht trauen.

Zu Recht: Der Winter ist ein böser Mann, und noch aus seinem offenem Grab haut er uns den Gehstock nach. Sowieso im März, noch immer im April, möglicherweise gar im Mai kann er zurückkommen, weil er irgendwas vergessen hat. Dann holt er uns nochmal ein, hohnlachend reitet er auf seiner Wiener Schindmähre, dem eisigen Nordwestwind, durch den Bezirk und überrennt uns, die wir in zu leichten Spenzerln und Sakkotscherln stecken. Dabei gehören wir hier nicht einmal zu den Schwachköpfen, die dem falschen Frühling auf den Leim gehen. Der kommt ja bekanntlich schon Ende Jänner, Anfang Februar, ihn erkennen wir jedoch als das, was er ist: ein zynischer Witz mit einer bösen Pointe. Aber jetzt verhält es sich anders. Anfang März spricht man vom meteorologischen Frühlingsbeginn. Und nun, so lau und sonnig, so ein schönes Licht … Das könnte der richtige sein. Indes: Je älter der Wiener wird, umso später im Jahreslauf nimmt er den Lenz für bare Münze. Mitte Mai, okay. Und dann wird's eigentlich eh schon Sommer.

Der Herr Karl steht an der Schnittstelle zwischen Wien-Mitte und Wien-Innere Stadt. Dort, wo sich einst der östliche Zugang in die befestigte Kapitale des Habsburgerreiches befand, am Stubentor. Der Platz ist nach dem Herrn Karl benannt, aber dieser Name hat keinen leichten Stand. Ein Wiener vereinbart mit dem anderen: Wir sehen uns am Stubentor. Eine Wienerin kommt mit der anderen überein, sich beim (besser noch: im) Prückel zu treffen, dem schönsten der alten Ringstraßencafés. Aber niemand hier sagt: Treff ma uns am Doktor-Karl-Lueger-Platz! Dabei ist der Herr Karl doch sehr massiv und bronzen aufgestellt, das fesche Mannsbild, der bärtige Aufwiegler, der autoritäre Modernist. Tauben gacken ihm aufs Haupt. 1899, da war er endlich gegen den Widerstand Kaiser Franz Josephs I., der ihn verachtete, zum Bürgermeister geworden, sprach er im Rathaus: »In Wien muss der arme Handwerker am Samstagnachmittag betteln gehen, um die Arbeit seiner Hände zu verwerten, betteln muss er beim jüdischen Möbelhändler.« Er war Hitlers Role-Model, er gab Wien nicht nur Stadt- und Straßenbahn, moderne Spitäler und soziale Einrichtungen, er lehrte sein Volk auch mit ungutem Beispiel, das Gemeinste, Grauslichste und Niederträchtigste, was in ihm steckte, frei herauszulassen. Vor hundert Jahren starb er, seine Saat hatte gerade begonnen aufzugehen. Studenten der Angewandten haben unlängst in einer Ausschreibung aufgerufen, den »größten deutschen Bürgermeister« (so Hitler) vom Sockel zu stoßen, ein Rassismus-Mahnmal aufzustellen und den Platz umzubenennen. Den Herrn (Doktor) Karl umzuschmeißen fände ich gut. Mehr Licht für die schönste Platane Wiens! Keine Ermutigung für gackende Tauben! Das mit dem Mahnmal muss nicht sein, weil solche und ähnliche Denkmäler schon jetzt existieren und schon jetzt zu wenig Leute davor stehenbleiben. Wenn Sie mich fragen, und auch wenn nicht, werd ich Ihnen sagen: Der Baum reicht als Denkmal. Umbenennen würd ich das Stubentor in H. C.-Artmann-Platz. Um Österreichs größten Dichter des 20. Jahrhunderts zu ehren. Um Artmanns Weltbürgertum, seine Noblesse und seine Poesie dem groben, dem pöbeligen, dem Luegerschen Wien für alle sichtbar entgegenzusetzen. Über so einen Platz gehert selbst ich gern in den Ersten.

Als ich im Neunzehnten aufwuchs, wussten wir Buben genau, wo Gott wohnt. Nämlich auf der Hohen Warte. Dort stand und steht die Zentralanstalt für Meteorologie und Geodynamik, die früher alle Welt Hohe Warte nannte und die nunmehr, im schnöden Zeitalter der Akronyme, ZAMG genannt wird. Außerdem, um das Olympische des Ortes noch zu verstärken, residierte auf der Hohen Warte, gleich neben der Wetterstation, der Bundespräsident. Wir Döblinger Buben konnten in der dritten Volks alle nachahmen, wie Kirchschläger sagte: »Ich erkläre die Olympischen Winterspiele für eröffnet.« Und wir sahen jeden Abend dem Wetterballon beim Aufsteigen zu und stellten uns vor mitzufliegen. Wir kannten also ganz genau den Mittelpunkt der Welt. Und jetzt, da ich Döbling als meinem Ursprung weit entfremdet bin, stehe ich noch immer in Verbindung mit der Hohen Warte, und zwar übers Netz. Weil von der Online-Wetterprognose der Hohen Warte bin ich schwerst abhängig. Ich ziehe sie bei weitem der Wettervorschau des ORF vor, denn wie fast alles auf orf.at ist auch der Wetterbericht zu vollmundig, während sich die Döblinger Prognose durch eine vorsichtige, geradezu britische Trockenheit auszeichnet. Vor einem Jahr hab ich noch ein Zusatzfeature der ZAMG-

Seite für mich entdeckt, das »Biowetter«. Dort werden die blauen ZAMG-Seiten plötzlich grün, und es ist die Rede von mangelnder Motivation und Konzentrationsschwäche, von Koliken im Magen- und Darmtrakt, von Kopfschmerzen und Migräne, von Kreislaufirritationen sowie Schwindel. Und davon, wie das mit Wetter und Klima zusammenhängt. Nachdem ich alle diese Beschwerden habe (oder als Hypochonder doch fühle), liebe ich es, gute Gründe für ihr Vorhandensein (oder doch ihr hypochondrisches Gefühltwerden) zu haben.

Und das Wetter ist dem Menschen für allerhand ein guter Grund. Ich liebe außerdem die lyrische Ader jenes Menschen, der die ZAMG-Biowetterberichte verfasst. Unlängst überkamen ihn oder sie Frühlingsgefühle erster Ordnung, gemessen daran, dass der Biowetter-Mensch im Allgemeinen Kultur- und Naturpessimist zu sein scheint: »Laune und Tatendrang liegen meist auf ungewohnt hohem Niveau«, hieß es, und so ist es. Wir erklären die Olympischen Frühjahrsspiele für eröffnet.

Der Frühling ist fragile Zeit. Für uns. Es liegt nämlich weniger an ihm, denn er selbst weiß ganz genau, wo er hinwill, nämlich zum Sommer. Wir Members Of The Menschengeschlecht allerdings sind nach Überleben des Winters zu argwöhnischen Zeitgenossen geworden, besonders im Raum Wien, besonders nach dem massigen, plagenreichen Winter 2009/2010. Wir müssen, wie der Deutsche, unser »kleiner Bruder im Norden« (Christoph Grissemann) sagt, langsam ran. Ich beginne am Ende des März vorsichtig mit den Freihimmelsaktivitäten. Ungelenk laufe ich erste Runden durch Mitte. Ungläubig sitze ich auf einem Stadtparkbankerl, wandere durch Bärlauchtriebe beim Mauthner Wasser und mache mich zum Zaunzeugen der Krötenwanderung. Ich gehöre nicht zu den Narren, die im ärmellosen Leiberl ganze Tage im Freien verbringen müssen, nur weil kein Schnee mehr fällt. Ich setze Schritt für Schritt. Und habe ich ein paar halbe Stunden draußen gelebt, muss ich in ein überdachtes Lokal. Der Schanigarten sieht mich erst im Mai. Nach vor- und frühfrühlingshaftem Draußensein gehört man in ein Kaffeehaus, aber in eins, das den Lenz nicht ganz aussperrt. Und hier kommt eins meiner drei, vier liebsten Cafés der Welt hinein, unser Grätzlcafé, das Heumarkt, das der große Gerhard Roth in seinen Wientexten ausgiebig feiert, das unserem Viertel eine nachlässige, innenstädtische Majestät verleiht, die ganze Teile des Ersten längst verloren haben. Das Heumarkt ist ein großzügiges L am Fuß des Salesianergassenbergs, und doch wirkt es schon jenseits der fünf Gäste gut gefüllt, weil die hier tätigen Cafétiers ihren Gast in gemessener Sorgfalt und ohne Hast bedienen. Es ist ein fast geräuschloses Café, nur manchmal schaltet sich wie ein infernaler Kompressor die Tortenkühlvitrine ein, gebeugte Häupter heben sich vorübergehend über die Kanten benutzter Tageszeitungen, und schon nach Sekunden geht die Maschine wieder aus. Die großen Fenster lassen (jetzt neu:) das Sonnenlicht herein, für die Übergangszeit genau richtig gedämpft von gilbenden Gardinen. Hier ist ein Ort der Zuflucht, um das Ungewohnte, das Hellere und Wärmere da draußen zu verdauen, nach Einnahme von Kaffee oder Gspritzten schaut man es sich ja vielleicht noch einmal an.

Ihr Kolumnist widerspricht sich heute selbst. Ja, doch, auch März und April können schon meine Schanigartensaison sein, ich habe nämlich letztens auf die Gelsenbar vergessen. Um mich zu stählen, meine Nerven auszugleichen und meine äußere Form zu glätten, belebte ich unlängst mein Fahrrad und klapperte glücklich wiewohl ungelenk in den Prater, die Zigeunergitarre auf dem Rücken. Mein Ziel: das an dieser Stelle schon verherrlichend erwähnte Mauthner- oder auch Lusthauswasser. Dort steht jetzt gerade noch das alte Schilf vom vergangenen Jahr und in seine goldenen Nester kann man sich legen, wenn die erste Frühlingssonne schon da, der letzte garstige Winterwind aber noch nicht weg ist.

Dort, wo neben dem Eingang des Pratergolfplatzes der entrische Waldweg zum Gestade des Lusthauswassers beginnt, passierte ich die Gelsenbar und stellte fest, dass ihr Schanigarten schon offen war. Die Tische schön hergerichtet, kein Gast, es war noch Vormittag. Ich änderte den Plan und kehrte ein. Der große langhaarige, in seinen Scherzen oft wunderliche Ober vom Vorjahr fehlte, an seiner Stelle bediente ein rabenschwarz gekleidetes, fröhliches Goth-Mädchen. Ich orderte die hier sehr wohlgeratene Portion Leberkäse mit einer süß-scharfen Senf-Kombi. Das Goth-Mädchen brachte mir seinen ganzen frühsaisonalen Optimisimus entgegen, hie und da starrte sie meinen Instrumentenrucksack an. Als ich bezahlte, fragte sie: Darf ich fragen, welche Gitarre Sie da drinnen haben? Ich holte tief Luft und öffnete den Zipp. Meine Liebste und andere Gitarristenfrauen wissen, wie gefährlich es ist, einen Gitarristen auf seine Axt anzusprechen. Die Antwort wird nie kurz sein. Ich holte also aus, sprach über den genialen Luthier Mario Maccaferri und sein Gitarrendesign, erwähnte die Pariser Manufaktur Selmer und natürlich den Gott der Zigeunergitarre, Django Reinhardt. Der wäre übrigens heuer hundert geworden, schloss ich.

Dann spielte ich als Demo einen Akkord, Sie werden sicher wissen wollen, welchen, es war ein D-Moll 9. Klingt urleiwi, sagte das Goth-Mädchen. Zufrieden begab ich mich ins Schilf.

Hab ich erwähnt, wie heiß ich Wien liebe? Wie sehr den Frühling? Wie unermesslich beides zusammen?

Nun, da der Lenz in alles und jeden einschießt, füllen sich auch die Knotenpunkte unseres Landstraßer Wurzelwerks mit Saft, Farbe und Leben. Einer dieser Knoten, einer der wichtigeren, würde ich sagen, liegt dort, wo die Apostelgasse auf die Landstraßer Haupt trifft. In dem Winkel der beiden vorigen Straßen entspringt eine dritte, einer zarten Quelle gleich: die Baumgasse, die sich auf ihren langen Weg durch Erdberg und Sankt Marx macht, bis sie dann ganz hinten bei der Arena in den Simmeringer Ozean mündet.

Hier an ihrem Ursprung befinden sich die Dolomiten, auch Landstraßer Bortolotti genannt, Synonym für den besten Eissalon der Stadt. So zumindest spreche ich, der Lokalchauvinist. Meine Liebste hat sich ja trotz unserer Niederlassung in Mitte eine gewisse Weltläufigkeit bewahrt: Ihr Favorit beim Salongefrorenen ist immer noch die Tuchlauben, knapp gefolgt vom Schwedenplatz und vom Ottakringer Molin-Pradel, dann kommen eh irgendwann die Dolomiten. Das geht bei mir nicht. Ich sage: Wir sind Mitte, die Dolomiten regieren, und dann kommen ex aequo alle anderen guten Salons der Stadt. Die Dolomiten liegen unmittelbar am Schulweg unseres Erstgeborenen, weswegen das Taschengeld des Erstgeborenen in den wärmeren Monaten an den ersten drei Tagen nach Übergabe zerschmolzen ist. Aber auch ich spreche dem Salon zu. Die Bühne, die mir Arbeit gibt, liegt nämlich wie die Volksschule des Erstgeborenen quasi auf den Dolomiten drauf, und so war ich in den vergangenen Wochen schon öfter auf meine momentane Lieblingskombi: ein Kugerl Pistazie, ein Kugerl Haselnuss, ideal für die Jahreszeit, die sich das Eiskalte, Stichelige des Frucht- und Wassereises noch ein wenig verbittet. Am Ende manch langen Bühnentages ersteh ich dazu eine Literbox für alle Lieben mit wohldurchdachten Sortenkombinationen, von denen alle was haben. Dabei halte ich stets Nachschau, ob Azurro angeboten wird, ein unglaublich blaues italienisches Spezialeis, das es nur sehr selten gibt, das auch nur meinem Großen und mir schmeckt, uns aber sehr. Ächzend hält der 74A. Aus einer nahen Robinie läutet die Türkentaube. Ein paar Wolken haben orange Bäuche. Jetzt kommt die beste Zeit des Jahres.

Ah ja, und einmal große Waffeln.

Eine Bekannte, seit einem halben Jahr in London, war auf Heimurlaub in Wien. Es ginge ihr eh gut, überhaupt seit sie den jüngsten Wiener Regen erlebt habe. London sei angesichts dessen total okay.

Große Wiener Regen, wie der von vorvergangener Woche, sind selten. Ich finde sie toll. Ein richtig großer Wiener Regen ist daran zu erkennen, dass die Hochwasserschleusen geöffnet werden und der Wienfluss im Stadtpark plötzlich vom Rinnsal zur beeindruckenden, braungrünen Flut mutiert. Wie ein Strom nasser Beschimpfungen bricht der Fluss aus dem Harry-Lime-Maul unter dem Intercontinental, er rast hinunter Richtung Kanal, er rempelt die mutigeren Enten aus dem Weg. Dieser ewig unterschätzte, in den Hades der Stadt gedrängte Wienfluss, er ist für Augenblicke eine schöne Infragestellung von zivilisatorischer Sicherheit. Unter meinem amorpher werdenden Hut schaue ich ihm glücklich zu.

Was macht der Regen noch? Er wäscht den letzten Rollsplittgrind des Winters zwar nicht ganz weg, aber er verteilt ihn als neue schwärzliche Schicht auf die greise Haut der Lebensstadt. Die Haine in Stadtpark und Prater gießt er zu olfaktorischen Höchstleistungen – wonnigliche Nachbarschaft von Blüte und Fäulnis! Er erschafft Lacken zum Hineinhappen für meine Brut, gottlob haben gerade alle drei passende Gummistiefel. Das Vergnügen der Brut an Gummistiefeln und Lacken ist derart groß, dass ich an einem normalen Werktag meine eigenen, nur ein kleines bisschen versnobten Gummistiefel, die mir Freund Rotifer aus Canterbury mitgebracht hat, angezogen habe, um in ihnen über den Ring ins Café Engländer zu marschieren, wo mich prompt Herr Walter zu ihnen beglückwünscht hat: Gfüttert? Na, aber gut isoliert, und ma kriegt keine Schweißfüß. In der Ruhe des Cafés fiel mir ein weiteres solches Regenwetter vor, naja, 36 Jahren ein. Damals fuhr unsere beherzte Volksschullehrerin mit uns über die Donau. Es gab noch keine Donauinsel und keine U-Bahn. Wir fuhren mit der Tram ins Überschwemmungsgebiet. Mit unseren kleinen, schlecht isolierten Gummistiefeln standen wir sodann in der größten Lacke der Welt. Man sah, Wasser, Wasser, Wasser. Hie und da weit weg einen Turm oder einen Baum. Aber keine Stadt in dem Sinn.

Der Kolumnist ist ja seinen Lesern gegenüber ein offenes Gefäß, er gibt und nimmt, er spricht und lauscht. Insofern möchte ich hier Zuschriften offenlegen, die sich mit dem Eissalon-Thema von vorvergangener Woche beschäftigen und mich, ja, reicher und wissender gemacht haben. Unter meinen Zuschriften sind etwa die wunderbaren Episoden von Leser Peter G., der in der Besatzungszeit oft bei seinen Großeltern im Haus über dem heutigen Dolomiten-Eissalon war: »Es war«, schreibt Peter G., »der Eissalon Vittorio, dessen Besitzer aber auch hervorragendes Eis produzierten und mir ab und zu auch eine Sonderportion spendierten. Da das Eis damals mit einem Spatel in der Tüte portioniert wurde, hatte man immer das Gefühl, möglicherweise ein wenig mehr bekommen zu haben.« Mit dem Eis kommen die Bilder. »Als Kind konnte ich dort immer zusehen, wenn die Straßenbahnlinie T vorübergehend gesperrt war und die russische Besatzungsmacht wieder einmal zu irgendeinem Feiertag mit ihrer Musikkapelle musizierend die Landstraße stadtauswärts marschierte.« Mich hat egozentrischerweise besonders der T-Wagen gerührt, ihn hab ich als Kind noch erlebt, die Russen nicht. Der T fuhr mit diesen besonders eckigen und breitgesichtigen Bim-Garnituren. Und Mitte scheint eh schon immer lässig gewesen zu sein. Danke, Peter G.

Leser Hannes L., einst in Wien, heute in Linz, vermisst die Dolomiten, hält aber fest zur neuen Heimat: »Jetzt«, so schreibt er, »müssen das Eiscafé Garda am Linzer Hauptplatz und das Adria in der Urfahrer Reindlstraße die guten Dinge liefern.« Leser Albert G. hat traurige Nachrichten, was die Ottakringer Molin-Pradel-Filiale angeht: »Der Molin-Pradel auf der Ottakringer-Straße ist seit ca. 2 Jahren Geschichte. Neuübernahme. Und es kommt ja bekanntlich nix Besseres nach, was hier wieder einmal bewiesen wurde. Kann aber Mauß-Eis am äußersten Ende der Thaliastraße empfehlen. Gutes Eis, sehr authentisches Interieur, geführt von einer reschen Inhaberin und einer Handvoll Serviermädels mit schillerndem Migrationshintergrund.« Und Leser Enzo R. aus Pernitz hat mir geschrieben, dass das Lesen von »Wien Mitte« am Samstag seine erste Handlung nach Einschalten der Espressomaschine ist. Hat nichts mit dem Thema zu tun, geht aber runter wie Eis.

Kaum ist der Frühling richtig angekommen, weht schon das Laub durch Wien. Es handelt sich hierbei allerdings um ein besonderes, rotgeädertes, leicht pickertes Laub. Seine Blätter haben die Form identischer Rechtecke. Es ist nämlich bald Fußball-WM. Also ist schon jetzt Panini-Zeit. Der ganz junge Mensch, er sammelt Fußballerpickerln, er tauscht sie und ist nervös. Die Rückseiten lässt er fallen.

Der Tag bricht an. Ich stehe allein in der vom güldenen Morgenlicht durchfluteten Küche und schmiere dem Erstgeborenen das Schul-Jausenbrot. Das ist ein avancierter Auftrag, denn es ist dem Buben sehr wichtig, dass die Butter gleichmäßig auf der Schnittfläche verteilt ist und nicht etwa in der Mitte einen fetten Klumpen bildet. (Habe ich das schon erzählt? Manchmal kommt mir vor, ich hätte Ihnen etwas schon erzählt, dann weiß ich es nicht genau, bin zu faul nachzuschauen und hoffe, dass, wenn ich es schon nicht mehr weiß, Sie es es auch nicht mehr wissen könnten.)

Das Brot ist fertig. Der Zweitgeborene betritt die Küche: Papa, gemma am Weg in den Kindergarten zum Trafikanten? Ich: Pickerl? Er: Ja, biiiitte.

Ich: Gut. Jeder ein Packerl. Die Drittgeborene: Ich auch?

Ich: Warum denn nicht? Der Erstgeborene: Und ich?
Ich: Ja, du auch. Gibst eh das ganze Taschengeld dafür aus.
Er: Nicht das ganze.

Später, der Erstgeborene ist in der Schule. Die Kleinen und ich betreten die Trafik unseres geliebten Herrn Danzinger. Dieser: Pickerl? Ich: Ja, dreimal. Und Falter und Tschik. Die Kleinen: Urlieber Papa!

Seitdem das große Boulevardblatt vor knapp zwei Wochen die Sammelalben in den Fladeranten-Ständer gesteckt hat, ist meine Wahrnehmung geschärft. Überall die Hinterseiten abgelöster und eingeklebter Pickerln. In der Wohnung, wo ich es sammle und wegschmeiße. Aber auch auf den Straßen. Ich stelle jetzt drauf scharf, aufs rotgeäderte Panini-Laub. Es treibt mit dem Frühlingswind. Es lehnt an den letzten unkorrekterweise liegengelassenen Hundswürschteln. Es ist das Zeichen der Zeit. Glücklich sind meine Kinder, in diesem falschen Herbst.

Und Trafikant Danzinger, er ist wie immer auf ihrer Seite.

Zwischen Ende Jänner und Mai kaufe ich am liebsten Blumen. Ende Jänner ist der Geburtstag meiner Liebsten, da gibt es zunächst Rosen, und genau in der Woche nach diesem Geburtstag beginnt die Tulpenzeit und endet exakt jetzt. Während der Tulpenzeit bin ich ein treuer Blumenkäufer. Ich weiß auch nicht, warum ich gerade die von vielen Leuten als fad empfundenen Holländer so gerne kaufe. Ich glaube, ich mag sie, weil sie so schön berechenbare Blumen sind. Sie machen, was man von ihnen will. Steckst du sie ins Seichte, bleiben sie kurz und blühen länger. Steckst du sie ins Tiefe, werden sie wuchrig-lang und blühen kürzer, aber irgendwie ekstatischer. Woche für Woche bin ich im letzten Quartal zur Bronold gegangen, das ist unsere Blumenhändlerin, und hab meine sieben bis zwölf Tulpen heimgebracht. Erst die schlichten, in der Mitte der Saison dann die Gspritzten, also die Papageientulpen, und jetzt, in jüngster Vergangenheit, die Gstopften, die so schön verblassen im Lauf der Woche.

Wir haben eine blumige Nachbarschaft. Neben der Bronold, die, auch preislich, den Premiumladen des Grätzels hat, gibt's die Standln im Stadtpark, die Holländer in Mitte und oben in der Neuling noch dieses wunderschöne, schattige und altmodische Blumengeschäft, in das ich viel zu selten gehe. Aber die Bronold hat schon in den Fünfzigerjahren des vergangenen Jahrhunderts Blumenarrangements für meinen damals am Modenapark wohnhaften Vater gemacht, die dieser an zahlreiche Damen versandte. Das rührt mich. Und wohl deswegen kaufe auch ich meine Roserln und Tulperln bei der Bronold, wenn auch für die immergleiche Dame. Jetzt aber höre ich auf. »Z'woam!«, hat mir die freundliche Gesellin auf die Frage geantwortet, weshalb das Tulpenwunder Ecke Reisner/Beatrix langsam versiegt. »Tulpen sind aus«, habe ich wiederum der Liebsten geantwortet, auf die Frage, weshalb ich keine Blumen mehr kaufe. »Aber ich liebe Pfingstrosen«, hat die Liebste gesagt. Ich habe den Kopf gewiegt und dann beschlossen, dass es notwendig ist, manchmal ein neues Kapitel im Leben aufzuschlagen. Nächste Woche beginne ich zu erforschen, was die Pfingstrosen im Tiefen machen, und was andererseits im Seichten.

Während ich dies schreibe, bauen die Wiener Festwochen ihre Eröffnungsbühne am Rathausplatz fertig, es regnet und hat Temperaturen wie im März. Das ZAMG-Biowetter, mein Sinnspruch-Lieferant für den Tag, schreibt: »Die unbeständigen Verhältnisse schlagen manchen Leuten auf das Gemüt, Lustlosigkeit und Abgeschlagenheit können damit zusammenhängen.« Die Festwochen haben keine Wahl. Sie müssen eröffnen. Es ist jetzt die Zuviel-los-Zeit. Verschiebungen sind nicht mehr möglich. Der Mai und der Juni sind die Monate, wo sich die Kultur-Großereignisse in Wien und Umgebung gegenseitig vom Trottoir rempeln. Pop-, Stadt- und Donauinselfest, Donaufestival und Festwochen, überall ist die Fest-Silbe enthalten, wie ein ermüdendes Mantra. Das führt dazu, dass die nicht ganz so groß-(formatig)e Kunst kapituliert, kleine Theater achselzuckend und mit Hinweis auf die Festwochen ihre Pforten schließen und unabhängige Veranstalter den Blick schicksalsergeben auf den Herbst richten. Dabei ist dieses Zuviel-los, wie ich glaube, mehr ein Gefühl als ein Zustand, ein vages Reagieren auf die Marktschreie im medialen Lemuristan. Ich behaupte, dass in meiner Zwei-Millionen-Lieblings-Stadt noch lange nicht genug passiert, als dass wirklich zuviel los wäre.

Mitte Juni überschattet uns überhaupt der Globus mit seiner Fußballweltmeisterschaft, ein Wort, in dem die Fest-Silbe ehrlicherweise gar nicht mehr drin ist. Da hören selbst die Platzhirsche unter den hiesigen Veranstaltern zu veranstalten auf, was vorher die Kleinen gesagt haben, sagen jetzt die Großen: Es hat ja keinen Sinn. Meine ideologische Gemeinde aber, jene, denen Fußball so richtig wurscht ist, die machen sich dann erst extra auf, suchen das an Stadtkunst, was trotzdem passiert, was in jedem Fall stattfindet, was einem unbedingten Kunstwillen entspringt.

Irgendwas ist nämlich immer.

Und die besten Schwammerln wachsen oft neben dem Weg.

Und zum heutigen Tag merkt die ZAMG noch an: »Verzweifeln Sie nicht wegen des schlechten Wetters, besonders falls Sie sich den Fenstertag frei genommen haben. Ein Besuch von Sauna oder Therme hebt nicht nur die Stimmung, sondern regt auch Kreislauf und Stoffwechsel an.«

Es gibt Menschen, die gehen zweimal im Jahr zum Zahnarzt. Es gibt andere Menschen, die gehen zum Zahnarzt, wenn sie ein Problem haben. Und es gibt mich. Ich gehe zweimal im Jahr zum Zahnarzt, weil ich ein Problem habe. Unlängst geschahen erst ein Feier-, dann ein Fenstertag, ich kriegte das Problem, und mein Zahnarzt Dr. R., der beste, den ich je hatte, weilte im Bundesland, aus dem er kommt, und in das er bisweilen zurückmuss, diesmal, um ein Kind zu konfirmieren. Vom Handy aus riet er mir: »Halt durch, nimm Schmerzmittel, und wenn's gar nicht geht, lass ihn dir aufmachen.« Was für ein Wort, wenn einem der Backenzahn explodiert.

Der Abend des Fenstertages. Grad, als ich merke, dass die Schmerzmittel nicht helfen, stellt das, was die Ärztekammer als »zahnärztlichen Notdienst« anbietet, von Tag- auf Nachtschicht um. Und das bedeutet, glauben Sie es oder nicht: ein einziger Zahnarzt in Nachtschicht für die ganze Zwei-Millionen-Stadt Wien. Ein Taxler, der mir unterwegs seine nagelneuen ungarischen Implantate mit dem blauen Zahnfleisch rundherum zeigt, bringt mich um 25 Euro in die äußere Brünner Straße. Dort ordiniert Dr. B. in einem schmucklosen Bau aus den Kreiskyjahren. Mein Dr. R. mag der beste Zahnarzt sein, Dr. B. ist in diesem Augenblick der einzige der Welt. In seinen Warteräumen, auf der Stiege des Gemeindebaus, unten im Hof warten gezählte 50 Patienten, Migrantenfamilien, die ihre Omas bringen, Wiener Papas, die ihren Buben (und deren tennisballgroßen Backen) Motorradheftln zur Beruhigung vorlesen. Um ein Uhr früh sitze ich auf dem Behandlungsstuhl. Es stellt sich heraus, dass ZWEI benachbarte Backenzähne wegen fortgeschrittener Entzündungen aufgemacht gehören. Und während ich mich trotz mehrerer Injektionen unter dem Griff des Dr. B. winde wie ein sterbender Wels, führt dieser ruck-zuck zwei Wurzelbehandlungen an mir durch. Um zwei sitze ich wieder im Taxi. Der Taxler sagt: »Die Zent san des Ärgste.« Wieder 25 Euro. Zwei Agonietage später sagt mir mein erholt wirkender Dr. R. leutselig in seiner Praxis: »Mein Gott, der B.! Er hat's nicht schlecht gemacht. Aber ich werd noch einmal drübergehen.«

Die Liebste und ich wollten zu meinem Vierziger nach Budapest eine Lustreise machen. Kurz vorher erkrankten alle drei Kinder an Scharlach. Wir ließen es bleiben. Anderthalb Jahre später, zum Vierziger der Liebsten, versuchten wir es wieder. Die Schwiegermutter, der die Kinder temporär zugedacht waren, erkrankte. Wir ließen es bleiben. Nunmehr, wieder ein Jahr ist die Donau hinabgeschwappt, versuchten wir es noch einmal. Eher aus Neugierde. Und siehe da: Es gelang. Budapest, das ich zum letzten Mal vor 22 Jahren sah, ist sehr anders und sehr verwandt. Der Sound der Sprache klingt vertraut, obwohl man kein Wort versteht. Es riecht ähnlich. Der größte mir in unseren drei Tagen auffallende Unterschied, den machte der Strom aus. Derselbe Strom, um Leitha und Raab reicher, aber doch noch unsere

Donau. Was so anders ist? Bei uns ist die Donau ein riesenhaftes Wesen am Rand. In Budapest spielt sie mitten im Leben mit.

Ich könnte viel sagen über Wiens Umgang mit seinem großen Wasser, über das monströse Verdrängen namens Donauregulierung, über das fehlende Wasser im Inneren der Stadt. In Budapest ist der Strom im Innersten. Die Donau im Zentrum. Hier wandern die Menschen Tag für Tag über die Donaubrücken, Margaretenbrücke hin, Kettenbrücke her, Freiheitsbrücke wieder retour. Unser Hotel steht am Fluss. Von unserem Balkon beobachten wir die Freiheitsbrücke. Mitten in der Nacht ist sie auf einmal hell erleuchtet. Polizeifahrzeuge sperren die Zufahrten ab.

Wieder ein Selbstmörder auf der Brücke, sagt unser Kellner. Aber der Mann ist dumm, fügt er gnadenlos hinzu, das Wasser ist zu tief unter der Freiheitsbrücke. Er wird nicht sterben. In dieser Stadt schrieb der Pianist Rezső Seress 1933 sein Lied Szomorú Vasárnap, das Lied vom traurigen Sonntag. Es löste eine Serie von Selbstmorden aus. Als es, in Gloomy Sunday übersetzt, auch in den USA zum tödlichen Schlager wurde, überlegte die amerikanische Regierung es zu verbieten und alle Platten zu vernichten. Heute hört man es wie man den Werther liest. Zu welchen Soundtracks klettern die Menschen jetzt auf die Pfeiler der Freiheitsbrücke? Ich weiß es nicht, aber das große Wasser fließt mitten durch die Stadt. Das fühlt sich gut an.

Die Hohe Warte spricht von einer Wetterbesserung, und zwar dann ab morgen. Hat sie schon mehrfach versprochen, und meine grundlegende Sympathie der Hohen Warte gegenüber kann mich nicht davon abhalten, den momentan tönernen Boden dieser Versprechen hier aufzuzeigen. Es war ein verheerender Mai. Ich glaube ja, dass der Wiener recht abgehärtet ist, was unerfreuliche Wetterstimmungen angeht, weil er erstens den Hochnebel und zweitens den Wind über Jahrhunderte gewöhnt ist. Das führt dann zu einer Gelassenheit, die ihren Weg in den Genpool findet. Aber selbst der Wiener braucht Schonzeiten. Und eine solche im vom Übergangsklima geprägten Jahreslauf war stets der Mai. Ein, ja, manchmal noch kühler, insgesamt gesehen aber meist heller und trockener Monat mit freundlichem Licht, genügend Sonne und nachhaltiger Optimismus-Zufuhr.

Unser heuriger Mai war nicht so. Er erinnerte eher an die Szenarien in Karen Duves großartigem Buch »Regenroman«. Da verbringt ein Pärchen so viele Wochen in einer ununterbrochen verregneten Landschaft, bis alles verschimmelt und von Schnecken aufgefressen ist, sogar der Verstand. Ein bisschen ist das bei uns auch so. Sogar das Schimpfen über das Wetter hat aufgehört. Bei guter Gesundheit schimpft der Wiener sogar über gutes Wetter. Wenn das Gesudere verstummt, muss man sich Sorgen machen. Unsere Seele ist inwendig nass. Unser Widerstand ist klein. Manche schieben es auf den Vulkan, andere auf das Karma, manche bedauern die verlustreichen Wiener Freibäder, andere gehen trotz Schusterbuben und vierzehn Graden ins Stadionbad wie zu einer Züchtigung. Wieder andere, wie Ihr Kolumnist, verlegen sich aufs Beobachten: Unlängst, beim bislang letzten »Starkregen« (Wort der Saison!): In einer tiefgelegenen

Gasse nahe dem Heumarkt höre ich aus einem Kanalgitter ein, H. P. Lovecraft würde schreiben: unmenschliches Geräusch. Wie das Rülpsen eines kranken Titanen. Im nächsten Moment kommt glucksend der Spiegel jenes Wassers, das den Bauch von Wien offenbar vollständig ausfüllt, über das Gitter, wabert dort kurz herum und verschwindet wieder im Untergrund.

Der Kanal spricht schon zu uns. Die Hohe Warte begütigt. Wir werden sehen.

H., der Mann am Zeugl meiner Band, ist im Erstberuf Kameramann auf sportlichen Großereignissen. In dieser Eigenschaft, berichtete er der Liebsten und mir jüngst mit mildem Lächeln, sei er unlängst auf einer Ironman-Veranstaltung gewesen, und zwar in Sankt Pölten. Der Ironman verlangt vom Teilnehmer hintereinander 2,4 Meilen Schwimmen, 112 Meilen Radeln und einen Marathon. Das auf ambivalente Weise Berückende an der Veranstaltung, sagte uns H., seien erst in zweiter Linie die Leistungen der Athleten gewesen, mehr noch aber ihre im Triumph infernal verzerrten Gesichter sowie der von ihnen ausgestrahlte strenge Geruch nach der ganzen Marter.

Dieses, Hs. Erlebnis, ging mir durch den Kopf, als mich in jener vergangenen Woche, die uns mit einem Mal zum Hochsommer verurteilte, das Sportgelüst überkam. Es geht ums Ziel, sagte ich mir, aber eben auch ums Maß. Ich brach in den Prater auf, wo gerade in seliger Inflation die Pappelblüten durch die Lüfte schweben, wo am Würstelstand »Sportler-Oase« beim Stadion Leberkäse und Melange in mittsommerlicher Qualität harren. Ich fuhr genau fünf Kilometer mit dem Fahrrad zur »Sportler-Oase«, betrat das Stadion-

bad, um einen Kilometer zu schwimmen, aß einen Leberkäse, trank eine Melange, radelte dieselben fünf Kilometer
wieder zurück. Dann schließlich ward ich vom Bi- zum Tri-
athleten, indem ich anstatt des Marathonlaufs die herak-
lische Aufgabe auf mich nahm, zwei Röhrenverstärker vom
Typ Vox AC4 und Mesa Boogie Dual Caliber quer durch den
dritten Bezirk zu transportieren.

Ich, Ironman, fühlte mich am Ende des Tages großartig.
Mein Gesicht zeigte vollkommene Entspannung.

Ich roch wie ein Blumerl. Auf meinem weißen Athletenlei-
berl prangte ein kleiner Fleck Kremser Senf von der »Sportler-Oase«. Ich saß in einer leeren Wohnung zwischen zwei
berühmten Röhrenverstärkern und feierte innerlich den Beginn meiner Fitness-Saison. Die leere Wohnung, übrigens,
kommt daher, dass wir jetzt umziehen. Eh im Dritten, keine
Angst. Aber die Kinder werden größer, die Röhrenverstärker mehr.

Erklär ich Ihnen nächstes Mal genauer.

Was passiver Widerstand bedeutet, wird in
der Weltliteratur selten so schön deutlich gemacht wie gegen
Ende des Goscinny/Uderzo-Bandes »Asterix auf Korsika«,
wo die unterdrückten Korsen von den flüchtenden Römern
aufgefordert werden, deren Raubgüter auf die Galeeren zu
schaffen. Ein einzelner rachitischer Korse bricht auf, nur
eine winzige Amphore tragend und folgenden Satz auf den
Lippen: »Sie haben gesagt, wir haben Jahre Zeit.«
Bei meiner Übersiedlung innerhalb des dritten Distrikts ist
die Situation verwandt, aber doch geringfügig anders. Wir
haben bloß noch sechs Wochen Zeit. Irgendwann im Julei
sollte die Spedition kommen. Einstweilen schaffe ich Details

unsres persönlichen Besitzes mit dem Auto rüber, eine Gitarre, ein Stativ, eine Kiste Brio für die Kleinen. Die wunderbaren leeren Räume zeigen erste Sprenkel von Glumpert. Habe ich etwas Zeit in den neuen Räumen verbracht, schaue ich mich im Anschluss in der neuen Gegend um. Ich betrete etwa das kleine Café am anderen Ende unseres Blocks und verkoste mit der Liebsten das Mittagsmenü: Gnocchi in Österzolasauce. Ich starre durch die Auslagen eines Autozubehörgeschäftes. Ich erforsche die Grünflächen der Umgebung. Hier, in unserer alten Wohnung, sagte ich gern zu Gästen: Gegenüber, da ist die Musikhochschule, und da unten geht's in den Stadtpark. Jetzt sage ich: Da unten war mal das Eos-Kino, und da hinten erreicht man den Joe-Zawinul-Park. Sie sehen: Heute ist Erdberg. Botschaftsviertel war gestern. Aber mein Zahnarzt, mit dem ich dieser Tage, wie Sie wissen, viel zu tun habe, hat salomonisch gesagt: Am Ende des Tages nutzt dir das Botschaftsviertel auch nix. Da hat er recht. Erdberg ist jedenfalls höchst unfad und für Überraschungen gut: echte Wiener zuhauf, Freaks, kleine, unterhaltsame Eskalationen im öffentlichen Raum. Ein erster Song ist dem neuen Grätzel bereits entsprungen: Foa a schdigl weida min 74A / Daun kummst in a oage gegnd / Und is a daun fuatgfoan, da 74A / Pass auf wos da ollas begegnd / In dera oagn gegnd.
Was ich mich im Interesse meiner Leser noch frage: Wo hört eigentlich Wien Mitte auf? Ein lieber Freund hat gesagt: Wien Mitte bist eh du. Na gut, behalten wir den Titel.

Erdberg, new home of mine, gehört ja erforscht, und weil ich wegen der etwa 60 noch zu befüllenden Kisten nicht so in den, äh, Außendienst gehen kann, befasse ich mich privatgelehrtenmäßig mit den Grundlagen, etwa mit der Heraldik. Im »Lexikon der Wiener Bezirke« sehe ich, dass Erdberg zwar eine Erdbeere im Wappen trägt (was meine Drittgeborene freut, die Erdbeeren geradezu sakral verehrt), lese aber zugleich, dass der Name nicht etwa davon kommt, sondern von einer »Erdburg«, einem Ringwall aus Lehm, der im Mittelalter am Donauufer stand.

Während diese Infos nach und nach in mich hineinsickern, überkommt es mich, und ich schwinge mich doch aufs Radl. Der Radfahrer gilt in Erdberg sozialdarwinistisch gesehen deutlich weniger als im Botschaftsviertel. Ein Nissan und anschließend eine aufheulende Corvette bedrohen meine physische Existenz, ehe ich, am Kardinal-Nagl-Platz noch von Trinkern angestänkert, bis zum Donaukanal vordringe.

Hier, wo sechshundert Jahre früher diese Erdburg gestanden sein muss, da sieht der sonst grad so gehypte Donaukanal heute noch immer so aus, wie ich ihn aus meiner Kindheit kenne, und wie er auf den Nachkriegsfotos von Franz Hubmann und in den Songs von Heinz Conrads (»A Schräge Wiesn«) erhalten geblieben ist. Große, kantenreiche Steine, zu Halden geschichtet, fantasiearme Grünflächen, weniges Gebäum, meist Weiden, Pappeln, Essigbäume, und jene Bescheidenen, die sich aus diesen Open-Air-Ingredienzien immer noch ein genüssliches Supperl kochen können. Was wie eine potemkinsche Sommersiedlung zwischen Summerstage, Flex und Hermann-Bar existiert, also im wesentlichen im City-Abschnitt des Kanals, fehlt hier völlig. Statt verordnetem und gehyptem Hedonismus regiert hier das Nützen des Moments und des höchstpersönlichen Fleckerls. Liebespaare im Schatten, die Füße im kalten, schnellströmenden Kanalwasser. Pensionisten mit Rätselheften auf Bankerln. Bandenbildende Buben mit so gescheiten wie gfeanzten Gesichtern. Nix aufgeschütteter Sandstrand (die Urlüge falsch verstandener Uferbelebung!), vielmehr die Pflege der inneren Erdburg. Am Weg zurück in den Innendienst halte ich also fest: Mein neues Viertel hat ein Gestade, und ich kann es gut leiden.

Morgen Nacht ist ja alles vorbei. Die Welt wird wie vorher sein, Südafrika der südlichste Staat Afrikas, und aus. In den letzten Wochen aber musste ein Mensch wie ich schon aufpassen. Ein Mensch also, der Fußball nicht liebt und nicht hasst, ein Mensch, dem Fußball völlig wurscht ist. Der Fußballfreund weiß eh, wo er bleibt, in diesen weltmeisterlichen Tagen. Der Fußballfeind rottet sich wohl zusammen mit seinesgleichen, er fäult über alles und sucht Streit. Der Gleichgültige aber, er muss schauen, dass er mit dem in Kontakt gerät, was außer der so weit entfernten Meisterschaft noch abläuft. Das heißt: weg von den Flachbildschirmen, im Innen- und im Außenbereich. Nur ein Stückerl, und dann findet man das Glück oft in der nächsten Gasse. Ein Lokal mit Schanigarten, was weiß ich, ein Liebespaar und am nächsten Tisch drei alte Freunde, die gemächlich betrunkener werden, ohne dass nebenbei irgendein Fernseher rennt. Keine Spur von FIFAs großer Wichtigmacherei.

Oder auch der mir fremde Trafikant in seinem mir fremden Bezirk, bei dem ich unlängst leichte Muratti kaufen wollte. Er befand sich gerade mit einem offensichtlich langjährigen Kunden im Gespräch. Der Kunde: »Und homs den Iasinn gseng, gestan, med die Agentinia?« Der Trafikant, ein hagerer älterer Mann mit metallen gefassten Augengläsern: »Naa, wissen S, mi interessiert des ibahaupt ned.« Da geschah etwas Interessantes: Der Stammkunde raffte seine Kleinformate und die Stange Memphis Blue zusammen, murmelte ein »Ah so« und ging mit so etwas wie einer traurigen Fassungslosigkeit aus dem Geschäft. Der zurückgelassene Trafikant hingegen kriegte ein feines Lächeln im Gesicht, straffte sich und knackte eine weitere Stange Memphis Blue, um die Packerln ins Regal zu schlichten. Ich verbiss mir zu bekennen, dass Fußball mich auch nicht interessiert. Ich erstand die Muratti und fühlte mich auch so erkannt.

Und manchmal schauen die Liebste und ich dann eh Fußball. Daneben Zeitschriften lesend, Gitarren putzend, kuschelnd, labernd. Dann fällt ein Tor, und einer von uns sagt: »Jössas, zwei null.«

Vor allem aber ist Sommer. Das gültigste Statement zu dieser WM ohne Österreicher hat unser Erstgeborener getätigt und die österreichische Flagge auf unseren Balkon gehängt.

Da wollte ich vom Dritten in den Dritten ziehen, und dann musste ich vergangene Woche in den Ersten. Das kam so: Wiederholtes Baden in den Waldviertler Hauptströmen Kamp und Thaya löste eine Halsentzündung aus, die mich zu einem Besuch beim HNO im Ersten zwang. Da bin ich selten, obwohl der Dr. I. hochkompetent und auch sehr lieb ist, aber ich geh echt nur hin, wenn ich sehr bedient bin.

»Wiederholtes Baden in den Waldviertler Hauptströmen Kamp und Thaya ...«, begann ich meine Vorgeschichte, da stoppte er mich schon und sagte: »Die Entstehung einer solchen Entzündung ist meist ganz schwer nachzuvollziehen.«

Er hieß mich den Mund wieder schließen und befahl: »Bettruhe. Kein Alkohol. Kein Tabakrauch. Und vor allem nicht in die Sonne.« Es ist untypisch, dass mich Teil eins des Befehls am meisten störte, aber Bettruhe kommt nicht so gut, wenn man vor einem Umzug sowie einem halben Dutzend Konzerte steht. Dr. I. schrieb mir noch das breiteste aller Breitbandantibiotika auf und entließ mich. Nun bewegte ich mich durch den Ersten, wo wunderbare Julisonne und jene Lichteinstellung herrschten, die der himmlische Lichtler mit »Beginn der großen Ferien« beschriftet hat. Immer den nächsten winzigen Schattenspot suchend, hielt ich nach einem Taxi Ausschau. Am Michaelerplatz fiel mir wieder eine meiner geschmacklichen Eigenheiten auf, als ich nämlich am Looshaus vorbeikam, und es – mich wie immer dabei schämend – schiach fand. Das Looshaus wurde mir von meinen Eltern und später noch von vielen anderen Menschen als der Inbegriff moderner Eleganz erklärt, und doch fand ich es immer schiach. Ich fand, es sah genauso aus wie alle Neubauten, nur dass es schon älter war, aber diese gewissen Neubauten legen halt keine romantische Patina an, sondern nur so einen Verdruss des Älterwerdens. Ich war oft anderer Meinung als meine Eltern: Ich finde auch die Votivkirche schöner als den Stephansdom. Erstere ist schlank, hat dieses herrliche Rosettenfenster und den zweiten Turm zur Gänze. Zweiterer ist eher ein Freak als eine Schönheit. Schon uralt und riesig und geheimnisvoll, aber schön? Wer krank ist, denkt genau über solche Sachen immer wieder nach, ob er will oder nicht. Ich fand ein Taxi und ächzte: »In den Dritten!«

Umzug, Nebenfronten. Im Wiener Hochsommer kann man ja Dinge erleben, die die anderen Jahreszeiten so nicht bereithalten. Man erkennt etwa Menschen, die sonst verborgen geblieben wären, obwohl sie immer da waren. Man sieht sie, weil jetzt die anderen fort sind, die, äh, Bekannten. Die stehen zwar für Integration ins Leben, aber bisweilen stehen sie auch im Weg.

Jetzt sind viele von ihnen fort. Man sieht die Hierbleiber. Wer Ende Juli in Wien ist, ist entweder überhaupt immer in Wien, oder er liebt den Wiener Hochsommer. Die erste Gruppe ist schon einmal super, denn Menschen, die nicht dauernd herumwurln, sondern am liebsten zuhause bleiben, beruhigen den Planeten. Und die Wiensommer-Connaisseure, die haben's ja überhaupt kapiert.

Gestern, ganz zeitig in der Früh. Am Weg retour von der Bäckerei ins neue Heim setze ich mich vorübergehend auf ein Bankerl, weil dieses einzige, einen Hauch kühlere Prozent des Tages bewusst erlebt werden will. Da kommt der alte Mann. Beiderseits Krücken. Braunes, weit offenstehendes Siebzigerjahre-Hemd, darunter Goldketterln. Er macht Anstalten, sich hinzusetzen, ich rück ein Stückerl, da sagt er: »Bleiben S', bleiben S', vielleicht samma bled, oba blaad samma ned.«

Dankbar für den guten Spruch begebe ich mich in ein Gespräch, das die Vorzüge von mit Zitrone vermischtem Leitungswasser umkreist, aber auch die Gefahr des Herztodes im Wiener Juli.

Später, vor unserem neuen Supermarkt verständige ich mich mit dem neuen Augustinverkäufer. Bei unserem alten Supermarkt stand augustintechnisch jahrelang diese schwarz gekleidete Dame aus Moldawien, wie jene Figuren in Kusturica-Filmen, die mitten ins Herz der Komödie plötzlich allen Ernst des Lebens setzen. Ich liebte diese Frau, vor dem Sommer wurde sie abgeschoben. Der Verkäufer vor dem neuen Supermarkt, vollbärtig, kleiner pittoresker Hut, wurde bei mir gestern zwar keinen Augustin los, kriegte aber eine Spende und den Hinweis: »Wir wohnen jetzt hier.« – »Wo?« – Ich deutete auf unser Haus, vis-à-vis. – »Ah.« Als ich abends auf unserem Minibalkon eine rauchte, grüßte der Mann durch das Gold der Stunde zu mir hinauf. Ich würde immer wieder im Juli umziehen.

Wir sind noch nicht fertig mit dem Umziehen, aber doch eher am Ende als am Anfang. Das bedeutet im Konkreten, dass ich dieselben Bücher, die ich vor zwei Wochen in Kisten gesteckt habe, bereits aus denselben Kisten heraushole, um sie dann in dieselben Regale zu ordnen, aus denen ich sie vor zwei Wochen herausgezogen habe. Oft hab ich mir in diesen von scheinbarer Vergeblichkeit geprägten Tagen gedacht, dass Bücher schon auch überschätzte Dinge sind. Genauso hab ich mir allerdings gedacht, dass Bücher gar nicht zu überschätzen sind.

Und mir sind Sachen aufgefallen, die viel über Wien erzählen. Da ist einmal das Romanwerk des von mir verehrten Dichters Martin Amanshauser. Dieser ist Salzburger, und er hat so einen unverschämt-unbekümmerten Blick auf die österreichische Bundeshauptstadt, wie ihn ein Hiesiger niemals hinkriegen würde. In diesem Blick bleibt Amanshauser, längst ein Künstler, jener Student, als der er seinerzeit hergekommen ist. Ob man nun seinen begnadeten Erstling »Im Magen einer kranken Hyäne« liest, der als Fortsetzungsnovelle im Falter erschien, oder spätere Werke wie »Erdnussbutter«. Amanshauser, mittlerweile vorrangig als

Reiseschriftsteller in der weiten Welt unterwegs, ist jener Gscherte, der unser Wiener Bewusstsein nachhaltig erweitern kann. Es ist kein Zufall, dass auch Thomas Bernhard aus Salzburg kam.

Das andere Buch, das mir in die Hände und damit wieder ins Gedächtnis kam, ist ein dreiviertel Jahrhundert älter und längst vergriffen, es stammt von Hugo Bettauer, jenem jüdischen Unterhaltungsschriftsteller im Wien der 1920er-Jahre, der Jahre vor dem »Anschluss« das erste prominente jüdische Mordopfer der Nazis war. Bettauer, heute vor allem für den utopischen Roman »Die Stadt ohne Juden«, bekannt, schrieb auch ein Werk namens »Der Herr auf der Galgenleiter«, und es beschreibt die letzten Tage im Leben eines Spekulanten in jener Wirtschaftskrise, die grad so gern als Vergleich für unsere Tage genommen wird. Da verliert ein Mordstrumm Egoist in der Rezession alles, was er hat, und dann gebens ihm die Wiener nochmal so richtig, bis er nicht mehr kann.

Denn, man muss es sagen, wir haben ja auch nicht so gute Seiten. Wie die meisten Bücher übrigens.

Zehn Tage sind wir in der neuen Erdberger Gasse, und schon erzählt die Liebste, dass sie einen alten Bekannten getroffen hat. Es handelt sich um J., einen Fotografen, einen guten. Mit ihm stand ich in meinen Junggesellenzeiten Anfang der Neunziger manchmal am selben Tresen, im, sagma mal, Roxy, und die Liebste hatte arbeitsmäßig mit ihm zu tun. In der Zwischenzeit ist auch der J. älter geworden, wie wir, hat sich fortgepflanzt, ist zum Erdberger geworden, wohnt im Haus neben uns.

Die Erdberger Gasse, sagt der J., die ist super, einziges Problem ist die Tante mit ihren Tauben. Hinter dichten Thujen, die eine Loggia des schräg gegenüberliegenden Gemeindebaus verstellen, haust nämlich eine Taubenfreundin. Mehrmals täglich leitet sie im großen Stil Fütterungen ein, die grauen Horden des Wiener Himmels fallen ein, kräuln durch die Thujen und kommen im Zustand der Sättigung wieder hervor. Dann bevölkern sie Firste und Simse des Gemeindebaus, gurren, balzen und wandeln die Körndln in ihren Eingeweiden in neue grauwuselige Energie um. Schrecklich, sagt der J., deshalb parkt dort drüben niemand. Tatsächlich ist vor dem Bau immer Parkraum frei, und jetzt, wo der J. das gesagt hat, betrachte ich den unverparkten Asphalt und weiß warum. Ich schaue rauf zu den satten Tauben, die schauen zurück, und ihre Blicke scheinen zu sagen: Do schaust, gö?

In bald 43 Lebensjahren habe ich zu Tauben in der Stadt noch immer keine schlüssige Haltung gefunden. Ja, auch mir graust, ungern sehe ich die verklebten Daunenbäuche oder die oftmals verunstalteten, regenwurmfarbenen Krallen, geradezu wegschauen will ich, wenn so ein geiler Täuberich, aufgeblasen wie ein Lokalpolitiker, einer weiblichen Zieltaube nachwippt. Das schlappe, weiche, warme, irgendwie nach etwas Üblem riechende Massen-Aufflattern einer Taubengruppe ist mir zuwider, und wenn ich im Prater im Baumschatten raste, schaue ich zunächst, wer oben in der Krone sitzt. Trotzdem sind die Nachkommen von Noahs Botschafterin irgendwie gute Tiere, ich halte sie für friedlich und jenseits ihres Kackverhaltens für unschädlich. Sie sind mit uns mitgegangen ins Dickicht der Städte, und wenn uns jetzt so graust, dann schon auch, weil sie so perfekte Spiegelbilder sind.

Willkommen in der kleinen Sommerserie. Ich hab ja im vergangenen Jahr mit Kritzendorf, Bundesbad, Stadionbad schon ein paar meiner Einserstrände preisgegeben. Jetzt kommen wir aber nicht etwa in die zweite Reihe. Sondern zu den Stränden auf den zweiten Blick. Zunächst die Kuchelau. Wäre ich ein Siedler, dann würde ich ja in der Siedlung Kritzendorf, ein paar Kilometer stromaufwärts von der Kuchelau, siedeln, weil sie mir von allen Siedlungen der Welt noch am nächsten ist. Ich bin aber kein Siedler, drum komm ich nach Kritzendorf höchstens zum Baden, aber selbst das Baden ist mir dort manchmal zu umsiedelt, und dann muss ich in die Kuchelau. Damit meine ich das Außenufer jener Dreiviertel-Insel, die der Klosterneuburger Donauarm vom Festland abtrennt. Dort ist das Strombaden nicht ohne, aber am herrlichsten. Man erreicht diese Halbwildnis auf einem schwer zu beschreibenden Zickzackkurs durch das Klosterneuburger Gewerbegebiet, der Übergang erfolgt über die Brücke bei einer Bundesheerkaserne (wegen der dortigen Pioniere heißt die Kuchelau auch Pionierinsel). Und dann der Fluss. Die Strömung ist mächtig, denn man tänzelt auf der Kniescheibe jenes Knies, mit dem die Donau scharf in die Bundeshauptstadt einbiegt. Schräg vis-à-vis beginnt mit einem mächtigen Wehr die Donauinsel. Wenn es nicht zu viel geregnet hat, sind die Steinstrände, die in kleinen Buchten manchmal mit ganz feinem Flusssand wechseln, weit und geräumig. Jetzt, später im Sommer, kann das Wasser in diesen ruhigeren Abschnitten schon manchmal (fast) bacherlwarm sein.

Gleich hinter den Buchten liegt der Donaudschungel, der die Insel regiert, fest in der Hand von bussardgroßen Gelsen, sumpfig, romantisch, immer leicht fäulend. Der Wasserfrosch plärrt, die Silberpappel und die Weiden flüstern, und der Sonderling schleicht durch den Wald. Hirnverbrannt von der Sonne erforschte ich einmal dieses Dickicht und fand ein großes, aber ganz und gar rohes Zelt aus Industrieplanen, mit zwei verlassenen Lagern. Auf dem Baum vor dem Zelt waren kunstvoll totemartige Gesichter gemalt, darüber ein Kreuz aus Estragon-Senftuben genagelt.

Das gefiel mir. Unter gewissen Umständen, dachte ich, könnte ich schon auch ein Siedler werden.

Wer in den Süden fährt, ans Meer, geht an Regentagen eher nicht an den Strand. Er oder sie bleibt im Quartier, versitzt den Tag bestenfalls im markisenbedeckten Eiscafé mit einem Haufen Zeitungen, schaut sich irgendeine Ruine in der Umgebung an oder etwas anderes. Eigentlich überkommt einen an solchen Tagen eine unerwartete aber tiefe Dankbarkeit, der ewigen Sonne und dem ewigen Wasser kurz entkommen zu sein. Wer hingegen in Wien seinen Sommer verbringt, hat auch für den Regentag ein Gestade. Es ist der Hanslteich im Hernalser Teil des Wienerwaldes, ein so überschaubares wie unscheinbares Binnenwasser, das dennoch, wohl wegen seiner Umgebung und seiner Lage, voller Zauber ist. Der Hanslteich ist annähernd viereckig und von einem schmalen Strich Röhricht umgeben. Man erreicht ihn wahlweise motorisiert von der Höhenstraße aus, zu Fuß, ungleich empfehlenswerter, durch die sogenannte Schwarzenberg-Allee. In den 1920er-Jahren schuf man den Teich zur Kühl-Eisgewinnung, gespeist wird er vom schwarz-romantisch glucksenden Alserbach. Seit Ende des Zweiten Weltkriegs ist er nur noch zum Vergnügen da. Als Bub fuhr ich am Hanslteich noch Ruderboot. Den Verleih hat man eingestellt. Die Wirtschaft am Ufer existiert hingegen nach wie vor, und trotz des dort herrschenden, na ja, eher ruppigen Umgangstons ist das sehr wichtig. Denn dort, auf der hölzernen Uferterrasse, muss man dann sitzen, während der Regen auf das ebenfalls hölzerne Dach trommelt. Man hat sowas wie ein leichtes Jopperl an, und im Strom des Regens beginnt plötzlich der ganze umstehende Wienerwald mit seinen kirchturmhohen Buchen und seinem krautigen Unterholz zu duften. Der Regen schafft außerdem auf der Oberfläche des Teiches so einen gardinenartigen Zwischenzustand zwischen Luft und Wasser, und wenn man dann, von zwei, drei Gspritzten leicht angerempelt, durch den abendlich bläuenden Forst retour zur 43er-Endstation marschiert, begegnet man ihnen, den heimlichen Fürsten des Wienerwaldes: Feuersalamander, genüsslich durch den Niederschlag robbend, zu Dutzenden, manchmal zu Hunderten. Regen kann wunderbar sein. Man braucht nur einen guten Ansitz dafür.

Diesmal dürfen Sie wieder baden. Gehen wir mal davon aus, dass es nicht regnet. Wir wollen flussabwärts, und dann ans jenseitige Ufer. Wir wollen zur Dechantlacke in die Lobau. Wir wollen zu den Nackerten, ob wir wollen oder nicht. Die Wiener Nackerten sind Menschen mit Geschichte und Tradition. Ihre Vorväter lebten am Anfang des vergangenen Jahrhunderts als sogenannte »Lobau-Indianer« oder »Kolonisten«. Im Jahr 1927 erhielt ein Verein namens »Bund freier Menschen« von der Stadt Wien am Biberhaufen ein Areal zugewiesen, an dem eine Hütte und ein Zaun zu errichten waren. Dort durften sie ihren freikörperlichen Aktivitäten frönen. Wir haben in Wien also so etwas wie ein gewachsenes Nackertsein. Und die Dechantlacke ist die Gegenwart zu dieser Vergangenheit. Eine Gegenwart, denn die »Freien Menschen« haben noch andere Erben nicht weit entfernt, etwa auf der Donauinsel, aber wir bleiben heute hier. Sie können selbstverständlich bekleidet zur Dechantlacke baden kommen, entspannter ist es aber nackert. Bekleidet dürfen Sie nämlich nirgends hinschauen, nackert sehr wohl, und fröhlich wird zurückgeschaut. Sagen wir, die Dechantlacke, dieses buchtenreiche, irgendwie amöbenförmige Wasser, ist ein gnädiger Nudistentreff. Sie lässt die Bekleideten zu, ungern, aber immerhin. Das nördliche Ufer der Lacke liegt im Urwald. Hier lagern die Freaks, hier wird getrommelt, geschmaucht und gesungen, hier regiert der Wiener Gammlerschmäh seit den Siebzigern. Am südlichen Ufer gibt es Wiesen, und die Stimmung ist besonnener und eine Spur fader. Nackt aber ist auch hier der Mensch, er ist vielleicht etwas röter, denn der Schatten ist rar. Das Wasser bleibt trotz des regen Andrangs meist recht gustig bis spät in den Sommer hinein, die Lobauwässer sind ja über das Grundwasser mit der Donau kommunizierende Gefäße. Das Glück der Nackerten in den Zwanziger- und frühen Dreißigerjahren war von kurzer Dauer, Dollfußens Polizei kontrollierte ab 1934 wieder scharf die Sitten am Fluss. Sogar korrekt (Bade-)Bekleidete mussten ihre Höschen ausziehen, um zu beweisen, dass darunter keine nahtlose Bräune schlummerte.

Und jetzt ist der Sommer aus, eigentlich. Nein! – sagen Sie, und Sie haben Recht. Sag ich: Aber die Sommerferien sind es. Mit Glück (und Pech) trägt der Sommer in diesen Tagen der verendenden Ferien sein perfektes Gesicht. Man spürt sie noch, diese sanft verfluchten ersten Schultage, als man den Stundenplan mitgeteilt bekam und draußen der blaueste aller denkbaren Wiener Himmel sich spannte, aufgespießt von den Strahlen der güldensten aller denkbaren Wiener Sonnen. Wenn ich in diesen Tagen noch ein Ufer will, dann reicht mir meist schon der Donaukanal. Wobei ja das Wort »reichen« schon wieder so ein Vergehen gegen diesen armen Donaukanal ist, eine weitere Strafung mit jener Verachtung, die ihn schon seit seiner Einfassung durch Menschenhand in den Siebziger Jahren des 19. Jahrhunderts zu Boden drückt. Der Donaukanal bildete einst den Haupstrom der in vielen Armen um unzählige Inseln mäandernden Donau. Und heute, da der größte Teil des Stroms in seiner Flussautobahn weit weg vom alten Stadtinneren verläuft, da soll der arme Donaukanal, dieses wässrige Rudiment für Großstadtuferflair in einer im Innersten zutiefst wasserscheuen Stadt sorgen. Da geht er natürlich in die Knie. Ich glaube auch, dass die innerstädtische, äh, Fortgeh-Riviera am Donaukanal nicht der richtige Weg ist, diesem Wasserlauf sein ersehntes Selbstbewusstsein zu geben. Man muss ihn vielmehr nehmen, wie er ist. Als Gestade nicht mehr als eine »schräge Wies'n«, sagte Heinz Conrads einst treffend. Bei uns im Dritten ist das Donaukanalufer unauffällig und typisch. Essigbäume und Stauden, Rad-und Gehwegerln, da und dort eine Weide. Unbequem sitzt man auf einem der Haldenfelsen über dem Wasser, aber jetzt wo die Ferien aus sind, reicht es, auf das Wasser zu starren und die banale Gewissheit zu spüren, dass dieses Wasser geht, während man selbst bleibt, ob man will oder nicht. Wer im Donaukanal ebenfalls bleibt, das sind viele Fischarten, die draußen im Hauptstrom als fast ausgestorben gelten. Beim Einfluss der Wien in den Kanal etwa laicht gern die höchst seltene Nase (*Chondrostoma nasus*), und das nenn ich einmal eine gute Nachricht. Und wie ist jetzt der Stundenplan?

Ankommen aus dem Süden mitten in der Nacht auf Sonntag. Die Kinder fallen scheintot ins Bett, aber in der Früh rufen sie uns gleich ihren Hunger entgegen. Es ist aber nix im Haus. Und halt Sonntag. Die Liebste sagt: Gehst du zum Praterstern? Dort nämlich ist jener Supermarkt, bei dem man am Sonntag einkauft. Bislang bin ich immer zum Proviantmann in Wien Mitte Geld verbrennen gegangen, an solchen Sonntagen. Daher sage ich zur Liebsten: Da war ich noch nie. Gehst halt einmal, sagt sie. Der Supermarkt im Inneren des von mir geil gefundenen neuen Bahnhofes Praterstern spricht am Sonntag nicht die, tja, organisierteren Wiener an. Die haben ja werktags eingekauft. Die unorganisierten, merke ich, die sind jetzt alle hier. Die Supermarkthackler sind auf den Irrsinn bestens vorbereitet und wirken irgendwie alle wie Psychologen. Schon gleich nach dem Eingang, wo das Grünzeug ist, parken die kurz stehengelassenen halbbeladenen Wagerln in einer vierspurigen Autobahn, auf welcher nichts mehr weitergeht. Als ich eines der Wagerln zart aus diesem Damm schieben möchte, damit doch was weitergeht, kommt gleich ein dicker Parkaträger mit Spiegelbrillen hinter den Hokkaidos hervor: Oida, wos is, hosd an Schdress? Ich merke, dass viele Männer hier sind, und dass sie sich auffallend oft via Handy mit einer höheren Macht verständigen, die ihnen sagt, wo die Buttermilch steht und dass sie ja das Häuslpapier nicht vergessen sollen. Als ich, der ich kein Handy habe, darüber blöd grinse, spüre ich ein weiteres blödes Grinsen in meinem Rücken. Ein türkischstämmiger Mitbürger in Trainingsanzug hat meinen Einkaufszettel bemerkt. Der ist nicht nur von mir bis zur Lächerlichkeit schön geschrieben, sondern auch noch mit Gesichtern sowie kleinen Michis und Maxis verziert, die ich manisch kritzle, während die Liebste und ich nachdenken, was uns noch fehlen könnte. Beleidigt über den Grinsenden, lerne ich den Zettel schnell auswendig und zerknülle ihn dann im Hosensack. An der Kassaschlange glaube ich dauernd wen zu erkennen, den Sowieso, die Dings oder den No-wie-haast-a-denn. Sind aber lauter Doppelgänger. Schließlich sehe ich ein, dass ich mir einfach wünsche, irgendein Bekannter könnte auch in dieser Situation sein. Ist aber keiner.

Grauslich ist es, das Wetter. Garstig. Grantigmachend. Geradezu gsch... Halt: Meine Söhne und ich haben ein trilaterales Abkommen wider die Kraftausdrücke in unserem Haushalt geschlossen. Also wiederhole ich bloß: grausliches Wetter. Meiner Einschätzung nach geht sich auch kein richtiger Altweibersommer mehr aus, der müsste schon ab Mitte September anrollen, um Ende September noch zu seiner milden Kraft zu finden. Ein Jungmädchenherbst, das ja. Aber dieser wird frühestens im Oktober passieren, da krepieren die Tage schon früh.

Sie sehen, ich habe die normale, lebensbejahende Psycho-Grundposition nach Ferienschluss eingenommen. Jedenfalls zeigt sich Erdberg, das wir im Hochsommer betreten haben, nun von einer klammen Seite. Ein fauchiger Wind rempelt unser Haus an, das wie eine Klippe in die Landstraßer Haupt ragt, in diese »Verkehrshölle Landstraße«, wie die Wiener Schwarzen in ihrer Josefstädter Übertreibungsdramatik plakatieren haben lassen. Ich fand es jedenfalls an der Zeit, den Kamin einzuheizen, den uns unsere Vormieter hinterlassen haben – ein eher alter Kamin, eine Ösi-Variation auf Kamine à la Pink Panther oder früher James Bond, nur ohne Tigerfell.

Aus diesem Grund fuhr ich mit unserem hübschen Leichenwagen in die Schweglerstraße zur Firma Kohlenbaron. Und
dort, in einem sehr engen, sehr schwarzen, sehr gemütlichen
Geschäft, bei einem blassen, kahlköpfigen Riesen mit leiser, höflicher Stimme erstand ich acht Säcke gut abgelegenes
Buchenholz sowie zwei Sackerln mit Spänen zum Anfeu-
ern. Mir fiel das Kahlenbergseitige Ende des Beethovengan-
ges ein, ein Hauptschauplatz der selbstbestimmteren Abschnitte meiner Kindheit. Dort gab es in einem Verschlag
einen selbstständigen Kohlenhändler, mit zwei tiefschwar-
zen Monosradeln, diesen coolsten Wiener Vehikeln seit Erfindung des Verbrennungsmotors. Beim Kohlenbaron roch
es genauso. Glücklich fuhr ich heim.
Dort stellte sich der James-Bond-Kamin als lässiger Schwer-
arbeiter ohne irgendwelche Mucken heraus, was meine
Herbstlaune weiter hob. Aus dem frischgeschlichteten Buchenholz kroch ein Ohrenschliefer, meine Tochter quittierte
dies mit einem gekreischten Kraftausdruck. Ich werde sie in
unser Abkommen integrieren.

Learning by living, quasi. So erforsche ich Erdberg. Manchmal helfen mir ja Stimmen von außen, neue
Wege zu finden. Leserin K. beispielsweise las, dass ich nach
den Ferien beim Supermarkt am Praterstern einkaufen war,
in meiner sonntäglichen Ratlosigkeit. Sie riet mir dringend,
mich davon fernzuhalten und stattdessen in die Erdbergstraße zu verfügen, wo der türkische Supermarkt A. werk-,
sonn- und samstags meiner harre. Ich ging dort hin, erstand
eine Art levantinischen Multivitaminsaft von einer coolen
jungen Frau, und der Saft war gut. Auf Hin- und Rückweg
fiel mir auf, wie viele andere Greißler und Minimärkte tür-

kischstämmiger Mitbürger es in der Gegend gab, ich nahm mir vor, diese Geschäfte nunmehr eins nach dem anderen zu testen und dabei jedes Mal einen neuen levantinischen Saft zu probieren.

Die andere Hilfestellung bot mir ausgerechnet Jura Soyfer. Von diesem Dichter der Zwischenkriegszeit hätte ich mir eigentlich keinen Beistand erwartet. Soyfers unerschrockenes Leben und Wirken bis hin zu seiner Ermordung durch die Nazis im KZ Buchenwald hatte mich stets beeindruckt, wohingegen ich seine Stücke mit ihrem für mich immer zu pathetischen Ton nie so besonders geschätzt habe.

Wenn ich nun doch zu einem Jura-Soyfer-Stück ging, hatte das zwei Gründe gehabt. Bei »Der Lechner Edi schaut ins Paradies« führte meine Bekannte S. Regie. S. ist hauptsächlich Puppenspielerin und widmet sich daneben dem Performance-affinen Theater. Ihren Soyfer ließ sie dort spielen, wo der leibhaftige Soyfer aufwuchs und zur Schule ging – in Erdberg. Und überdies auf der Straße. Das Publikum folgte den drei Schauspielern und einem Musiker vom Kanal kommend durch die Gassenzüge, erging sich in einer Pawlatschen des Kardinal-Nagl-Parks, bog in die Canyons der alten dickmauerigen Gemeindebauten ein, alles in der Dämmerung des Wiener Vorherbstes.

Am Ende, das in der wunderbar siebzigerjahremäßigen SP-Sektion eines Gemeindebaus stattfand, hatte ich doch drei Dinge besser kapiert: die Dreißiger, den Dichter Soyfer und mein neues Viertel.

Meine Kinder wünschen übrigens ins ebenfalls Erdberger Wiener Straßenbahn-Museum zu gehen.

Learning by living. Wer rastet, der rostet.

Der Herbst ist eingerastet, die Äquinox liegt hinter uns. Zu solchen Wendezeiten treiben die Liebste und ich unseren kleinen Indianerstamm gern vor die Stadt hinaus, um uns selbst, na ja, in der Welt neu zu verorten. (So eine Art Halb-Verwandlung, der sommerliche Wiener und der winterliche Wiener sind nicht ganz dieselbe Person. Sie wohnen nur gern im selben Körper.) Bisweilen reisen wir dann in den Seewinkel. Dort herrschen ein anderes Klima, andere Farben und auch ein anderer Umgangston als in Wien. An manchen Tagen ist es dort wie auf einem anderen Erdteil. Aber diesmal schafften wir es nicht soweit, wir kamen nur ein Stück stromabwärts, bis nach Haslau, das heißt: Donauauen am Südufer. Die von Lianen und parasitären Schlingern bekletterten Urwaldriesen schmissen ihr Laub in geradezu unwilliger Geste auf die völlig verkrauteten Pfade, meine Kinder erfreuten sich an jenem pinkblühenden Unkraut, dessen Früchte, wenn man sie quetscht, ihre Samen in alle Richtungen katapultieren. Letzte Gelsen, an die Agonie verkauft, wie Ambros so schön gesungen hat, landeten noch auf uns, waren aber oft schon zu mürb zum Zustechen. Es herrschte Niedrigwasser, frisch entwickelte Wasserfrösche hüpften wir eine kleine Vorhut vor uns her. Als wir in der Abenddämmerung über die A4 zurückfuhren, unterfuhren wir zwischen Fischamend und dem Flughafen die mächtige Schwechater Landebahn. Die ganze Familie hoffte und fürchtete in diesem Moment gleichzeitig, es könnte im Moment unseres Passierens ein großes Flugzeug, etwa ein Airbus, landen. Zweimal haben wir das hier erlebt, das Monströse und doch Fliegende hat gleichermaßen was von einem Wunder und einem Albtraum. Kein Flieger kam, unser kleiner Leichenwagen zischte unter der Landebahn durch. Wieder hatte ich das Gefühl, dass mittlerweile genau hier die östlichen Tore der Stadt sind. Fossiles Feuer tanzte auf einem Schlot der Raffinerie. Die letzte Ausfahrt vor dem Ende der Autobahn heißt Erdberg und gehört uns. Aus dem Halbdunkel starrten uns von den Plakatständern die Kandidaten für das Rathaus mit einer müden Ausdruckslosigkeit an, die an die Herbstgelsen in Haslau erinnerte. Und frage nicht, jetzt kommt dann auch noch die Winterzeit.

Wien Mitte ist ja eine per definitionem unpolitische Kolumne. Die Redaktion wünscht Privates und Lokal-Koloriertes, dies liefere ich gern. Auch wenn die Ausblendung des Politischen (die ich im Prinzip für gesund halte) mitunter schwerfällt. Beispielsweise gerade jetzt, mit den tausenden Gemeinderatswahlplakaten und meiner und unserer Interaktion mit ihnen. Die Kinder fragen natürlich: Papa, wer ist jetzt der oder die? Dann sage ich was. Oder die Drittgeborene zählt am Weg in den Kindergarten Plakate des Amtsinhabers. Wir haben schon mal 21 gezählt, tags drauf waren's nur noch 18. Sind ein paar Amtsinhaber verlorengegangen? Oder erlahmt unsere Aufmerksamkeit? Immerhin: Jetzt ist es nur noch ein Tag, bis alles vorbei ist – und auf den Plakaten wird bald überall »Danke« stehen, und das, obwohl ich gar nichts dazu gesagt habe. Immerhin: Einmal hab ich lachen müssen. Auf dem 32-Bogen-Plakat eines Kandidaten prangte der Slogan: »Wir sagen JA zu XY«. Und drunter hatte einer geschrieben: »... weil NEIN ist ein zu langes Wort.«
Eine gute Ablenkung vom Wahlkampf ist das Reifen der Rosskastanie. Jetzt sind die meisten aus ihren Fruchtkörpern geploppt, sie liegen im Prater, am Ring, in den Parks herum: dunkelrot, braun, mit ihrer weißen Schecke und in

ihrer relativen Sinnlosigkeit. Stundenlang kann ich sie anschauen und mich fragen, wofür sie gut sind. Die Tiere des Waldes, heißt es ja immer wieder, essen Rosskastanien. In meiner Kindheit kaufte die am Rand von Klosterneuburg ansässig gewesene Firma Inku, eigentlich ein großer Teppichtandler, Rosskastanien von Kindern an. Für die armen Rehe, hieß es. Wer einen Fünf-Kilo-Sack brachte, kriegte fünf Schilling. Böse Zungen behaupteten immer, Inku habe die Kastanien sodann weggeschmissen und nur darauf gehofft, dass eine der Begleitschutz gewährenden Mamas sich für ihre Teppiche interessiere.

Uns war es wurscht. Wir sammelten und kassierten. Und dann kauften wir uns noch ein Eis, obwohl es schon saukalt war, ein letztes oder vorletztes Jolly aus dem Tiefkühler des Greißlers. Ein Jolly, oft schon bedeckt von diesem silbrigen Raureif – meine Liebste würde sagen: Da ist die Kühlkette unterbrochen worden.

Nach Urnengängen wünschen wir Klarheit, aber ach, so schnell kommt sie nicht. Zudem hat unser Hochnebel, der uns jetzt ein halbes Jahr lang die Tage versüßen wird, am Himmel Platz genommen, er räkelt sich, sucht eine bequeme Stellung da oben, er richtet sich dauerhaft ein. Meine Lieblingsmeldung auf meiner Lieblings-Website zamg.ac.at lautete vergangene Woche: »Der Hochnebel über Wien geht allmählich in mehrschichtige Bewölkung über.« Die Liebste, die Kinder und ich haben ja eine Einserstrategie, um in der Hochnebelsaison jenes Gefühl zu ernten, über das Jimmy Cliff einst gesungen hat: *I Can See Clearly Now!* Wir lenken den Leichenwagen nach Reichenau, biegen von dort ins Höllental ab und besteigen die Gondel auf die Rax.

So auch vergangene Woche, mit Freunden und ihren Töchtern. Im Trüben besteigt man das schaukelnde Gefährt, das einzige Leuchten kommt von gelbgrünorange gesprenkelten Herbstbuchen. Üblicherweise erweist sich der Hochnebel bei etwa 1200 Metern Seehöhe als besiegt. Aber diesmal: Schon beim Einsteigen hat der Gondelwart gesagt: »Maunchmoi stichts duach, maunchmoi ned.« Tatsächlich stiegen wir, tja, im Herzen des Hochnebels aus. In seinem Herzen wird der Hochnebel zum Bodennebel, die Sicht am Raxplateau betrug etwa drei Meter. Gottlob ist auf der Rax alle fünf Meter eine neue Markierung gesetzlich vorgeschrieben, also ging sich das mit der Orientierung auf unserem Fußmarsch zum Ottohaus genau aus. Irgendwo traf ich den von mir gemochten Fotografen Corn im Nebel, und im Ottohaus redeten wir über die Bürde des 40-jährigen Mannes, der nochmal über die Wolken kommen will und es nicht schafft. Am Rückweg zur Gondel riss der Nebel plötzlich dreißig, vierzig Sekunden lang auf. Die Sonne stach durch. Es war magisch. Die Liebste und ich strahlten einander an. In dem fünfzigerjahreblauen Himmelsloch hofften wir einen Moment lang alles zu finden. Die Antworten auf die großen Fragen, woher wir kommen, wohin wir gehen. Das Antlitz des neuen und alten Wiener Bürgermeisters. Aber der Himmel schloss sich wieder. Wir fuhren hinunter in die sichere Finsternis. – Und was lese ich gerade auf der ZAMG? »Das graue Ambiente bleibt uns erhalten.« Na oisdann.

Mit dem inneren Eingerastetsein im Herbstlichen steigt der Wunsch nach Herbstmusik. Für heuer hab ich sie auch schon gefunden. Da wäre Neil Youngs neue Platte »Le Noise«, die von seinem rätselhaften kanadischen Landsmann Daniel Lanois produziert worden ist und der perfekte Neil-Young-Tonträger für Menschen wie mich ist, die Neil Young eigentlich nicht verstehen. Nur Neil Youngs spinnwebdünnes Falsett, seine Stromgitarren und ganz viel Hall. Neil Youngs Song-Haltung ist stets der Rückblick, hat Kollege Thomas Kramar weise bemerkt, also Herbstplatte schlechthin. Dann sind da die Jolly Boys aus San Antonio, Jamaika, eine Band von Männern zwischen 70 und 90, die den Mento pflegen, die akustische Vorform von Reggae, und jünger rüberkommen als die ganzen Popwunderkinder (Amy Winehouse!), die sie covern. Das hören wir beim Kochen des Herbstessens, sprich Kürbisgumbo. Weiters Nick Cave, dessen Grinderman-Projekt den dritten Frühling zelebriert und damit den Herbst an sich generell annulliert. Dieses genüssliche Feedbackgewitter entfährt meinem Kopfhörer, während ich durch die wieder ÖVP-regierte Josefstadt zu spät und ohne Licht mit dem Radl zu meiner Verlegerin fahre. Vor allem aber: Trio Lepschi. Dieses tintenrabenpechschwarze Wunder versüßt mir meinen Herbst am nachhaltigsten. Die Band besteht aus Stefan Slupetzky, dem Krimischreiber, seinem Bruder Tomas und dem Jazzmusiker Martin Zrost. In 16 Liedern wird Folgendes thematisiert: der Tod, die Krise, der Sex als Handicap und die Ausländer, also lauter Bereiche, in denen der Wiener Kernkompetenz besitzt. Die Songs pflegen ein Zusammenspiel von der verhaltenen Gewalt der Tiger Lillies, besitzen aber dazu Textgehalt wie bei Karl Kraus und zu alldem ein ebenso verhaltenes diebisches Vergnügen am Ausleuchten der Finsternis.

Ja, da lacht das Herz: Beese Mauna, heißt die eine Lieblingsnummer von mir, Beese Mauna siagt ma niemois duach die Schtroßn huschn, / denn die wohnan draußt in Greanan hinta hoche Buschn. Oder: Waunst ned wüüst, dass des Lebm mit dia schpüüt, daun spüüst am bestn söwa mit dein Lebn. Genau: Der Herbst ist eine Wiener Erfindung, seine Überwindung im Unendlichen das größte Wiener Talent.

Während ich dieses schreibe, bietet sich mir ein schönes Bild von meiner Südwest-Erdberger Wohnklippe. Der Himmel ist heute so blau wie auf den Ansichtskarten des vorigen Jahrhunderts. Hie und da rempelt ein Windstoß die adoleszenten Linden in der Landstraßer Haupt an, und ihre gaachblonden Herbstblätter wirbeln weit hinauf. Das ist schön, wenn auch in seiner Tumulthaftigkeit leicht beunruhigend.

Dazu die tumultuösen Herbstnachrichten: Der liebste Kindergarten der Welt, jener im Stadtpark, jetzt nur noch von unserer Drittgeborenen frequentiert, soll, erstens, renoviert werden – ein Ausweichenmüssen der Gruppen in andere Kindergärten steht im Raum. Die Nonfoodfactory des göttlichen Ziehharmonisten Walther Soyka, das einzige Tonstudio, in dem ich mich je wirklich wohl gefühlt habe, soll – zweitens – dieser idiotischen Verordnung zum Opfer fallen, wonach Dachbodenausbauten nach Garagen verlangen und also Lokale, Werkstätten, Geschäfte aus dem Wiener Straßenbild verschwinden.

All dies würde mich hochgradig nervös machen, wäre ich nicht tief geerdet durch die allerneueste Herbstmusik, die bei mir und meinen Liebsten läuft. Ich sage nur: Sigi Maron!

Sigi Maron, der wohl einzige Sänger und Liederschreiber dieses Landes, der zeitlebens wirklich »alternative« geblieben ist, hat eine neue Platte gemacht. Titel: »Es gibt kan Gott«. Zu den Klängen einer extrem zurückgelehnten Reggae-Band singt, fäult und agitiert der Großmeister des politischen Songs mit einer Kraft und Überzeugung, als ginge er nicht auf die 70, sondern auf die 30. Über Flüchtlinge, die im Meer ersaufen, über Spielautomaten und darüber, wo man noch frei ist. Maron war schon ein Leitstern meiner Jugend, was mein Elternhaus gleichermaßen besorgte wie das von mir besuchte Schottengymnasium. Seine LP »5 vor 12«, 1980 vom Londoner Pop-Hipster Bob Ward produziert, ist für mich bis heute der Beweis, dass a) Inhalt und coole Popmusik zusammengehen und b) der sogenannte Austrodings nicht nur eine Verirrung war. Also, Leser: Hört Sigis neue Lieder, sonst wird der Herbst euch verwehen wie ein gaachblondes Lindenblatt! Und noch was: Wer weiß ein Souterrain, das sich über die schönsten Harmonikaklänge der Stadt freut?

Unlängst habe ich an dieser Stelle bemerkt, dass sich die von mir unablässig gehörten jamaikanischen Jolly Boys mit ihrer Musik vor allem als Soundtrack zur Zubereitung eines herbstlichen Kürbisgumbos eignen. Aber in der Zwischenzeit sind verschiedene Dinge passiert, fast wär's mir vergangen, das Gumbo.

Eigentlich bin ich ja ein Verehrer des Kürbis. Ich mag an ihm das Milde im Geschmack, das erst allmählich delikate Explosionen freisetzt, ich vertrage ihn gut, er wärmt, nährt und rührt mich gleichermaßen, und außerdem schaut er super aus.

Der Liebsten gegenüber singe ich aus all diesen Gründen gern ein Lob der Kürbiszeit, im selben Atemzug die Spargelzeit in Frage stellend. Aber was passiert vorvoriges Wochenende? Ein Schulfreund gibt dem Erstgeborenen einen Tipp, wonach auf der Himmelwiese ein Kürbisfest stattfindet. Wir googeln und finden Verlockendes: Schnitzkürbisse mit Schnitzanleitung, reichhaltige Kürbiskost an Fress-Ständen, Selber-Drachenbasteln und Steigenlassen. Landschaftlich spricht ja überhaupt alles für die Himmelwiese, inhaltlich kann man das dort regierende »Kuratorium Rettet den Wald« wegen seiner halbesoterischen Herangehensweise (Lebensbaumkreis!) schon diskutieren, aber immerhin haben sie die Wiese und den umliegenden Wald erhalten.

Doch als wir dort ankamen, hatten wir eh schnell andere Sorgen, weil wir uns plötzlich in einem Bild von Hieronymus Bosch wiederfanden. Es hätte heißen können »Die achte biblische Plage«, und es zeigte, wie eine Zivilisation von Kürbissen fertiggemacht wird: zehntausende Wiener, zehntausende Kürbisse, in irgendwie obszöner Umarmung. So offensichtlicher Konsens ist gespenstisch, will sagen: Wenn ich sehe, dass eine Millionenstadt geschlossen meine Leidenschaft teilt, vergeht sie mir, die Leidenschaft, nicht die Stadt. Alle hier kauften und aßen Kürbisse, viele schnitzten an Kürbissen herum. Steirische Bauerntöchter, die das im Zusammenhang mit dem Steirischen gern verwendete Eigenschaftswort »echt« voll ausstrahlten, wussten total Bescheid über Kürbisse, und irgendwann sprangen wir in den Leichenwagen, rasten zu der von uns »Der Unaussprechliche« genannten Fastfoodkette und schnitten jeder einen Burger ein.

Das Kaffeehaus ist für den Wiener Winter, die Meierei für den Wiener Frühling, der urbane Schanigarten und der suburbane Heurige, sie teilen sich den Wiener Sommer. Mitunter wachsen sie in den lebensbejahenderen Teil des Wiener Herbstes hinein. Das Wiener Jahr, es hält uns gastronomisch fest geborgen. Aber was tun, wenn er dann dunkel wird, der Herbst? Wenn die Nacht gleich nach der Mittagsstunde zum Sprung ansetzt? Wenn unser Ausgesetztsein in der Welt im Allgemeinen und in Wien im Besonderen so überdeutlich wird?

Wohin gehen wir dann, essen und, ja, auch trinken?

Ich kenne die Antwort, und ich will sie mit Ihnen teilen: Wir gehen ins Schutzhaus.

Ich selbst bin Schutzhausgänger, überantworte mich der Umarmung durch dunkle, über Jahrzehnte vom Veltliner getränkte Schank-Monstren, bette meinen Hintern auf schwarzhölzerne, per se unbequeme Sessel. Ich liefere mich alldem gerne aus. Die Schutzhäuser fand ich in den 1980er-Jahren erstmals auf den Spuren des frühen Ostbahn Kurti und seiner Chefpartie. Und nun, da diese große Wiener Kunstgestalt in einer Gesamtausgabe geehrt wurde, fallen mir die Schutzhäuser wieder ein. Jenes am Schafberg, das an der Wasserwiese im Prater. Das »Heideröslein« auf der Simmeringer Haide (die schon von Travnicek alias Helmut Qualtinger mit den russischen Steppen verglichen wurde). Und natürlich das vielleicht zentrale Wiener Schutzhaus, jenes »Zur Zukunft« auf der Schmelz.

Dort, wo es vor einem Jahr eine verdienst- und geschmackvolle Neuübernahme gottlob ohne Neugestaltung gegeben hat, dort weilte ich unlängst. Und ich begriff, was das Schutzhaus von verwandten Institutionen, vom Gast-, vom Rast-, vom Wirtshaus unterscheidet. Wo ein Schutzhaus steht, wird die Stadt, und das ist ein sehr moderner Ansatz, als Wildnis begriffen. Als wären ihre Firste und Türme ein Gebirge, als wären ihre Straßen und Plätze Schluchten und Dschungel, als wäre der Hauptstädter ein von den Bestien des Draußen Gehetzter und bräuchte Schnitzel, Mayonnaise-Salat und Krügeln erst in zweiter Linie.

In erster Linie: Schutz.

Begonnen hat es mit dem Thema Radlfahren. Der Erstgeborene hat zum Zehnten ein modernes Radl bekommen, gekauft beim Herrn Kohn, der bei uns vis-à-vis sein neues superes Radlgeschäft aufgesperrt hat. Ich selbst hab beim Herrn Kohn ein Herrenradl begehrt, ein schickes, deutsches, schwarzes, mit einem nach Bondage aussehenden Ledersattel, hab's dann aber nicht gekauft, weil mich plötzlich eine Welle der Zuneigung zu meinem alten Radl überfallen hat. Dieses hab ich einst von meinem französischen Schwager übernommen, es erinnert mich immer an ihn, und das ist gut, weil er ist ein lieber Mensch. Auf dieser Welle der Zuneigung und dem (ein bissl hinichen, definitiv aber nicht modernen) »Patagonia«-Radl bin ich sodann den Donaukanal abwärts gefahren, an Erdberg, Simmering, Kaiserebersdorf vorbei, schmerzenden Oberschenkels und urweit, bis nach Albern an den Wiener Hafen. Mein Ziel: der Friedhof der Namenlosen. Dieses so todtraurige wie tieffriedliche Totenfeld hatte ich mir in den Neunzigern einmal kurz angeschaut, aber viel zu ungenau. Jetzt, im kaltnieselnden Regen und mit dem bedienten Radl war ich richtig dort. Wenn man so will, einen Tag zu spät: Schon am Vortag, erfuhr ich, hatte die Friedhofsverwaltung dort ihre jährliche Zeremonie abgehalten. Da schmückt man die Gräber der unbekannten Ertrunkenen, da treibt ein kleines Blumenfloß zur Strommitte raus, um an die Toten aus dem 19. Jahrhundert zu erinnern, die sich die Donau bei einer Flut schon wieder zurückgeholt hat.

Die Blumen hatten im Regen bereits leicht und wunderschön zu faulen begonnen. Über allem ragten die riesigen Speicher des Wiener Hafens, auf einem davon das riesige Graffiti-Gesicht des Künstlers BLU, wohl eines der schönsten Bilder in Wien. Ich ging in das kleine entzückende Wirtshaus im Gestrüpp und sah an der Wand die Fotografie des Totengräbers Josef Fuchs (1906 bis 1996), der den Namenlosen-Friedhof gepflegt und mehr als einmal gerettet hat. Das kleine Gulasch war in Wahrheit so groß wie der Schmerz in meinen Schenkeln. Eisig tropfte es von meinem Patagonia-Radl, und doch fuhr ich alles wieder zurück. Sie brauchen inneren Frieden? Besuchen Sie die Namenlosen. Im Spätherbst. Mit dem Radl.

Gar so viele schöne Momente hat diese Jahreszeit nicht. Es gibt zwar einen kleinen Teil meiner Persönlichkeit, der sich auf Weihnachten freut, aber die allgemeinen Weihnachtsvorbereitungen – Märkte, Lamperln, Einkaufsangebote – stehen dieser höchstpersönlichen Vorfreude eher im Weg. Sonst ist das Wetter genau so, wie wir eh wissen, dass es ist. Während ich dies schreibe, hat der Biowetter-Dienst von der ZAMG seine tägliche Lyrik bereits verfasst, und zwar folgendermaßen: »Insgesamt wird der Störungseinfluss nur geringfügig schwächer, Kopfschmerzen und Migräne bleiben somit aufrecht, vor allem in der Osthälfte Österreichs.« Aber diese Tage, die sich immer überstürzter in die große Dunkelheit verabschieden und immer schneller auf die Wintersonnenwende zuzuströmen scheinen, sie haben doch einen Höhepunkt. Ich spreche von dem, was der Angelsachse als Dusk bezeichnet: die Abenddämmerung. Jetzt, wo es in den urbanen Gründistrikten nach letzter Laubfäule riecht, da macht der Himmel wunderbare Sachen. Da wischt er sich gegen Abend plötzlich den Hochnebel vom Kinn, unwillig, wie der Greis die Suppe. Da spannt er sich mit einem Mal zu afrikanischer Weite, und dann beginnt er sich zu schminken, orange, pink, zinnobern, mitunter purpur. Die Abendröte des Spätherbstes ist die schönste, die schwelgerischste aller Abendröten. Es scheint, als wolle diese Abendröte uns vorab einen Vorschuss zahlen dafür, dass wir die darauffolgende lange, kalte, garstige Nacht ertragen müssen. Unlängst waren die Liebste, die Kinder und ich auf Ausflug, flussabwärts, *Down in Albern*, wie der Nino aus Wien singt. Frau und Kindermehrheit wollten schon zum Kakao ins Wirtshaus. Nur der Zweitgeborene, dieser verlässliche Kantonist, wollte noch mit dem Papa vor bis zur Rohrbrücke gehen, wo das Öl aus der Lobau zu den Schwechater Schloten fließt. Als wir bei der Brücke wieder kehrtmachten und selbst Richtung Kakao marschierten, erwischte uns hinterrücks das große Rosa. Ganz plastisch, ganz nah, Wolkenspiralen, von den Re-Re-Reflexionen einer längst verschiedenen Sonne immer neu bestrahlt.

Diese Zuckerwatte, versicherte ich dem Zweitgeborenen, gehört nur uns. Und jetzt, erwiderte er, jetzt werden wir sie essen.

Von meiner Grunddisposition her bin ich gegen Weihnachtsbeleuchtung. Ausgenommen davon sind die Kerzen an Kranz und Baum sowie der Weihnachtsstern. Ich glaub ja, dass die Natur uns mit der umfassenden Finsternis um den Jahreswechsel etwas sagen will, auch wenn ich hasse, was ich da höre.

Ganz durchgekommen bin ich damit zuhaus natürlich nicht. Weihnachtsbeleuchtung bestand in unserem Familienverbund seit nunmehr einem Jahrzehnt aus zwei Lichterketten, die einst beim Diskonter mit dem H. für wenig Geld erworben und dann um die beiden immergleichen Fenster- bzw. Türrahmen aufgehängt wurden, sobald der Advent hereinbrach. Wenigstens, solang wir noch in unserer alten Wohnung lebten. Bei unserer großen Überfahrt nach Erdberg überprüften wir so wie jedes Ding auch die beiden Leuchtwürschtln und stellten fest, dass nur die Gesamtheit aller Weihnachtsengerln uns vor einem grässlichen Feuertod bewahrt haben konnte. Denn bei genauerem Hinschauen erwies sich ein Drittel der Birnderln beider Ketten als durchgeschmort. Wir schmissen die Würschtln also weg, und jetzt, wo hier außer mir alles und jeder weihnachtlich sein will, tauchte auch der Gedanke an neue Lichterketten auf.

Ich nahm eine ganz klare Position ein: Ich breche, brach und werde weiterhin Lanzen für Kerzen brechen. Ich bin dafür, wenn schon, auf natürlichem Wege zu verbrennen. »Aber die roten Lichter auf der Rotenturm«, sagte die Liebste, »die sind schon super.«

»Da kann man ja hingehen, manchmal«, gab ich zurück. Ich misstraue halt grundsätzlich der Elektrifizierung religiöser Feste und gab diese Lehre meinen Kindern unlängst durch Abspielen einer geliebten, alten Preiser-Records-Platte mit Werken von Helmut Qualtinger weiter. Auf diesem betagten

Stück Vinyl findet sich nämlich der großartige Sketch »Travnicek macht Weihnachtseinkäufe«, in dessen Verlauf Gerhard Bronner alias »Der Freund« seinen Kumpan Qualtinger alias Travnicek von der Schönheit und Unerlässlichkeit des Weihnachtsbrauchtums zu überzeugen versucht. Dabei besingt er auch die Weihnachtsbeleuchtung. »Wann S' as so funkeln und leuchten sehn, Travnicek, was wünschen Sie Ihnan dann?« Da sagt Travnicek: »An Kurzschluss.«

Am Eislaufverein fahre ich mit dem Zweitgeborenen Hand in Hand die geschätzte dreiundzwanzigste Runde, und Cindy Lauper sägt aus den betagten Lautsprechern, als mich eine Bekannte anspricht: Du musst was schreiben über den gefährdeten Eislaufverein, sagt sie. Ist doch deine Gegend!

Meine alte Gegend, entgegne ich. Tatsächlich aber ist der Eislaufverein ein wunderbares Mittel, um in diese Ex- und Für-immer-Herzensgegend am Heumarkt vorübergehend zurückzukehren. Es ist zwar so, dass wir hier Down in Erdberg immer heimischer werden, aber manchmal machen wir so Stippvisiten in unsere eigene Vergangenheit. So weit ist es ja nicht. Bei mir schaut das dann so aus, dass ich wieder ein Packl Tabak beim guten Herrn Danzinger kaufe, und er und ich freuen uns aneinander. Oder ich biege ins heimelige Musikhaus Kerschbaum, gleich daneben, das für mich in den letzten 15 Jahren entlegene Stahlsaitensorten und selten benutzte Mundharmonikastimmungen lieferbar gehalten hat. Dort erstehe ich dann mein Glumpert, obwohl das wiengrößte Musikgeschäft in gefährlicher Nähe zu meiner neuen Gegend liegen würde. Oder der Eislaufverein eben. Mit dem Eislaufen hab ich nach 20-jähriger Pause im letzten Jahr wieder begonnen, als der Neusiedlersee so unglaublich zugefroren war. Nunmehr, im Herzen der Wienerstadt, ist mein Genierer zwar allgegenwärtig, weil überall Bekannte nahen und die Eleganz, die ich auf Kufen ausstrahle, noch nicht so groß ist, wie, sagen wir, jene des Erstgeborenen, der cool hinter der Eismaschine herstreift, oder jene meiner Liebsten, die so möwenartige Schwünge ziehen kann. Aber der Zweitgeborene, seine kleine Schwester und ich, wir sind ehrgeizig und verbessern unseren Stil quasi stündlich. Noch einen Kinderpunsch, quiekt der Sohn, Krapfen!, kreischt die Tochter. Cindy Lauper ist fertig.

Stimmt schon, sage ich, das ist noch meine Gegend.

Ein fünfstöckiges Haus, sagt die Bekannte, wollen s' bauen, und aufs Dach einen neuen Eislaufverein!

Da gibt's dauernd neue Gerüchte, sagt meine Liebste, die Möwe. Dann dunkelt's. Die Kleinen und ich fahren noch eine Runde, und ich fühle mich zuhause. Meine Gegend ist jetzt halt größer, beschließe ich. Vom Heumarkt zum Schlachthaus. Und zurück.

Ich habe fünf lange Jahre meiner Adoleszenz in Tirol verbracht. Die Gründe zu erklären, würde hier zu weit führen, wie mein Freund Rainer Krispel gern sagt. Aber ich war dort, Oberstufe Gymnasium, acht Monate Bundesheer, und dann, ssssst, retour nach Wien. Das mag Ihnen wurscht sein, hat aber mit dem zu tun, was ich jetzt sage: Ich fahre gern Auto im verschneiten Wien. Der junge Mensch, der in Tirol das Autofahren kennenlernt, tut dies ja oft lang vor der Fahrschule. Zu viele Feldwege gibt es, zu viele gutmütige Bekannte und Verwandte: Irgendwann zwischen 15 und 17 würgt man sein erstes Getriebe und lernt das Fahren. Gern bei Nacht, gern bei widriger Witterung, und ja, gern auch bei Schnee. Und wer einmal gezwungen war, Mamas Rabbit aus dem vereisten Feldweg wieder rauszukriegen, der nimmt das Winterfahren Jahrzehnte später ganz leicht. Selbst in Wien. Ein paar Faustregeln kann man namhaft machen: Winterreifen sind schon okay, wichtiger aber ist ein wachsames Abstandhalten zum möglicherweise hysterisch bremsenden Koffer da vorn sowie eine nicht zu schnelle, aber doch, na ja, beherzte Fahrweise. Wenn man dann noch das Bewusstsein dafür erringt, dass 99 Prozent der Wiener keine fünf Jahre in Tirol verbracht haben und ab der ersten Schneeflocke total bescheuert Auto zu fahren beginnen, dann macht es richtig Spaß. Unlängst hatte unser kleiner Leichenwagen sein erstes Service, und ich musste zu Herrn D. nach Ottakring, ihn abholen. Herr D. hat uns den Leichenwagen italienischer Herkunft verkauft, nun wartet er ihn. Herr D. war in den Siebzigerjahren des vergangenen Jahrhunderts Rallye-Staatsmeister, und auf seiner Website schreibt er: »Es war immer mein Traum, rassige, sparsame italienische Autos zu fahren und diese auch zu verkaufen.« Herr D. übergibt mir also die Schlüssel, er hat uns übrigens ein Autoradio eingebaut, das erste seit zehn Jahren, das wir besitzen. Ich lege Springsteen auf, »Queen Of The Supermarket«, und fahre los, mit unserem rassigen, sparsamen italienischen Leichenwagen. Outta Ottakring, straight into Erdberg. Dichter Schnee fällt auf eine bereits verschneite Stadt. Es herrscht dunkelnder Advent, und auf den Straßen fast keine Koffer. Lauter Seelentiroler, wie ich.

Manchmal stellen die Kinder Fragen, bei denen man noch richtig schmecken kann, wie sie einst, Jahrzehnte vorher, aus dem eigenen Mund gekommen sind. Paradebeispiel: »Wie schaut das Christkind aus?« Und man kann sie nicht und nicht beantworten, seinerzeit hat man ja auch keine gescheite Antwort drauf bekommen. Schwierig, weil: »Wie schaut das Christkind aus?« ist ja eine der großen Fragen und kommt schon bald nach »Woher kommen wir?« und »Wohin gehen wir?« Der Papa also klaubt die innere Ikonografie zusammen und sagt: »Wahrscheinlich blond, vielleicht auch brünett, man vermutet das aber nur. Trägt so ein dünnes Kleiderl, vielleicht auch eine Art weißes Nachthemd. Auf den Bildern ist es etwas größer als die Engerln, hat eher keine Flügerln, aber auch einen Heiligenschein. Es könnt ein Mäderl sein, aber auch ein Bub.« Da hakt dann gern die assoziative Kinderfrage ein: »Aber Jesus war ein Bub, oder?« – »Das schon«, sagt der Papa, bereits zögernd, »aber ob das Christkind wirklich Jesus ist, weiß man auch wieder nicht.« Oje, ganz unsicheres theologisch-pädagogisches Terrain, daher anderes Subthema, nämlich der präpubertäre Aspekt des Christkindes: »Jedenfalls ist es so zwischen elf und zwölf Jahre alt.« Wobei der Papa innerlich blasphemisch erschaudert, als er an damals denkt, als er, gerade noch an das Christkind glaubend, sich fragte, ob es, wenn es denn weiblich wäre, auch Brüste hätte. Schon ahnt man den heiligen Blitzschlag. Die nördlichen Brüder im Herrn haben dieses Problem nicht, ihr Weihnachtsmann ist bestenfalls ein grumpy, niemals aber ein dirty old man. Und Brüste hat er sicher keine, bestenfalls das, was meine Kinder als Schwabbelpakete bezeichnen, also so Fettpackerln bei adipösen Männern. Er ist ein offenes Buch, der Weihnachtsmann. Das Christkind hingegen – Fragen über Fragen. »Und wie genau schaut das Gesicht aus?«, fragt die Drittgeborene. Wir gehen die Landstraßer Haupt hinauf. Der Papa traut sich eine kühne Antwort zu: »Es könnte wie jeder Mensch ausschauen. Nimm das Gesicht von jedem Menschen, der uns da entgegenkommt und stell's dir auf einem Kinderkörper mit Nachthemd vor.«

Dann kriegen wir alle einen Lachkrampf, und der Lachkrampf war noch nie der schlechteste Ausweg aus theologischen Sackgassen.

Die Feiertage sind echt neu in der neuen Gegend. Zum Jahreswechsel wie schon zu Weihnachten. Die Liebste und ich haben beispielsweise weit über ein Jahrzehnt nicht mehr darüber gesprochen, wo der Christbaum stehen soll, weil eh klar war, wo der Christbaum steht. Oder in welchem Raum die Brut zappeln wird, während das Christkind kommt.

Dass diese Sachen Themen wurden, war irgendwie aufregend, jetzt ist aber alles geklärt. Als Nächstes mussten wir rüber ins neue Jahr, und diese Überfahrt galt es umsichtig vorzubereiten.

Wir hatten unseren Jahreswechsel so geplant: den Silvesterabend bei unseren Freunden verbringen, den Neujahrstag hingegen bei meinem Brüderchen verspeisen und vertrinken. Das Brüderchen geht am vierten Tag des Elferjahres auf ein halbes Jahr nach Chicago und wird sich nicht lumpen lassen. Wir fünf scheinen also wohleingebettet zwischen diesen Ereignissen, die Nacht dazwischen aber verschlafen wir, zum ersten Mal, schon wieder etwas zum ersten Mal. Welche Träume suchen uns heim, welche Stimmungen fliegen uns an, während draußen auf der Landstraßer Haupt der letzte

Bsuff seine Böller zündet? Ich versuche mein Herz zu erforschen: Gut am Zehnerjahr war zum Beispiel, dass die Kinder weitgehend gesund waren, die Liebste und ich was zum Arbeiten hatten und trotzdem noch an den Fluss und ans Meer gekommen sind. Gut war, dass wir die Wohnung gefunden und den Umzug überlebt haben. Gut war, finde ich, was die Wahl in Wien letztendlich hervorgebracht hat. »Es wird interessant«, sage ich, »das Neujahrskonzert erstmals in dieser Wohnung aufzudrehen.« Schlecht am Zehnerjahr war, dass ein paar von uns doch ein paar Mal krank waren, dass die Liebste und ich eigentlich viel zu viel gehackelt haben, dass die Zeit am Fluss und am Meer eigentlich viel zu kurz war. Entsetzlich war der Moment der Rückgabe unserer moribunden, lieben, alten Wohnung an eine Art Hausherrn, wie ihn Dylan in »Dear Landlord« besingt. Und gewisse Aspekte der Wiener Wahl waren auch schrecklich.

»Aber gehen wir am Neujahrstag nicht zu deinem Bruder?«, fragt jetzt die Liebste. »Oh ja«, sage ich, »aber in aller Ruhe.«

Ich will mich in keinem Fall darüber auslassen, was uns der einzelne Winter über Klimaveränderung sagt, vermutlich nämlich nix. Dennoch sage ich im Brustton der Überzeugung: Der aktuelle Wiener Winter ist hart, bis jetzt zumindest. Wir haben Schnee, blizzardartige Winde und eisige Temperaturen. Oder gibt es andere Wahrnehmungen? Während ich dies schreibe, veröffentlicht der Biowetterdienst der Hohen Warte, bekanntlich sowas wie mein persönliches tägliches I Ging, folgendes Verdikt: »Während der Morgenstunden ist bei teils starkem Frost mit allfälligen Kältereizen zu rechnen.« Na eben. Es kann überdies sein, dass in unserer neuen Erdberger Umgebung der Wiener Winter härter auftritt als im wohlig abgefederten Mitte von seinerzeit. In jedem Fall aber mag ich den Winter, wenn er so unlullig, so hart, so kompromisslos auftritt wie heuer. Er ist mir sympathisch in seiner Geradlinigkeit. Gegner oder Verbündeter, nix dazwischen. Er hat im Wesentlichen zwei Szenarien, der Winter. In den Weihnachtsferien liegen sie schön transparent vor uns. Einerseits zuhaus' bleiben, wo das Scheit im Ofen flackert, sich die Familiendynamik allmählich auflädt, bis sie schließlich in schöneren oder unschöneren Farben detoniert. Andrerseits aber die Rüstung aus Fellstiefeln und Wollmantel anlegen, und hinaus, hinaus, hinaus, in Kälte, Luft und Raum. Über den Joe-Zawinul-Park runter zur Baum, dann links in die Schlachthaus. Die Schlachthaus ist wohl die härteste Gasse unserer neuen Gegend. Wie der Winter spielt sie mit offenen Karten, anders als der Winter ist sie schnell vorbei. Weil dann kommt da schon der Kanal, die Brücke, das Atominstitut. Vorbei an den winterlich mumifizierten Schrebergärten, über die knirschende Wasser- und die knarrende Sulzwiese führt der Weg in die Freiheit, per aspera ad astra. Nach einem zwölf Kilometer langen Marsch kehre ich mit einem bläulichen Gesicht ins dämmernde Heim zurück.

»Wie war's?«, fragt die Liebste. Ich zitiere Dylan: *I've been out where the black winds roar.*

Ich weiß, ich habe schon letzte Woche Dylan zitiert. Aber ab einer gewissen Härte des Winters kann man nur noch das ZAMG-Biowetter zitieren. Oder Dylan.

Im Zuge der Weihnachtsfeiertage kursierte die entzückende Geschichte vom sich liebenden Teenagerpärchen in der Wiener U-Bahn in den Medien, wozu es einerseits kurz auch YouTube-Videos gab, wozu andererseits Paulus Hochgatterer in einem so brillanten wie warmherzigen Essay mittlerweile alles gesagt hat. In mir löste diese Episode hingegen weiterführendes Nachdenken zum Thema Blödsinnmachen in den Wiener Öffis aus. Als Liebeslager habe ich meinerseits Bus, Bim oder U-Bahn nie benutzt, wohl aber anderen Blödsinn veranstaltet. Die gesamte Unterstufe brachte mich der treue D-Wagen werktäglich von der Station Grinzinger Straße bis zum Schottentor und mittags wieder zurück. Da kommt einiges an nicht direkt gewidmeter Kinder- und Jugendlichenzeit zusammen, und Kind und Jugendlicher neigen dazu, ungewidmete Zeit als fad zu empfinden und dem Unfug zu widmen.

Harmlos war noch, was N. damals erfand, nämlich Stückerln von seinem Jausenbrotkäse unter jenen Einzelsitz zu legen, wo sich die Waggonheizung befand. Ich brachte den Einfall ein, Zehngroschenstücke unter die Räder von Nicht-D-Wagen-Wagen zu legen. Die entstehenden Metall-Bletschen durchlöcherten wir und hängten sie uns als Insignien unserer gerade aktuellen Geheimbünde um den Hals. R., einer unserer Kühnsten, stieg eines Tages an der Grinzinger Straße aus, fasste sich mit kreidebleichem Gesicht unter den Anorak und zeigte uns, was er gerade gefladert hatte: einen Nothammer! »Mindestens fünf Jahre Jugendhaft«, sagte N. trocken zu R. »Eher sieben. Weil der Nothammer, das ist ja das Ärgste.«

Der arme R. litt zwei Nächte lang entsetzliche Qualen und entschloss sich sodann, den Nothammer bei den Wiener Linien, die damals noch Wiener Stadtwerke-Verkehrsbetriebe hießen, zurückzugeben. N. und ich begleiteten ihn. R. hatte sich eine abgemilderte Version der Geschichte zurechtgelegt und verkündete, er habe den Nothammer in einer Station gefunden und eingesteckt. Man verwies uns in ein Büro, ein dicker Herr im Gilet sah uns kurz an und sagte: »Danke Burschen. Legts eam duat hin, neben die Kaffeemaschin'.« So kamen wir nicht in Jugendhaft, verlegten unsere amourösen Premieren aber an andere Orte.

Zeitungskollegin M. hat sich brieflich als Erdbergerin zu erkennen gegeben und mir zwei Fixpunkte ihres hiesigen Universums empfohlen. Einerseits den Schwabl Wirten unten beim Straßenbahnmuseum. Danke, meine Liebe, den kenn ich schon. Vergangenen November war ich dort, mit meinen Freunden vom Rabenhof etwas besprechen. Es war die Ganslzeit, und als wir wieder herauskamen, waren wir zwar alle in total konsensualer Stimmung, wussten aber kaum noch, was wir besprochen hatten, weil wir dermaßen satt waren. Ja, Schwabl Wirt sehr super.

Ms. zweite Empfehlung betraf das Schutzhaus zur Wasserwiese, gleich hinter Brücke und Atominstitut im Prater, eh schon lange ein Projekt von mir. Gestern nun wollte ich dort hin, allein, eine ganz besondere saisonale Stimmung hielt mich davon ab. Wenn nämlich, so wie jüngst, in Wien sehr viel Schnee gefallen ist, und dann, so wie jetzt, der falsche Frühling daherkommt, dann taut dieser Schnee, und der Prater wird zur einzigen Wundertüte. Also zog ich wie ein erregter Schweißhund am Wasserwiesenschutzhaus vorbei und stracks in den grünen Prater hinein, um zu sehen, was alles ausapert. Ich sah winterschwarze Rosskastanien hervorkommen, monströse Schneckenhäuser und am Rande der Rustenschacherallee eine Tube Gleitcreme. Im Wald fand ich ein Stück Waldboden, das ein Muster trug, als habe ein zum Monochronismus konvertierter Jackson Pollock den Boden mit Deckweiß gesprenkelt. Tatsächlich war dies hier der Boden unter den Schlafbäumen der Saatkrähen, wie mir ein höhnisch-mürbes Krächzen aus der Höhe verriet.

Schön auch die letzten Eiswege im Wald, wo unter den tauenden Eisflächen schon die bald hervorkommenden Hundstrümmerln des alten Jahres sichtbar werden, so dass man weiß, noch ein, zwei Tage Sonnenschein, und dann wird es hier unwahrscheinlich fäulen.

So trieb ich mich herum, bis ich müde wurde, selbst zu müde für das Wasserwiesenschutzhaus, das mich am Rückweg noch mal schwach anlächelte.

Aber, liebe Kollegin M., ich bleibe dran, weil, wie ich an dieser Stelle schon mal gesagt habe, der Wiener Schutz braucht und also Schutzhäuser.

Die, tja, ausgelassene Zeit naht, die Faschingsfeste dieser Welt kommen wie Fäuste auf uns zu, und meine Kinder haben ein Thema. Als was wollts ihr denn gehen? Fee!, sagt die Drittgeborene mit harter Stimme.

Polizist, brummt der Zweitgeborene, und man hört, es ist ihm angenehm wurscht. Wega, sagt der Erstgeborene, und ich höre, er ist fest entschlossen.

Der Erstgeborene schaut seit Wochen unter unserer Aufsicht eine Kleinserie auf einem österreichischen Privatsender, und hier wird der Alltag der polizeilichen Sondereinheit Wega dokumentiert. Das Resultat des Schauens ist, dass die Wega-Leute eigentlich ziemlich lässig und sympathisch rüberkommen, der Privatsender hingegen ziemlich bescheuert, weil dauernd probiert wird, den Wegas irgendwas gaunz Oages rauszulocken. Manchmal muss sich der Erstgeborene abwenden, oder aber wir schalten auf stumm, etwa weil die Doku zeigt, wie irgendwie im Tiefen die Wega einen Katzenmesserstecher dingfest macht. Nach zwei Wega-Folgen ist der Erstgeborene im Berufswunsch zwar vom Wega-Mann zum Reporter übergegangen, im Verkleidungswunsch aber felsenfest bei der Wega geblieben. Während meine mürbe Liebste mit dem Buben im Netz nach Wega-Helmen sucht, schweifen meine Gedanken aufs Verkleiden im Allgemeinen. Ich war nicht mehr verkleidet, seitdem meine an sich geliebte Mutter mich einst in ein Clownkostüm zwang »Gehst als Klauni«, sagte man damals in Döbling. Einmal und nie wieder.

Und doch komme ich mir jetzt zu meinem eigenen bassen Erstaunen in Erdberg manchmal verkleidet vor. Dabei bin ich angezogen wie immer, aber halt wie immer in Mitte. Da unten, in dieser Welt von Beamten, leicht angestaubten Künstlern und jungen gebeutelten Eltern ging ich mit meinem Nagy-Hut, meinem Wollmantel, meinen Schals als unauffällig durch. In Erdberg jedoch, wo die schwarze Lack-Ballonjacke, das Baseballkapperl und der Sneaker regieren, falle ich auf.

Aber, denke ich mir, während der Abspann der Wega-Serie läuft, ich bin zu alt, um mich noch einmal zu wandeln. Ich werde solange durch Erdberg gehen, *a stranger in a strange land*, wie Dylan singt, bis ich einen anderen von meiner Art finde. Den werd ich dann nicht umarmen, aber beide werden wir uns nicht mehr verkleidet fühlen.

Als vor ein paar Wochen an dieser Stelle eine Aufzeichnung meinerseits über den Alberner Friedhof der Namenlosen erschien, sprach mich ein Bekannter an: Wie hältst du's eigentlich mit dem Sankt Marxer Friedhof? Ich errötete und musste gestehen, dass ich selbigen, gleichwohl wissend um seine weltberühmte Schönheit, noch nie besucht hatte.

Tja, warum? Es hängt mit einem postpubertären, aber doch weit ins Erwachsenenleben hineinlappenden Aversions-Geflecht gegen Mozart, Miloš Forman, Rossacher & Dolezal sowie Falco ab seinem dritten Album zusammen. Lassen Sie mich erklären: Als zarter Jüngling war ich ein glühender Verehrer von Falcos ersten beiden Platten. Die dritte fand ich furchtbar, aber genau die war das Vehikel von »Rock me, Amadeus«, und darauf stürzte sich die Welt. Ich war gekränkt, mochte Falco jetzt nicht mehr, lehnte Rossacher und Dolezal ab, die für ihr Video Miloš Formans Amadeus-Ästhetik kopiert hatten, was mir ungerechterweise auch Forman und Mozart verleidete. Und deshalb, ja, deshalb war ich mein Lebtag nie am Sankt Marxer Friedhof. Aber vor ein paar Jahren las ich, dass Patti Smith, wenn immer sie nach Wien kommt, ein paar Stunden dort verbringt. Damals schämte ich mich schon. Und als mich nun jener Bekannte ansprach, realisierte ich, dass der Friedhof nur eine Viertelstunde von meiner neuen Wohnung entfernt liegt, und unlängst, die Sonne des Falschen Frühlings überstrahlte Erdberg, da ging ich hin.

Was soll ich sagen: Ich liebte es. Ich sah ein, dies IST einer der schönsten Orte Wiens. Dieser nunmehr als städtischer Park geführte Biedermeier-Totenhain macht einen rauschig. Dabei besuchte ich den Wolferl M. ebensowenig wie das Grab Daffingers oder jenes des Ballonfahrers und Pyrotechnikers Johann Georg Stuwer. Ich strich ziellos zwischen den Schacht- und Einzelgräbern herum, ich bemerkte staunend, wie die Amseln von Sankt Marx lauter sangen als die Tieflader auf der nahen Südosttangente, ich brockte drei Triebe Sankt Marxer Efeus für unsere Erdberger Wohnklippe. Und ich nahm mir vor zu vergeben: Falco, Mozart, Forman, selbst den DoRos. Der Frühling kommt, und wieder einmal gilt: Leben in Erdberg statt tot in Sankt Marx!

Die Studiohöhle des Soyka liegt in der Laimgruben, und so komme ich dem Naschmarkt niemals näher, als wenn die Band und ich wie jetzt eine Platte aufnehmen. Ich stehe dem Naschmarkt ja prinzipiell indifferent bis wurschtig gegenüber.

Wäre ich einer der hunderttausend Deutschen, die den Naschmarkt mit nicht enden wollender Begeisterung bevölkern, dann wäre ich eh auch der reine Fan. Aber mein Gott naa, ich bin halt von hier und multipel sozialisiert. Ich hab am Volkertmarkt die saftigsten Gurken, am Viktor-Adler-Markt den besten Kebab meines Lebens gekauft und jahrelang am Rochusmarkt Flugenten zur Landung in meinem Körberl gezwungen. Vor allem aber hat mich die Landstraßer Markthalle für alles andere Marktige in Wien unempfänglich gemacht, diese Sündmeile des Kulinarischen, Atmosphärischen und Aromatischen. Jetzt ist sie weg, bravo, ihr Wappler, und ich bin sogar für den Naschmarkt wieder zu haben. Seinerzeit, in meinen adoleszenten Jahren, hab ich ihn immer nur mitten in der Nacht gesehen. Damals war ich ununterbrochen fort, und gewisse Routen wie Anzengruber-Roxy oder Goodmann-Drechsler führten eben über den Naschmarkt. Überhaupt das Drechsler, das alte: Da saß man dann im Dunst des vorletzten Gspritzten und betete, dass kein Autofahrer auf der Wienzeile den lodenbemäntelten Engelbert Drechsler III. niederscheiben möge, der gerade wieder eine Melange zu einem der Marktlieferanten hinübertrug. Der Naschmarkt wirkte also auf mich, ohne dass ich dort jemals etwas gekauft hätte. Unlängst, als während der Aufnahmen in der Soyka-Höhle vorübergehend, tja, gereizte Stimmung herrschte, flüchtete ich ins Gewirr der Standln. Ich nahm wahr, dass der falsche Frühling hier irgendwie hängengeblieben war, im Grünzeug, in den Öbstern, in den Blumen. Alles duftete, ich hätte gern die Liebste im Arm und ein Glas Schaumwein in der Hand gehabt.

Inmitten der ganzen eh nicht unsympathischen Kreuz- und Prenzlbergstimmung grölten wohltuend ein paar alte Naschmarktgespenster, die sich hier schon Anfang der Neunzigerjahre angesoffen hatten. Ich fand, dass sich das alles zu einem harmonischen Ganzen fügt, mit dem ich durchaus leben kann, vorübergehend.

Die Liebste und ich teilen uns ein Studio für unsere Arbeit. Das war schon in den seligen Zeiten von Wien Mitte so und ist heute nicht anders.

Nur: Damals war mein Anteil am Studio eine Art Schacht zwischen einem hohen Paravent und einer Wand aus Verstärkern und Lautsprechern, kaum jemals von Tageslicht erhellt. Mein Blick vom Schreibtisch fiel auf ein kleines, naives Gemälde aus den polnischen 1970er-Jahren, das, wie eine Bildzeile verrät, das Dorf Roztoka darstellt. Das Gemälde zeigt einen baumbestandenen Hügel mit einem zwiebelbetürmten Kirchlein, darunter ein paar geduckte Höfe. Es hing schon in meinem Heiligenstädter Kinderzimmer, in Mitte ersetzte es mir den Blick aus dem nicht vorhandenen Fenster. Das Bild kann mich in Sekunden total beruhigen. Pfeif auf jeden Ausblick.

Jetzt aber, im neuen Erdberger Studio, ist alles neu: Die Liebste und ich haben unsere Schreibtische nebeneinander vor einer großzügigen Fensterfront aufgestellt, auch mein Blick darf Aussicht nehmen, auf die belebte Landstraßer Haupt! Allein, tut ihm dies gut, meinem Blick? Ehe ich diesen Text zu schreiben begann, beobachtete ich vor dem vis-à-vis gelegenen Supermarkt erst den lautstarken Zwist zwischen zwei Eheleuten, der Sprache nach exjugoslawischer Herkunft. Der Zwist eskalierte insofern, als der Mann das von ihm getragene Einkaufssackerl, wie man hier sagt, um die Erd schmiss, worauf das darin offenbar enthaltene Flaschenbier schäumend zu Bruch ging, was dem Mann ein Wehklagen und der Frau ein Hohngelächter entlockte.

Kaum war es ruhig auf der Landstraßer Haupt, hupte ein Audifahrer den Mistkübelwagen an, woraufhin zwei orange Hünen abstiegen und ans Fenster des Audis traten, um leise und lange auf den Fahrer einzusprechen. Was sie sagten, weiß ich nicht, jedenfalls standen der Mann und der Audi noch immer da, als der Mistwagen schon weggefahren war. Ehe ich mich darauf konzentrieren konnte, was die persianertragende Oma wohl von dem skateboardfahrenden Jüngling wollte, dem sie hinterherrannte, zwang ich meinen Blick auf die Ansicht von Roztoka, Polen, die nunmehr *neben* dem Fenster hängt. Ich wurde ruhig und konnte Ihnen sagen, was ich zu sagen hatte.

Seit zwei Jahren darf ich mich hier wöchentlich mit meiner Gschichtldruckerei an Sie wenden, manchmal wenden Sie sich zurück, manchmal nicht. Vor einigen Wochen, als ich an dieser Stelle meinen viel zu spät im Leben erfolgenden, dafür aber begeisterten Besuch am Sankt Marxer Friedhof schilderte, prasselten die Leserzuschriften auf das Blechdach meiner E-Mail-Adresse nur so ein: Ja, Sankt Marxer Friedhof wunderbar, hieß es da erstens, besonders super, zweitens, sei es dort aber Ende April, Anfang Mai, wenn der Flieder blüht.

Das winterlich unbelaubte Gestrüpp, Gebüsch, Gestaude und Gestänge, das ich da bei meinem Besuch am Friedhof herumstehen gesehen hatte, hatte ich nicht gleich als Wiens größte Fliederpopulation erkannt. Aber jetzt weiß ich es.

»Der Flieder blüht dort von Weiß bis Dunkellila, und man geht in einer Duftwolke. Sollte es ein Paradies geben – so könnte man es sich vorstellen, besonders wenn man wie ich ein olfaktorischer Typ ist«, schreibt etwa Margret E., selbst aus Wien Mitte. Bernhard G., ehemaliger Nachbar in meiner alten Gasse, Kenner der Landstraße und Urgestein unter Wien-Mitte-Lesern, sagt nicht viel anderes: »Schön ist er (der Friedhof, Anm.) zu jeder Jahreszeit, aber am schönsten, wenn der Flieder blüht, was er dort in vielen Arten tut.« Und Barbara M., schreibende Kollegin und Grätzelmitbewohnerin, widerspricht ihm nicht: »Noch nie habe ich eine solche Farb- und Duftvielfalt erlebt. Wirklich, ein Traum.« Und das waren nur ein paar.

Nun liebe Leser, ich bereite mich innerlich vor. Bereits gedachte ich des großen Ogier Ghislain de Busbecq (1522 bis 1592). Dieser französische Junker und Humanist war nicht nur Zeit seines Lebens den Habsburgern verbunden und unterrichtete unter anderem die Kinder Maximilians II., er war es auch, der 1560 ein paar Stauden des Gemeinen Flieders (Syringa vulgaris) von Konstantinopel nach Wien brachte. Ende April sitzen die Liebste und ich dann brav auf einem Bankerl hinter der Sankt Marxer Ziegelmauer, das hamma uns schon ausgemacht.

Und wenn wir wen auf einem anderen Bankerl sehen, werde ich denken: vielleicht ein Leser, vielleicht auch nicht.

In dem eben angebrochenen Monat beginnt kalendarisch der Frühling. Ich kann Ihnen nicht sagen, wie es an anderen Orten ist, aber in Wien ist diese Behauptung des Kalenders ein Hohn. März, das ist steinerner, ganz und gar hartherziger Winter.

Unlängst bin ich mit dem Radl einer wahnhaften Idee folgend bei minus sieben Grad ans Ende der Landstraßer Haupt und dann weiter nach Simmering gefahren, um den Frühling zu sehen. Gut, der Himmel war blau. Vielleicht hatte das Fortschreiten des Jahres sogar ein bisschen mehr Licht in den Tag gebracht. Aber sonst? In der Zeitung hatte ich gelesen, dass das Radlfahren bei winterlichen Verhältnissen selbst in der Großstadt ungeheure Sauerstoffmengen in die Lunge befördert. Aber als meine Knie vor Kälte an den Rahmen meines Patagonia-Radls zu klappern begannen, parkte ich und ging zu Fuß weiter, bis an einen von mir geschätzten Simmeringer Platz, von dem man größere Teile des Stadthimmels sehen kann. Dort schlotterten die Knie weiter, nunmehr gegeneinander. Im eiskalten Sonnenlicht schloss ich die Augen und begann zu halluzinieren: Es hat 26, 27 Grad, es ist Anfang Mai, ich lasse eine Wolke von Fliederduft durch meine Nase, meine Lungen, mein Bewusstsein ziehen, dann steige ich die chromglänzende Stiege abwärts. Das Wasser des 50-Meter-Beckens im Stadionbad umfängt meinen Leib. Ich erschaudere, aber ich friere nicht. Die Liebste schwimmt mir entgegen, ihre Haare sind nass.

Wir lächeln einander an.

Es hat noch immer 24, 25 Grad, aber es ist ja schon Abenddämmerung, jetzt sitzen die Kinder, die Liebste und ich unter Nussbäumen beim Heurigen, es muss Juni sein. Die Kinder gieren nach Pischinger-Produkten. Die Liebste schlägt sich auf den Unterarm: Schau, sagt sie, schon jetzt eine Gelse!

Eine Stimme in meinem Körper riet mir nun zur Umkehr, weil ich sonst erfrieren müsste. Ich ging zurück zum Patagonia-Radl. Immer blauer werdend, radelte ich retour gen Erdberg. Zuhause rief ich den Kohlenbaron an und bestellte Buchenscheite. Aus unserem treuherzig aufgestellten Tulpenstrauß flatterte eine Drosophila-Fliege. Es ist März, es ist ewiger Winter.

Ein Königreich für eine Gelse.

Die Wärme, das Ende des Leides, den Frühling kann man nicht erzwingen. Es empfiehlt sich, sich mit anderen Dingen zu beschäftigen, auf Kälte, Leid und Spätwinter zu vergessen, bis man dann unversehens von besseren Zeiten überrascht wird. Ich beschäftige mich gerade. Nicht mit dem, was eigentlich anläge, nämlich dem Mastering zweier Platten und dem Schreiben zahlloser Texte, sondern – mit Simmering, unserem großen elften Distrikt.

Ich muss gestehen: Simmering ruft nach mir, der ich jetzt ja direkt dran anraine. Mild ruft es, geduldig aber beharrlich. Unlängst brachte ich die Liebste zum Flughafen und nahm dann, weil die A4 so verstopft war, die »alte« Strecke zurück, die Schwechat-Simmering-Route. Ich dachte zurück an die Siebziger, als man nicht nur über endlose Felder fuhr, die direkt hinter dem Zentralfriedhof begannen, sondern auch hautnah an der Raffinerie vorbei, auf deren Schloten damals noch gelbe Feuernester loderten. Obwohl es sicher gesünder ist, gebe ich zu, es verdrießt mich, dass diese Feuernester verschwunden sind.

Jetzt auf meiner Rückfahrt vom Flughafen fand ich die Simmeringer Haupt zwar genauso verstopft wie die A4 vor, wurde aber bestens bedient. Auf meiner schleppenden Fahrt sah ich Geschäfte, die ich sofort betreten, Gassen, in die ich auf der Stelle einbiegen wollte. Ich sah das Simmeringer Bad und beschloss, dort die schwimmtechnische Wartezeit auf das Stadionbad demnächst einmal zu verkürzen. Ich überlegte, dass große Stimmen des heimischen Rock'n'Roll aus Simmering kamen, nicht nur der Brödlschen Legende nach der unsterbliche Ostbahn-Kurti, nein, auch der Stanzel-Stephan von A Life A Song A Cigarette und meine neuesten Herzensbinkerln, nämlich eine Band namens Rotzpipn & Das Simmeringer Faustwatschenorchester. Als ich nach gefühlten Stunden heimkam, glauben Sie es oder nicht, fand ich bei meinen E-Mails die Einladung zu einer Vernissage des Simmeringer Bezirksmuseums für den 15. März. Die dazugehörige Foto-Ausstellung von Astrid Stiasny heißt »Heimatlich – Unheimatlich« und zeigt entrische Bilder aus Simmering. Das englische Wort simmering heißt übrigens sieden oder auch brodeln.

Ich höre den Ruf. Ich bereite eine Expedition vor.

143

Wir schreiben ein ungerades Jahr. Das wirkt sich insofern auf mein Leben aus, als der Radio-Journalist Martin Blumenau in solchen Jahren seinen täglichen FM4-Blog verfasst und ich diesen stets anschaue, meistens lese. Manchmal rufe ich dann: »So ist es!«, dann murre ich: »Geh, bitte!«, dann wieder wiege ich lange den Kopf. Ein ausgewogenes Verhältnis zwischen Publizist und Leser, würde ich sagen. Als vor einiger Zeit der Wiener Tatort lief, erschien gleich am Montag der Blumenau zum Thema. Er monierte zurecht, dass das Drehbuch in einem Club der Zehnerjahre (Fluc) Disco-Stimmung der Achtzigerjahre verbreitete. Stimmt eh, mich beschäftigten indes ganz andere Fragen. Es erfasst einen ja tatsächlich der heiligen Schauder, wenn ein überregional wirkendes filmisches Machwerk die eigene Regionalität vor der Welt ausbreitet. Nicht der Krassnitzer, dieser Meister des mürrischen Munderls, hält da in erster Linie seinen Kopf hin, auch nicht Regisseur Murnberger, der sich da an scriptmäßiger Stangenware abarbeiten muss, nein, wir sind es. Die Wiener, deren Wege, Straßenecken, Lebenslinien genommen, verbogen, umgedeutet und dem trotzigen Wollen eines Drehbuchs untergeordnet werden.

Mein Bezirk, der ruhmreiche Dritte, kam andauernd in diesem Tatort vor. So behauptete die Rudolfstiftung mehrfach, das AKH zu sein. Gut, ich will in beiden Häusern nicht liegen, wenn die letzten Dinge anklopfen, aber trotzdem frage ich mich: Wieso? Dann spielt eine Aus-dem-Dienstwagen-Aussteige-Szene ganz kurz in der Vorderen Zollamtsstraße. Aha: Was sagt uns das, unbewusst, subkutan? Immerhin, der Gemeindebau war weder der Raben-, noch der Hanuschhof, sondern eine andere, sehr, äh, authentisch ausschauende Anlage. Dort hauste dann die juvenile Böse (super: Rasa Weber) und ihr Prolopapa (ungeheuer super: Johannes Krisch).

Größer als Krischs Darstellung dieser Ösi-Entsprechung eines Hartz-Vierers wurde der ganze Film nie. Zu den Dingen, auf die ich stolz bin, gehört übrigens, dass Krisch mich einmal darauf aufmerksam gemacht hat, dass wir miteinander im Pfarrkindergarten waren. Ich geniere mich, dass ich mich an den Krisch von damals nicht erinnern kann, gehe aber davon aus, dass er wohl anders ausgeschaut hat.

Im letzten Juli, der Jahre her zu sein scheint, berichtete ich Ihnen über die einzigen Problemnachbarn in unserer von Herzen gemochten neuen Gegend. Die Tauben. Ihre hiesige Sozietät wird von nichts zusammengehalten, außer vom Wahn einer Taubenfreundin. Diese haust im ersten Stock des Gemeindebaus vis-à-vis in einer Wohnung mit Loggia. Dreimal täglich füttert sie dort die Tauben, leert also zentnerweise Vogelfutter auf ihre von halbtoten Thujen abgeschirmte Loggia und wartet auf die Boten des Himmels. Zwar warnte ich bereits in meiner letzten diesbezüglichen Betrachtung davor, Vögel unreflektiert zu hassen, die uns eigentlich in treuer Gefolgschaft verbunden sind. Aber ich muss gestehen, meine franziskanischen Prinzipien kommen mir abhanden.

Das hat einerseits damit zu tun, dass die Tauben mehr werden. Vergangenes Jahr waren es weniger als hundert, würde ich schätzen, sie saßen wie eine kranke Zierleiste am First des Gemeindebaus und ließen die umliegenden Häuser, also auch unseres, grosso modo in Ruhe. Jetzt haben sie sich verdreifacht, sitzen überall, auch bei uns.

Schlimm ist die Zeit unmittelbar vor Beginn der Fütterung, wenn die Viecher nervös werden und kreisend über die Gassenschlucht fliegen, dabei ununterbrochen gackend. Früher waren nur die armen Schrägparker im ersten Drittel der gegenüberliegenden Gassenseite betroffen, jetzt picken die braunen Flecken, von denen ein verträumter Freund gesagt hat, sie ähnelten auffallend oft dem Peloponnes, überall, auch auf unserem rassigen italienischen Leichenwagen.

Derweil eskaliert im Gemeindebau der Krieg. Die Obermieterin der Taubenmama nämlich hat so etwas wie tibetische Fahnen auf ihrer eigenen Loggia aufgehängt, die wehen in relativer Sinnlosigkeit an der Fassade und verscheuchen die Tauberln wenn, dann nur ganz kurz. Selbige Obermieterin schüttet auch ganze Töpfe voller Wasser in die Futterkrippe des Grauens unter ihr. Nützt auch nix. Reden mit der Taubenfreundin, sagt ein besonnener Mann in unserem Haus, bringt auch nix. Auch das Gesundheitsamt war schon da, zog aber unverrichteter Dinge wieder ab. Mir selbst graust, ich weiß aber auch keinen Rat.

Ich erzähl halt Ihnen davon.

Unlängst haben die Liebste und ich darüber gesprochen: Ja, wir wissen es, der Frühling ist jetzt da. Die Temperaturen lecken an der 20-Grad-Marke, Leberblümchen, Primerln, Schneeglöckerln erheben ihre Häupter. Und wir? Nichts. Wir nehmen es wahr, aber wir jubeln nicht, wir tanzen nicht, noch singen wir. Wir verharren in unserer Agonie. Der Frühling, so scheint es, ist diesmal zu spät gekommen. Er erweckt uns nicht mehr. Es ist, als müssten wir liegenbleiben, den Lenz und den Sommer hindurch, ehe mit Herbst und Winter wieder Jahreszeiten kommen, die unserem jetzt immerwährenden Zustand entsprechen.

Die Liebste und ich, wir haben einen Leitspruch, wenn wir uns fühlen wie grad jetzt: Nicht stöhnen, nicht jammern, nicht apathisch herumliegen! Das muss immer derjenige sagen, der selbst stöhnt, jammert, apathisch herumliegt, es darf nie vom anderen kommen, das wär ja gemein, vom anderen kommt ein herzenswarmer Zuspruch, man rappelt sich hoch, und es geht wieder.

Aber den Glauben an den Frühling, den findet man deshalb auch noch nicht. Den fand ich woanders: Ich radelte zum Lusthauswasser, um ein paar demnächst aufploppende Kastanienäste für unsere Osterdeko zu brocken. Vor der Gösser-Bierinsel, vis-à-vis der von mir favorisierten aber noch wintergeschlossenen Gelsenbar, standen Tische mit Maggispendern und Aschenbechern. Schanigarten! Ich unterbrach meine Expedition und bestellte zur Unzeit, es war dreiviertel elf am Vormittag, ein kleines Gulasch und ein Seidl. Das Gulasch stand vor mir, und aus seinem Saft blinzelten mich kleine, fast schwarze Fettaugen an. Die Sonne schien auf meinen Filzhut.

Später am Ende des Lusthauswassers sah ich ein paar tote Frösche im Seichten treiben. Ein Pensionist, naturbewegt, klärte mich auf. Dieser Winter habe das Lusthauswasser »durchfrieren« lassen, die »Eisbletschn«, so nannte er es, habe die Amphibien erdrückt.

Nein, beschloss ich, so geht es uns nicht. Wir wollen nicht stöhnen, nicht jammern, nicht apathisch herumliegen. Wir tunken den letzten Quadratzentimeter erstklassigen Bierinsel-Gulaschsaft mit einem nicht ganz taufrischen Salzstangerl auf, erheben uns und huldigen dem Frühling.

Wieder Tiere. Ich hatte diesmal vor, lange und genau von den riesigen Laichklumpen zu erzählen, die mir am Mauthnerwasser über den Wintertod der dortigen Wasserfrösche hinweghelfen. Ich wollte gern von jenem Erdkrötenmännchen berichten, das ich im sogenannten Biberteich des Schwarzenbergparks für meine Kinder fing. Ich zeigte den Kindern die schwarzhornschwieligen Daumen, mit deren Hilfe sich das kleine Erdkrötenmännchen zum, wie ich sagte, Kuscheln auf dem viel größeren Erdkrötenweibchen festhalten kann. Tja, ewig könnte ich da weitersprechen, auch schreiben, auch heute, denn ich bin in Lurchstimmung. Aber nein, wer macht mir da einen Strich durch die Rechnung? Die Tauben in meiner Gasse, sprich: ich selbst, der ich über diese Tauben schreibe, sprich: meine lieben Leser, die mir zurückschreiben.

Das Feedback zum Themenkomplex Gemeindebau-Loggia-Taubenmami-Peloponnes-förmige-Gackflecken war überwältigend und von großer Einheitlichkeit. Lediglich Leserin Patricia W. wich in ihrem Lösungsansatz von der Mehrheit ab: »Einen Versuch hat niemand gemacht: ein verwaistes Katzerl finden und die Taubenmama in eine Katzenmama mutieren lassen – vielleicht klappt das?« Ja, vielleicht. Eh. Aber: Was, wenn nicht?

Die anderen Leser sind fast geschlossen der Meinung, nur *falco tinnunculus*, also der Turmfalke, könne mir helfen. Ihn gelte es per Nistkasten anzusiedeln. Obwohl er, der Mäusejäger, kein Fressfeind sei, mache er die Tauben dermaßen nervös, dass sie aus der Gegend abzögen. Ins Schwärmen gerät Leserin Monika H.: »Wenn der Falke in der Dämmerung regungslos neben mir am Dacheck sitzt und in den Hof starrt: Da ist stundenlang keine einzige Taube zu sehen!« Danke, liebe Monika H., vergeltsgott, all ihr anderen Leser!

Aber: Ich kann keinen Nistkasten bauen. Ich kann ihn schon gar nicht in Dachfirstnähe irgendwo im Hausklippengewirr anbringen. Und es gilt, so spät im Jahr, auch für die Turmfalken der alte Rilke-Spruch: »Wer jetzt kein Haus hat, baut sich keines mehr«. Haben die nicht alle längst ihren Horst? – Mit solchen Gedanken stehe ich nachdenklich vor den Peloponnesen auf unserer Motorhaube. Leser Walter W. hat mir empfohlen, sie bald wegzumachen. Sonst bleiben sie. Gut. Immerhin. Das kann ich.

Die Drittgeborene und ich waren im Stadtpark. Wir hatten diesbezüglich schon lang ein Rendezvous. Aber erst war sie krank, dann wurde das Wetter schlecht, dann war ich krank. Aber jetzt waren wir. Ich schicke voraus: voller Erfolg. Das Projekt bestand im Ausführen des neuen alten Vintage-Radls der Drittgeborenen, Marke Styria, Farbe Erdbeerrot, das uns Bob Kohn, der Radlhändler, für einen wahrhaft nachbarschaftlich-brüderlichen Preis verkauft hat.

Die Drittgeborene ist ja irgendwie unser letztes Bindeglied zum Stadtpark, weil sie dort den Kindergarten besucht. Ihretwegen können wir noch immer sagen: Der Stadtpark, das ist unser Garten. Aber nun, da wieder ein Winter vergangen ist, machte ich im Stadtpark eine interessante Entdeckung: Er war geschrumpft, der Park. Er war kleiner, eingegangen, zu heiß gewaschen. Die Tochter, das Styriaradl und ich strebten hinter der Meierei zum Wagner-Steg, schwenkten auf der Innenstadtseite zum Eisstandl beim Kursalon und verzogen uns mit unseren Twisters und Twinnis zum Donauweiberlbrunnen. Und während wir dort das Eis lutschten, bemerkte ich zwei Dinge. Erstens: Der Stadtpark wird mir immer vertraut bleiben, selbst dann noch, wenn die Drittgeborene schon ihre Habilitation in Astrophysik oder was auch immer schreiben wird. Wir waren zu oft drin, um irgendwas zu vergessen. Zweitens aber: Er ist dennoch geschrumpft. Oder wir sind gewachsen. Oder unsere Kreise sind größer geworden. Der Stadtpark war perfekt, als wir kleine Kinder hatten. Jetzt ist der Prater perfekt. Irgendwann wird der auch zu klein, dann gehen wir, was weiß ich, in die Lobau, und wenn das nicht mehr reicht, dann sind die Kinder eh aus dem Nest, und die Liebste und ich kehren zurück, erst in den Prater, dann in den Stadtpark. Das ist der Kreis des Lebens, er ist kongruent mit dem Kreis der Wiener Grünflächen.

Es ist warm und windig. Die Schleimhäute schmerzen noch von der letzten Grippe, aber wir genießen es. Wir beobachten einen Jongleur und bloße Körperteile von Menschen beiderlei Geschlechts. Ich erkläre der Tochter, was das wienerische Wort Peckerl bedeutet. Dann fahren wir mit dem Styriaradl über den lieben alten Spielplatz in Richtung der aufgehenden Sonne, sprich: Erdberg.

Dieser April, man muss es sagen, er war nicht wechselhaft, er war schlecht. Er war, um ein ultimatives Schlecht-Wort meiner geliebten Großmutter zu verwenden, verheerend. Die paar Sonnentage, an die ich mich jetzt noch erinnern kann, verbesserten den Gesamteindruck nicht, sie dienten bloß als jene Ausnahmen, die die Regel noch rot unterstreichen, und die Regel lautet: schlecht, schlechter, verheerend.

An einem dieser Sonnentage, an dem dennoch ein eisiger Nordwind ging, waren wir im Prater, lieferten erst den Zweitgeborenen bei einer frostigen Outdoor-Party auf der

Wasserwiese ab und radelten dann zu viert durchs erwachende Grün, um ein Platzerl für unsere Picknick-Decken zu finden. Die Route führte uns über Stadion- und Rustenschacherallee Richtung Schüttelwiese, und dabei passiert der Mensch mit seinem Radl die ganz ganz große Hundezone.
Bleibt ganz nah bei mir, zischte ich, schaut nicht rechts oder links, sonst seid ihr verloren. Ich versuchte ruckartiges Bremsen oder Beschleunigen sowie krachendes Umspringen der Radlkette zu vermeiden. Ich sah Setter mit Frauerln, die wie Setter aussahen. Dackel mit Herrchen, die an Dackel erinnerten, Pitbulls mit Haltern, die Sie sich selbst gut vorstellen können. Ich sah mindestens dutzende, eher hunderte Hunde. Die Luft war erfüllt mit einsilbigen Rufen wie Hier!, Fuß! oder Heast! Hinter mir radelte die Drittgeborene mit ernstem aber angstfreiem Gesicht, wieder dahinter kam der Erstgeborene, deutlich nervöser, dann die Liebste – ich hoffte, dass die Hunde ihr Kopfschütteln nicht bemerkten.
Am Ende der Zone kamen diese Pfosten, an denen nunmehr führerscheinlose Kampfhundbesitzer für ihre Kampfhunde ein neues Zuhause suchen. Unter Fotos mit triefenden Lefzen las ich die Adjektiva »verspielt«, »sanft«, »kinderfreundlich« und »wirklich sehr lieb«. Und dann erst sah ich dieses Schild: In der Zone hätten wir gar nicht radeln dürfen.
Ich dankte dem großen Herrl im Himmel für seine schützende Hand. Zuhause sah ich mir auf YouTube das großartige Video zu »Das war nicht der Hund« von meinem Berliner Lieblingsliedermacher Danny Dziuk an und dankte dem Herrl im Himmel gleich nochmal: dafür, dass wir in unserer Gasse nur ein Taubenproblem haben.

Unlängst lag ein Brief vom Bezirksvorsteher in der Post. Das leichte Zittern meiner Finger beruhigte sich, als ich den Brief als Schimmelbrief erkannte. Der Bezirksvorsteher trägt den Vornamen Erich, was mich für ihn einnimmt, denn Erich heißt jener Friseur, bei dem ich einst meine Liebste traf. »Sehr geehrter Landstraßer!«, schrieb Bezirksvorsteher Erich, »Sie sind in den 3. Bezirk übersiedelt. Als Ihr Bezirksvorsteher darf ich Sie zu allererst recht herzlich begrüßen.«

Danke, gleichfalls, mein Bezirksvorsteher, aber was Sie schreiben, stimmt nicht. Ich lebe das 15. Jahr im 3. Bezirk, ebensolange schreibe und berichte ich aus diesem Bezirk. Allerdings bin ich innerhalb des Bezirks übersiedelt, das mag Sie, mein Bezirksvorsteher, verwirrt haben.

Bezirksvorsteher Erich fuhr mit einer kühnen Behauptung fort: »Unser Bezirk«, schrieb er, »hat den Vorteil, praktisch alle in Wien möglichen Dinge im Kleinen widerzuspiegeln.« Tja, zweifacher Widerspruch: Erstens spiegeln wir hier etwa den Wienerwald oder die Donauauen *nicht* wider, und zweitens stimmt »im Kleinen« auch nicht. Ich durchmesse meinen und Ihren Bezirk mehrfach täglich mit dem Radl. Und auch, wenn Sie mir hierfür noch bessere Wege ebnen könnten, so merke ich doch: Der Dritte ist ein *großer* Bezirk.

Im letzten Teil seines Schreibens spielte Bezirksvorsteher Erich die Servicekarte: Erst empfahl er Belvedere und Hundertwasserhaus als Eckpfeiler der Bezirkskultur, dann legte er mir »Esskultur à la Steirereck« ans Herz. Jetzt mischte sich erstmals sachter Zorn in mein Gefühlsgemenge: Ins Steirereck, wo man sicherlich sehr schmackhafte Sachen essen kann, da gehe ich nicht hin. Und zwar nicht deshalb, weil ich's mir (wie wohl viele Neo-Landstraßer) nicht leisten kann, das auch. Viel mehr regt mich auf, dass das Steirereck die Volksherrschaft im Stadtpark durch eine mit dem BMW hineinfahrende Fress-Oligarchie abgelöst hat. Aber, mein sehr geehrter Bezirksvorsteher Erich, sagen Sie mir, dem nur scheinbar neu Zugezogenen, stattdessen doch eines: Hat es hier früher nicht so eine schöne Markthalle gegeben, ein Juwel der Nahversorgung im sozialen Wien? Wo ist die denn hin?

Kommt die denn jemals wieder?

Innerlich bin ich jetzt gerüstet für den Frühling, und das, bevor er begonnen hat, in den Sommer überzugehen. Äußerlich arbeite ich noch daran. Ein Detail steht schon: das Schuhwerk. Ich trage jetzt, wie eh fast alle, Converse, schwarze, ganz klassische.

Im vorigen Jahr bereits besorgte ich mir ähnliche Böcke. Nämlich als während der Westösterreich-Tour mit meiner Band meine alten Adidas von einer Sekunde auf die andere zu fäulen begannen. Ich hieß die Band auf dem tristen Parkplatz eines tristen Jello-Schuhmarktes anhalten, sprang heraus, kaufte um elf Euro Fake-Converse und ließ die fäulenden Adidas unnachhaltigerweise auf dem Parkplatz zurück. Ja, und ich hatte meine Freude: an ihrer Passform, ihrer Farbe und meiner dadurch gewonnenen scheinbaren Jugendlichkeit. Ich trug die Schuhe zuschanden. Das Elferjahr allerdings begann mit dem Entschluss des Erstgeborenen, heuer auch Converse zu tragen, aber echte, schwarze, ganz klassische. Er, der jahrelange Klettverschluss-Abhängige, ging dafür sogar zum Mascherlmachen über. Der Zweitgeborene, wie stets am Aufholen, hat angemeldet, es ihm nachzutun.

Die Drittgeborene widersteht dem Reiz des Fetzenschuhs.

Die Farben sind alle nix, sagt sie. Und die Liebste ist überhaupt ohne Lust, convertiert zu werden. Ach, sagt sie, ich hab die schon bei der drittletzten Welle in den Neunzigern angehabt. Das sei jetzt nicht mehr ihre Silhouette, und wenn schon, dann italienisch und in Rauleder. Ich jedenfalls, unter dem Druck, die zerfetzten Nonames vom Vorjahr zu ersetzen, kaufte mir diesmal auch echte, schwarze, klassische. Und da trieb ich nun in den lauen Wogen des Mainstreams der warmen Jahreszeit entgegen, und, ja, es war mir wurscht! Mehr oder weniger.

Allein, als ich zu Fuß unlängst nach Simmering hineinging, merkte ich, dass der Converse im Grunde natürlich schon ein Häuslschuh ist. Seine rupfene Leinenstruktur schabte bereits unter der Tangente an meinem Widerrist und hatte diesen beim Enkplatz längst verwundet.

Ich beschloss, wieder meine schwarzen Ledernen anzuziehen, die »Würfeln«, wie Bandgenosse Wilhelm sagt. Lenz hin oder her: Innerlich fühle ich mich eh trotzdem eher jung.

Die Liebste ist mir grad ein wenig neidig. Ich hab dank eines knapp bemessenen Zeitfensters, das nur mir, nicht aber ihr zur Verfügung stand, den Badebeginn allein begangen. Unsolidarisch, ich weiß, dafür aber carpe-diem-mäßig. Und auch erst am 2. Mai, denn am Tag der Arbeit sollst du ruhen. Es war nicht ganz leicht: Als ich das Stadionbad betrat, hatte es eine einstellige Anzahl von Celsiusgraden, aber die Sonne schien, und das unvorstellbar klare Wasser funkelte mich in verhaltener Lüsternheit an. Ich zog mich auf den Betonstiegen um, bemerkte aus den Augenwinkeln, dass der Bademeister ein Kapuzenjackerl und darüber ein ärmelloses Spenzerl trug, dann stieg ich ins große

Becken und begann mit meinem ersten Wasserkilometer der Saison. Während ich schwamm, ging mir wieder das an dieser Stelle bereits gewürdigte Schreiben meines Bezirksvorstehers durch den Kopf, in welchem derselbe ja behauptet hatte, dass der dritte Bezirk ganz Wien »im Kleinen« widerspiegeln würde. Sehen Sie, mein Bezirksvorsteher, wir spiegeln nicht, denn Freibad hamma auch keines! Nicht dass ich das Stadionbad nicht aus vollem Herzen bejahen würde. Nicht, dass der siebenminütige Radlweg dorthin mich überfordern würde. Dennoch machte es Spaß, während ich dahinschwamm, mir vorzustellen, wo im Dritten überall ein Freibad aufsperren könnte. Die Flutung des Arenbergparks fiel mir ein. Die Siemenswerke drunten in Untererdberg, die von ihrem Unternehmen verlassen, einem ungewissen Schicksal entgegendämmern. Oder das Areal der Sofiensäle! Das wäre ein herrliches Freibad. Man könnte Teile der Ruine, begrünt und ein bisschen Angkor-Wat-artig stehen lassen, rundherum blaues Glitzerwasser, das wäre was. Schließlich fällt mir diese Gstätten Ecke Landstraßer Haupt und Schlachthaus ein, wo wir den Zirkus Safari gesehen haben und von der es immer heißt, dort werde der ORF hinziehen. Ja, die Wahl zwischen ORF und Freibad fiele mir leicht. Dann aber überlegte ich, dass mein Bezirksvorsteher sicher anders denkt als ich, und da war mein Eröffnungswasserkilometer auch schon vollbracht. Mit einer Gänsehaut vom Profil der Hohen Tauern verließ ich das Wasser. Der vermummte Bademeister hob den Daumen in meine Richtung.

Und dann stoppt er plötzlich, der schöne Film von den blühenden Akazienbäumen im Prater. Durch einen Notruf der Liebsten. Die Drittgeborene habe einen Unfall gehabt, sie, die Liebste, führe mit der Rettung mit ins Spital, ob ich mit dem Auto hinkommen könne. Das Spital ist das, das einst nach einer Himmelsrichtung benannt war und jetzt nach einem Fluss heißt. In der Unfallambulanz finde ich meine Mädels. Die Drittgeborene hat sich den Zeigefinger in einer Kindergartentür zerfleischt, in dem schmalen Schlitz, wo die Angeln sind. Jetzt, im Spital, wartet die Drittgeborene, erstverbunden, auf ihr Röntgen und schenkt mir ein ganz kleines, zerknittertes Lächeln. Wir drei bleiben fünf Stunden, warten auf das Röntgen, dann auf dessen Ergebnis (Knochen okay, Kuppe zu achtzig Prozent weggesprengt), dann auf die Besprechung mit dem Oberarzt, schließlich auf das Eintreffen der Unfallchirurgin. In der Halle sehen wir die Dinge, die schiefgelaufen sind, die Kollateralschäden im Getriebe der großen Stadt, die schiachen Sachen. Wir sehen und hören ein anderes kleines Mädchen, das mit der Brennschere gespielt hat. Wir sehen unzählige uralte Menschen, die beim Aufstehen gestürzt sind oder schon vorher so große Schmerzen hatten, dass sie im Liegen die Rettung gerufen haben. Wir sehen einen lieben, vielleicht 15-jährigen Burschen mit Augengläsern, den irgendein Arschloch in der Pause so fest zu Boden gedrückt hat, dass mit seinem Brustkorb was passiert ist. Jetzt kriegt der Bursch keine Luft und kann die Arme nicht richtig bewegen. Er hat Angst und zittert.

Im Behandlungszimmer lernen wir die entzückende Pflegerin Bernie kennen, die unser Mädel beruhigt und zum Grinsen bringt. Später erscheint eine deutlich weniger entzückende Unfallchirurgin (»Wennst weiter schreist, muss der

Papa hinausgehen«), die den Finger der Drittgeborenen dennoch mit großer Präzision wieder annäht. Wahrscheinlich wachse das Gewebe wieder an, hören wir. Wenn nicht, müsse man »rückamputieren«. Super Wort. Mittlerweile wissen wir, dass Kinderfinger wie Eidechsenschwanzerln sind. Nur der Nagel, sagt unsere Ärztin, wird sich vertschüssen. Und unser Frühling hat einen ersten Riss. Aber die Filme, die nur blühen und schön sind, das sind eh die verlogenen.

Komische Tage. Der Taubenmama im Gemeindebau gegenüber hat der Magistrat ein Maschengitter vor die Loggia gehängt. Nach über 20 Jahren, wie mir eine Nachbarin versichert, werden hier keine Tauben mehr gefüttert. Ein paar Tage lang herrschte Fassungslosigkeit unter den Vögeln, ungläubig klebten Hunderte von ihnen an den Simsen und Firsten, bis sie so vor zwei, drei Tagen das Ende der Ära akzeptierten. Nur zwei treue Seelen kommen noch, rütteln am Gitter, aber nichts passiert. Das Volk in der Gasse ist eigentlich sehr okay. Man gesteht sich die Erleichterung nach dem jahrelangen Gack- und Flaumfederlwahnsinn zwar ein, macht sich aber auch Sorgen um die Taubenmama. Irgendwie ein Happy End, aber doch ein leicht bitteres.

Komische Tage. Dann die Krähensache. Die Liebste und ich schaffen es endlich zusammen ins Stadionbad. Während wir genüsslich und voll des Vorsommergefühls unsere Längen abdienen, öffnet eine Nebelkrähe doch tatsächlich den Zipp von der Liebstentasche, die auf der Betontreppe neben dem Becken liegt, wuselt darin herum, dringt sogar ins Geldtaschel vor und beißt ein dreieckiges Stück aus einem Fünfziger. Hitchcock hatte recht: Es gibt keine netten Vögel.

Komische Tage. Als wir vom Stadionbad nach Hause kommen, geht die Liebste in den Hof und findet dort die Bubenradln nicht mehr. Nur die zerstörte Kette, mit dem Eisenschneider entzweigemacht, die Radln sind weg. Ich lenke meine Schritte erstmals auf ein Erdberger Wachzimmer und treffe auf eine total reizende Inspektorin, die, vom Heuschnupfen geschüttelt, meine Anzeige aufnimmt. Währenddessen erscheint ein verwirrter älterer Mann, zetert über unsichtbare Feinde und schenkt dem Wachzimmer schließlich ein Packerl Kaffee. Stammgast, murmelt die Inspektorin mir zwischen zwei Niesern zu.

Mit der Anzeige in der Tasche kehre ich heim.

War die Krähe an der Handtasche ein Zeichen?

Eine Warnung? Waren gleichzeitig die Räuber in unserem Hof? Oder haben wir statt den Tauben, diesen leicht grauslichen Friedensvögeln, die Krähen geholt, die Wegelagerer, die ruppigen Boten von Wickel und Zwist? Fragen über Fragen. Keine Antworten. Komische Tage.

Abschiedsfest im Stadtpark: Ich sitze in meinem Kindergarten, also im Kindergarten meiner Kinder. Ich trinke Himbeersaft und esse wie so oft die angebissenen Frankfurter der Brut zusammen. Es ist doch eher mein Kindergarten, denke ich. Denn während er bei den Kindern jeweils drei bis vier Jahre ihr Kindergarten war, war er acht Jahre lang ununterbrochen mein Kindergarten. Wenn Sie das lesen, hat auch die Drittgeborene nur noch zwei Wochen, ehe sie dort auscheckt, weil sie in die Schule kommt. Und just zu diesem Zeitpunkt wird der Kindergarten abgerissen. Um neu gebaut zu werden. Gläsern, transparent, aushängeschildig, eh schön, wie alle sagen, die die Pläne gesehen haben.

Zum Abschiedsfest sind auch der Erst- und der Zweitgeborene gekommen, die schon in der Schule sind. Im Kindergarten wirken sie unvermindert heimisch. Sie grüßen die liebe Chefin, streifen durch die kleinen Zimmer, quatschen die superen Tanten an, die Tanten quatschen zurück. Das flache Haus am Stadtpark wurde gleich nach dem Zweiten Weltkrieg gebaut. Es ist voller kleiner Gelasse, voller Winkerln, voller quietschender Kästen und knarrender Stiegen. Der Erwachsene geht immer in demütig gebückter Haltung durch dieses Gebäude. In den Jahrzehnten, als rundherum die Phalli des Neureichentums in die Höhe schossen, die Banken, Hotels, Luxusrestaurants, da strahlte das flache, kleine, graue Haus ein soziales Selbstbewusstsein aus, das der ganzen Gegend guttat. Wenn die beteiligten Menschen dieselben bleiben, wird es auch der neue gläserne Kindergarten tun. Ich werd den alten trotzdem vermissen.

Das Abschiedsfest rundet sich. Drei Kindergärtnerinnen mit Gitarren singen eine auf den Kindergarten gemünzte Umdichtung von Bruce Lows »Das alte Haus von Rocky Docky«. Ein kleines Fliegerl verunfallt in meinem Himbeersaft. Betäubend riecht der Holler von seinen Stauden. Eine deutsche Mama tönt, dass gegen »transparentes, kindgerechtes Bauen« doch nichts einzuwenden sei. Die österreichischen Mamas machen zweifelnde Gesichter, eine sagt das Wort »kuschelig«. Genau, sage ich, und gehe ums Eck ins Buschwerk, um kindgerecht eine zu rauchen.

Danke für alles, Stadtparkkindergarten.

Manchmal ist das Leben so voll, dass alle drei, vier Stunden eine Kolumne auf dem Tisch läge. Aber nur eine pro Woche ist gefragt. Die schreibt man dann.

Die anderen Episoden aber, die kleinen Subkapitelchen des Lebens, die kommen nicht ans Licht des Lesers. Und in der folgenden Woche, wenn wieder eine Kolumne ansteht, da herrscht die Ratlosigkeit.

Bevor ich mich selbst frage: Was soll ich schreiben?, stell ich diese Frage lieber gleich der Liebsten. Und fast immer hat sie eine Antwort. Diesmal: die öffentliche Rose von Wien. Prompt hat der Gedanke Fuß in mir gefasst. Es ist wahrhaft zutiefst generös, was uns Stadtgartenamt und Bundesgärten hier in der Lieblingsstadt so vor die Nase pflanzen. Ab dem Ende des Mai bis tief in den Herbst hinein lässt man uns Rosen zum schieren Gefallen sprießen. Die Liebste sagt, ihr liebstes Rosenbeet sei das riesige Geviert am Lueger-Platz, vor dem Prückel. Tatsächlich: Vor dem Kaffeehaus sitzend, ist es ein himmlischer Zeitvertreib, die Blicke durch die kugeligen Blütenstände wandern zu lassen, von rot zu rot. Super. Dennoch habe ich andere Lieblingsrosenvorkommen.

Da ist einerseits das Rosenhochamt schlechthin, der Volksgarten. Im Volksgarten interviewte ich als junger Hupfer vor, na ja, 20 Jahren, die Schauspielerin Pluhar, nach welcher dort eine Rosensorte benannt wurde.

Es war ein heißer Vorsommernachmittag, die Schauspielerin Pluhar hatte damals noch lange Haare und sprach sehr rosenartig, während sich die gleichnamige Rose in Gestalt und Duft pluharmäßig verhielt. Und so wusste ich am Ende des Tages nicht, ob ich die Rose Pluhar oder die Burgschauspielerin Pluhar interviewt hatte, hege aber bis heute den Verdacht, dass es wenig Unterschied gemacht hätte.

Aber Volksgarten hin, Pluhar her, mein liebstes Beet ist dennoch ein anderes. Vordere Zollamt, kurz bevor man Kanal und Urania erreicht. Da trennt es die Fahrbahnen, und ich gestehe, in einem halbmoralischen Moment ließ ich die Hand aus dem Fenster des Leichenwagens baumeln, meine Hand griff wie ferngesteuert zu, und eine tennisballgroße, altrosa Blüte blieb in ihr zurück. Ich brachte sie der Liebsten und sprach: für deine guten Ideen!

Ausflugswetter herrscht. Das heißt, dass nicht nur unsere Brut von Schul- und Kindergartenseite dem nahezu ununterbrochenen Imperativ »Feste Schuhe, Regenschutz!« ausgesetzt ist, um nach Schönbrunn, nach Kreuzenstein und an ähnliche Orte zu ziehen. Es heißt auch, dass wir im Kleinfamilienverbund ausfliegen. Wir ziehen los. Nicht gerade im Frühtau, aber doch zu angemessener Zeit. Manche unserer Ausflüge sind ambitionslos: Einer etwa führte uns dieser Tage zur familieninternen Bundesbaderöffnung. Erfreulich wenige Neuerungen hierorts. Keiner der Baumriesen ist gefällt worden oder sonst irgendwie zu Sturz gekommen. Und vor dem faschierten Braten beim Bundesbad-Wirten hatte ich überhaupt das Gefühl, es wäre noch immer 2010. Andere Ausflüge sind riskanter. So wollten die Liebste und ich jetzt schon länger in die Hermesvilla, um uns die dortige Diefenbach-Ausstellung anzuschauen, und am letzten Wochenende taten wir's. Ausflüge nach Hietzing haben ja so etwas Unabwägbares, speziell wenn man in den Lainzer Tiergarten will. Innerlich ist man immer auf die Begegnung mit Wildschweinen eingestellt, und dann trifft man doch vor allem Hietzinger. Gern im großfamiliären Verbund mit vielen Kindern, Steppjackerln und Omas, die, vom Gehen kurzatmig, gute Ratschläge äußern. Da fühlt sich unsereins wie arme Verwandte. Das ist das Riskante an Hietzing.

Wir gingen freudig mit einer jammerfreien Brut durch den Tiergarten und erreichten die Hermesvilla. Die Kinder schauten sich die Sisi-Boudoirs an, ich kippte tief in den Karl Wilhelm Diefenbach hinein. So ein vormoderner Maler mit visionären, schamlos an den Kitsch anrainenden und doch sehr berührenden Bilderwelten. Ein Lebensreformer, der mit Frauen, Kindern und Jüngern nackt unter der Kutte zwischen München, Wien und Capri hin und her zog. Mir gefallen ja solche Ansätze. Warum ich nicht selbst so lebe, hat seinen Grund in den unglücklichen Gesichtern der Kinder, wie sie auch die alten Fotos des Diefenbach-Clans zeigen. Kinder aus solchen Familien werden da draußen in der Welt sekkiert. Deswegen bleibt man fad und halbwegs normal. Ob das feig ist? Solche Grübeleien, dachte ich, sind das Risiko Hietzing wert.

Die Liebste und ich haben schon immer gern den *Spiegel* gelesen. Als junge forsche Menschen lasen wir ihn staunend, angeprickelt, überrascht, als gedrucktes Tor zu einer oagen, aber auch lockenden Welt. Jetzt, als dreifache Eltern und im üblichen biologischen Verwelkungsprozess, lesen wir ihn zunehmend deprimiert, bestürzt über den Zustand der Welt, und, tja, etwas furchtsam. Das Sensationelle bekommt etwas Erschreckendes. Und selbst wenn es doch nicht unser Alter sein sollte, sondern tatsächlich die Apokalypse: Gefühlt macht es keinen Unterschied. In uns jedenfalls wächst die Sehnsucht nach dem Normalen. Meine geliebte Großmutter hat ja jahrzehntelang den Spruch gepflegt, sie sei der einzige normale Mensch auf der Welt. Eine so radikale und damit wohl unerreichbare Normalität begehren wir gar nicht einmal. Eine, die wir teilen können, reicht vollkommen. Vor ein paar Tagen haben sie mich nach Simmering eingeladen, um ein paar Lieder zu spielen. Volkshochschule, Bücherei und Musikschule haben dort, am Gelände eines ehemaligen Simmeringer Marktes, ein schönes, nagelneues Gebäude bekommen. Das Ganze erinnert mit seinem hohen Tor und seinem weiten, forumartigen Vorplatz ein wenig an die coolen öffentlichen Räume in Italien oder Lateinamerika. Ich saß ein bisschen mit dem Architekten, einem feinen Kerl mit Lachfalten und Hardrockerfrisur, und wir sprachen darüber, dass die Hiesigen jetzt nur noch lernen müssten, solche Plätze einzunehmen. Der Abend war lau in Simmering. Und alles war normal. Im Sinne des Heimischen und Geborgenen. Eine Professorin vom benachbarten Gymnasium saß am Tisch, und als eine Nicht-Simmeringerin sie fragte, ob das eher arge Schüler seien hier in Simmering, da sprach die Professorin es sogar aus: Nein, wieso, ich unterrichte ganz normale Kinder. Danke. Und auch euch danke, ihr mordsbegabtes Musikschüler-Trio aus Flügel, Stimme und Querflöte, dafür, dass ihr einfach eure sehr schöne Musik gespielt habt, und dabei nicht auf Justin Bieber oder Nadine Beiler gemacht habt. Danke Simmering, für deine Unaufgeregtheit. Als das Fest vorbei und die Nacht gekommen war, saßen übrigens schon ein paar Junge auf dem neuen, weiten Platz herum. Als wär es das Normalste der Welt.

Wenn Sie das hier lesen, sind meine Buben bereits mit ihren Zeugnissen nach Hause gekommen, beim Zweitgeborenen stehen noch keine Noten drin, beim Erstgeborenen schon, ich will nix verschreien, aber es werden gute sein. Ich bin ein stolzer Papa, die Liebste ist eine stolze Mama, unsere Genugtuung färbt gülden auf Erdberg ab. Aber jetzt, also eine gute Woche früher, liegen die Zeugnisse noch im Büro des guten Direktors herum, und wir müssen noch durch allerhand durch. Elternvereins-Abschiedsstelldichein der Klasse des Zweitgeborenen im Schweizergarten, Abschiedsfest des Erstgeborenen in der Schule, Eltern-mit-Kindern-Schnupperabend im zukünftigen Gymnasium des nämlichen Erstgeborenen. Hinter uns liegen bereits das Kindergarten-Abschiedsfest der Drittgeborenen sowie der Elternabend in der zukünftigen ersten Klasse der nämlichen Drittgeborenen. Über dem Ganzen spannt sich der mittlerweile klassische Wiener Juni-Gewitterhimmel, es donnert, blitzt und spritzt und wird dabei nicht weniger schwül. Süßer Wahnsinn macht sich in den Elternhirnen breit. Ich sperre mich ja stur dagegen »Eltern« zu sein. Dabei mag ich die anderen Papas und Mamas eigentlich alle recht bis sehr gern. Erst, wenn diese Papas und Mamas vereins- oder auch nur klassengefasst zu Eltern werden, bilden sie Eigenschaften aus, die sie als Einzelpersonen gar nicht haben. Hektik, Wuselei, Kritiksucht und jenes Strebertum, das sie vielleicht von ihren Kindern erwarten, aber nicht bekommen.

Ich wehre mich dagegen, nur aufgrund der Tatsache, dass ich mich zeitgleich mit anderen Leuten fortgepflanzt habe, jetzt mit diesen Leuten in eine Eltern genannte Teilmenge der Menschheit gezwungen zu werden. Eltern! Wie das klingt, wie eine Mischung aus ältlich und scheitern. Jahwe hat Moses bekanntlich aufgetragen, Vater und Mutter zu ehren. Von Eltern war nicht die Rede.

Aber ich werde mich hüten, außerhalb dieser Kolumne auffällig zu werden. Wir werden da überall hingehen, ich werde zu schlechten Papawitzen hihihi machen, die Liebste wird leere Mamafloskeln an sich abperlen lassen, und wenn Sie das lesen, sind wir schon stolz auf die Zeugnisse. Es sind auch unsere, auch wenn das Fach, in dem wir grade glänzen, gar nicht aufscheint.

Vergangene Woche hatten die Liebste und ich Hochzeitstag. Tagsüber brannte unsere noch immer einen knappen Meter lange Hochzeitskerze, von der Drittgeborenen kurz geschüttelt, wobei Letztere sich am Wachs verbrannte. Abends aber gingen wir aus. Wir fuhren mit den Radln in den Ersten, der irgendwie ein Bezirk für Hochzeitstage ist, und dann sagte die Liebste: Jetzt will ich dir was zeigen.

Wir hängten die Radln bei der Schwedenbrücke an und gingen zum Kanal, um uns herumzutreiben. Und da sah ich die Verwandlung. Der zentrale Donaukanal hatte sich über Nacht, oder doch übers Jahr, das wir in Erdberg waren, verwandelt. Was ich als steinernes Wandl mit einzelnen, verbissen gegen das Steinerne ankämpfenden Lokalen in Erinnerung hatte, war jetzt ein Garten, ein Lunapark, ein Traum. Die Graffiti und die Rosen stritten sich um die schönsten Akzente, die Radler, Inliner und Skateboarder stritten um die größte Geschwindigkeit, an den Steinmauern klebten Freeclimber, und ein Lokal pickte neben dem anderen. Eins voll mit glücklichen Bürohengsten, eins mit glücklichen Liebespaaren, eins mit glücklichen Kiffern. Dazwischen diese

Tageslofts genannten Kisterln mit Betten zum Verharren. Strandkörbe einer neuen Art. Die Hochhäuser blinkten, die Brücken leuchteten. Wir saßen und tranken kohlensaure Erfrischungen und packten alles zusammen nicht: Jahrelang hatten die Stadtpolitiker die Belebung des Kanals behauptet und konzipiert, und nie war außer dem tapferen Flex irgendwas entstanden. Und jetzt, als habe eine komplizierte Geburt ihren glücklichen Ausgang erreicht, war alles fertig. Der Kanal kein Kanal mehr, sondern ein kleiner innerstädtischer Fluss. Wir hielten Händchen und waren begeistert wie Touristen. Und plötzlich konnten wir uns zweierlei vorstellen. Dass wir, die in der Mitte der Kinderaufzucht befindlichen Diener unserer Brut, noch einmal 25 wären, verliebt und unfortgepflanzt, alle Zeit der Welt hätten. Oder dass wir 55 wären, verliebt und die Kinder aus dem Haus und mit aller Zeit der Welt.

Wir tranken die Erfrischungen aus, kehrten zur Brut heim, und anderntags beim Frühstück erzählten wir von einem superen Platz, dem Donaukanal.

Am Wochenende lud mich Kollege Wilhelm zu seinen beiden traditionellen Mittsommer-Open-Air-Konzerten nach Gamlitz ein, zum Mitspielen und Lustigsein. Ich fuhr mit dem Eurocity genannten Bummler bis Leibnitz, von wo man mich abholte und in die Hügeln des Steirischen Weinlandes auf den Kranachberg verbrachte. Dort stellte ich meine Wandergitarre ins Kornblumengestrüpp und nahm meine beiden oben genannten Aufgaben wahr, verbunden mit der allen gemeinsamen lokalen Hauptaufgabe: Trinken. Ich ließ meinen gerührten Blick über das perfekte Idyll dieser Landschaft streifen, über die blumengesäumten

Hohlwege, die krautigen Talfurchen und die vielen fürwitzigen Hügelchen, allesamt von Weinstock-Reihen liniert. Ich lobte innerlich diese Gegend, die in Jahrhunderten ihr wunderschönes Gesicht ausschließlich im Dienste der Bewusstseinstrübung, sprich des Saufens, angenommen hatte. Dabei trank ich von den Rieslingen, Chardonnays und Grauen Burgundern, die uns Winzer Pongratz auf den Tisch stellte. Und ich beobachtete die südsteirischen Eingeborenen, welche ebenfalls tranken, aber mit großer Leichtigkeit und Würde. Sie schienen bereits mit einem leichten Schwüü, wie man bei mir zuhause sagt, aufzutauchen, diesen dann zu pflegen und leicht ins Rauschige zu führen, schließlich wieder nüchterner zu werden, ohne indes dabei mit dem Trinken aufzuhören. Mit nach Hause nahmen sie genau jenen Halbrausch, mit dem sie gekommen waren, und mit dem tauchten sie am nächsten Vormittag wieder auf. Vernünftig, rhythmisch und zyklisch erschien mir all das. Ich dachte an das viel dunklere, entschlossenere und, hm, wohl auch verzweifeltere Trinken in Wien, wo ich ebenfalls gern eine Buschenschank besuche, den famosen Hengl in der zerfallenden Altheimat Döbling. Dort kommt man atemlos und nüchtern hin, man stellt sich einige Gläser der vielleicht ein wenig herberen, aber mindestens ebenso guten Weine ins Innere, und dann ist man düster, wild und existenziell besoffen. Im Wienerlied trifft man den Gevatter Hein und die lieblichen Zombies einer verschwundenen Zeit. Und so endet der Tag. So säuft der Hauptstädter. Anderntags ist man wohl nüchtern, aber zerschlagen, voll von Schuld, wenn auch am Leben. In a Döbling State of Mind.

Unser Umzug nach Erdberg ist ein Jahr her. Es war der 14. Juli, der heißeste Tag des Zehnerjahres. Als wir diesen Tag wider Erwarten doch überlebt hatten, erklärten wir den 14. Juli, den Tag der erstürmten Bastille, zu unserem persönlichen Räumtag. Nie wieder sollte sich soviel Klumpert, Grusch und Unrat ansammeln wie seinerzeit im Keller und in den verschwiegenen Winkeln von Mitte.

Nun war es soweit: Während in Frankreich die Menschen sich betranken und die anderen Menschen badeten oder picknickten, gingen wir daran, Sachen zu verräumen, meist aber wegzuschmeißen. Die Liebste widmete sich zwei voluminösen Kisten, die in der Zwischenzeit von einer hübschen Tagesdecke verborgen waren. Bei deren Durchforstung kamen dann so Sachen wie in den Nullerjahren abgelaufene Grüntee-Shampoos zum Vorschein. Mit einem gestreckten Zeigefinger wies das Schicksal auf mich, als es um den Keller ging. Dieser war bei den Gewittern im Juni großräumig überschwemmt worden. Damals war ich noch verträumt am Balkon gestanden, als die Feuerwehr das Haus rechts von uns und das Haus links von uns auspumpte. Entweder unser Keller ist sicher, dachte ich, oder die Feuerwehren haben ihn endgültig aufgegeben. Letzteres war der Fall: Ich verschwand in einer nach Myriaden winziger Pilze fäulenden Luft im funzelerleuchteten Dämmer. Ich zerrte verschimmelte Holz-Laufräder hervor und ein zerfallendes Schild, das geschmückt mit unseren Namen über dem Eingang zu unserem Hochzeitsfest gehangen war. Ich stellte das völlige Verdorbensein zahlreicher gerahmter Kunstwerke fest, Kunstwerke, die wir sehr, mittel oder weniger gern gehabt hatten. Ein Tränchen vergoss ich um die Zeichnung eines psychedelischen Weltraums, die mir mein Bruder, damals dreizehn, zum Geburtstag gemacht hatte.

Und während der Schimmelodem mir allmählich die Luft nahm, und auch dann, während ich mit dem Leichenwagen zum Mistplatz fuhr, setzte ich alles Erlebte mit einem soeben fertiggelesenen Buch in Zusammenhang, mit Jonathan Franzens »Freiheit«. Dort lernt man nämlich unter anderem, dass man eher keinen Ballast anzuhäufen braucht, denn das Hauptbinkerl, die Familie, trägt man sowieso.

Die vergangenen Wochen waren Wochen der Amtshandlungen an mir. Dreimal wurde ich beamtshandelt, zweimal persönlich, einmal per RsB-Einschreiben.

Beim ersten Mal lud ich das wunderschöne, aber unzerlegbare Hollandradl der Liebsten in den hinteren Teil des Leichenwagens, wodurch der Kofferraum ganz und der Fond zum Großteil belegt waren. Dann hieß ich die Drittgeborene und die Liebste, wenn schon angeschnallt, auf dem Beifahrersitz Platz nehmen. Ja, ich hörte den Protest der Liebsten, es solle doch lieber die Drittgeborene im Kindersitz neben mir sitzen und sie selbst hinten im Fond, zerstochen von den Speichen des Hollandradls. Und nein, ich gab dem Protest nicht statt, einerseits aus dem Wunsch heraus, beide Damen mögen es bequem haben, andererseits aus so einem Laissez faire heraus.

Wenn ich dieses Laissez faire in mir spüre, sehe ich meinen kleinen Bruder und mich ca. 1978 im flott dahincruisenden R5 unserer lieben Mutter gehen, stehen, raufen, und denke mir – unstatthafterweise! Jetzt zu Recht bestraft! –, dass schon nix sein wird, weil noch nie was war. Ich fuhr etwa 20 Meter vom Kindergarten weg, da winkte mich schon das Organ zur Seite. Ein ungeheurer Ernst ging von diesem männlichen, Sonnenbrillen tragenden Organ aus, es stellte

eine Anzeige in Aussicht, die auch kam, ein niedriger drei-
stelliger Betrag war zu bezahlen, zugleich war dies das erste
Vormerkdelikt meines Lebens. Noch unter Schock bog ich einige Tage später an einer nicht mehr ganz grünen Ampel aus
der Landstraßer Haupt in die Invaliden ein. Das Organ, das
mich daraufhin mit Blaulicht aufhielt, verwendete das Wort
»Dunkelrot«, und es wird schon stimmen. Das erneut männliche Organ, das der Sprache nach aus Kärnten stammte, war
halb so alt wie ich und hat sicher die besseren Augen.
Ich zahlte einen mittleren zweistelligen Betrag und gelobte
dem Organ, der Liebsten und mir gegenüber, mich nie wieder irgendwie falsch im Straßenverkehr zu verhalten. In den
folgenden, von meiner neuen Righteousness geprägten Tagen fiel mir, dem Rechtschaffenen, auf, wie viel Polizei grad
lauert in Wien, in diesen neuen, dabei sehr feschen Overalls.
Dann kam noch das RsB. Lenkerermittlung. Schnellfahren
am Wiedner Gürtel am vergangenen Ostermontag. Das war
tief in meinem alten Leben.

Der August tritt ein, fast hätte ich gesagt: mit
ihm der Herbst. Aber nein, glauben wir an den Sommer, beginnen wir die Sommerserie! Heuer widme ich mich den
kleinen Hainen des Stadtmoments, den Zielen der Vier-
tel-, Halb- oder Einstundenausflüge, sprich: den Parks. Ich
möchte dazu sagen, dass es so viele Parks und Grünflächen
im diesbezüglich großzügigen Wien gibt, so dass ich mich
nur mit meiner unmittelbaren Umgebung beschäftige (wie
eh sonst auch in diesen Texten). Jede und jeder sei aufgerufen, dasselbe in ihrer und seiner Gegend zu tun.
Oliver Lehmann zählt in seinem hervorragenden Buch »Wiener Gärten, Wiener Parks« eine halbe Million Parkbäume

und 100 000 Alleebäume auf. Auch für Sie ist da was dabei. Ein anständiger Park macht mit dem erschöpften Menschen nämlich etwas ziemlich Tolles: Tabula rasa in kürzester Zeit. Zu meinem aktuell allernächsten Park war ich anfangs ungerecht. Das hat damit zu tun, dass er klein ist und ich seinerzeit, drunten in Mitte, den Stadtpark als nächstes Grün hatte. Sowas verwöhnt. Aber der Joe-Zawinul-Park, früher Klopsteinpark und damals sowas wie die Negativblaupause aller düsteren Beserlparks, hat das nicht verdient, denn jetzt ist er ein kleines Wunder. Grün, luftig, und bei aller Kleinheit für alle da. Joe Zawinul wuchs in den 1930ern auf diesem Platz auf. Und der vor zwei Jahren neu eröffnete Park trägt seinen Namen zu Recht, er schwebt, swingt und rockt, wie die Musik des Weather-Report-Gründers. Und er spendet das, was Zawinul in seiner mir liebsten Komposition besungen hat: »Mercy, Mercy, Mercy«. Also Gnade in einer harten, schnellen, eher steinernen Stadtlandschaft, Gnade im Schatten einer wunderbaren Sommerlinde, Gnade zwischen kleinen Bambushainen, Gnade auf erstklassigen Sitzgelegenheiten.

Und es gerinnt meine neue Gegend auf kleinster Fläche zu einem perfekten Wimmelbild. Alles fließt ineinander, das Prolomäßige und das Feine-alte-Damen-Mäßige, das Türkischstämmige und das Gemeindebautige, das Pensionierte und das Halbstarke. Jeder holt sich beim Zawinul ein Alzerl Gnade, und ich hoffe, dass droben im Fusion-Himmel der dortselbst berühmteste Schnauzbart zufrieden gezwirbelt wird.

Ich schreibe schon seit vielen Jahren ein Wort besonders gern, nämlich smaragdgrün, fragen Sie mich nicht, warum, ich finde, das Wort klingt herrlich, und es löst sofort Bilder in mir aus. Heute und hier geht es um den Arenbergpark, und da darf ich es wieder schreiben: smaragdgrün. Aaahh. Der Arenbergpark ist smaragdgrün. Wirklich wahr.

Der Park befindet sich auf halbem Weg zwischen Erdberg und Mitte, also mitten in meiner Biografie. Und trotz dieser Tatsache und seines smaragdgrünen Wesens habe ich ihn in all den Jahren nur sporadisch benützt. Weshalb? Liegt es an der steifen, steinernen Bürgerlichkeit des ihn umgebenden Dannebergplatzes? Liegt es an den beiden Flaktürmen, die hier näher und unausweichlicher beieinanderstehen als sonstwo in Wien? Irgendwie bin ich jedenfalls dauernd am Arenbergpark vorbeigegangen und nur ganz selten in ihn hinein. Das ist ungerecht. Denn der Arenbergpark lohnt. Das Smaragdgrüne seiner Optik setzt sich olfaktorisch und sauerstofftechnisch in seiner Atmosphäre fort. Die Frische seiner Linden und Buchen, seiner Götterbäume und Ahorne füllt die Lungen. Und das Angebot an Bankerln, an diesen klassischen, geschwungenen Wiener Parkbankerln, ist wahrhaft verschwenderisch. Es gibt hier noch diese scheinbar endlosen Holzperlenketten aus leeren Bankerln, die einen vor die unlösbare Aufgabe stellen, welches man sich erwählen soll. Das alte mit den Grafitti oder das frischlackierte mit dem Taubengack genau in der Mitte? Dann sitzt man endlich, jedes Bankerl schaut in eine andere Richtung, weil die Arenberg-Wegerln so krumm sind, aber alle schauen in die Geschichte. Etwa auf Nikolaus I. Fürst Esterházy, genannt der Prachtliebende, der diesen Park anlegen ließ. Auf die spätere Besitzerin Franziska Prinzessin von Arenberg, die den Park schließlich der Stadt Wien überließ. Und natürlich auf die Flaktürme, die so hautnah sind, in diesem großen Smaragdgrün.

Aber der Park kann ein bisschen zaubern. Von vielen Bankerln aus nämlich verschwinden sie plötzlich, die Türme. Für einen Augenblick baden Auge und Seele in geschichtsloser Gegenwart.

Was Sie hier lesen, ist eben ein Lob des Smaragdgrünen.

Ich war noch nie in Modena, aber ich war schon im Modenapark. Modena ist eine oberitalienische Stadt mit 180 000 Einwohnern. Da ich noch nie dort war, kann ich nur davon ausgehen, dass sie wie die meisten Städte Vor- und Nachteile hat. Der Modenapark hingegen trägt seinen Namen nach der Erzherzogin Beatrix d'Este von Modena, einer Adelsfrau zur Zeit des Wiener Kongresses, die hier ein Palais mit angeschlossenem Park besaß. Das Palais verging im Ersten Weltkrieg, der Park gehört jetzt allen. Im Zweiten Weltkrieg fielen hier viele Bomben, die umliegende Architektur ist also vom Schlag der Wiener Fifties und Sixties, also eher arm an Charme. Dennoch atmet der Modenapark eine Ruhe und Demut, die den Eintretenden schön in sich selbst einrasten lässt. So ein Tu-da-nix-an-Park.

Ganz selten war ich im Sommer hier. Einmal wartete ich endlos an der 4A-Station auf den Bus, dann ertrug ich es nicht mehr, vis-à-vis die Wahlkampfparolen auf einem in Blau gehaltenen Parteilokal lesen zu müssen, und betrat den Park. Sofort umfing mich dieses herrliche Tu-da-nix-an-Gefühl. Ich blickte auf ein paar lyrische Akazienbäume und eine enorme Eiche, deren waagrecht ausladende Äste die Bronzeplastik eines Buben mit zwei Panthern beschatten. Diese Statue namens Scherzogruppe, erfuhr ich später, stand früher am Schwarzenbergplatz, noch früher im Arenbergpark und hat also eine ähnliche Landstraßer Odyssee hinter sich wie ich selbst.

Aber auch im Winter besuchte ich den Modenapark, und zwar regelmäßig vor Weihnachten, weil nämlich unser damaliger Waldviertler Christbaumhändler genau hier im Fußballkäfig ordinierte.

Bei diesen Christbaumbesuchen erschien mir der Modenapark stets als der am leichtesten zu erreichende und am schwersten zu verlassende Park der Welt. Weil die Brut, die Liebste und ich wohnten ums Eck, trafen ein wie der Blitz, dann hielten wir uns eine Ewigkeit bei der Auswahl des Baumes auf und schleppten ihn eine weitere Ewigkeit nach Haus, weil die Brut beim Tragen helfen wollte, sich stattdessen aber wie Schmuck an den Baum hängte. Aber ich verinnerlichte den Kernsatz des Modenaparks, Tu-da-nix-an, und irgendwie schafften wir es heim.

Ich kann den Stadtpark ewig beschreiben, besingen und schildern. In meiner endlosen Be- und Überschreibung des Stadtparks ähne ich einem Haikudichter, der lebtagslang das immer gleiche Bacherl in immer neuen Fünfzeilern beschreibt, bis er hundert wird und stirbt. Ich suchte den Stadtpark immer wieder auf, als Adoleszenter, als Frischverliebter, als Frischverheirateter und dann als Papa überhaupt.

Ich glaube, dass der Stadtpark seinen die Alpha-Rolle apodiktisch einfordernden Namen total verdient, kein anderer Park bringt die Stadt auf kleiner (Grün-)Fläche dermaßen auf den Punkt wie die Oase auf beiden Seiten des Wienflusses zwischen Parkring und Heumarkt.

Ich empfehle diesen Park allen und uneingeschränkt. Und hier kommt die Hitliste meiner Lieblingsplätze. Erstens: Am Donauweiberlbrunnen, im Schatten der schlumpfigen Holzdacherln, nach einem Schluck Wiener Hochquellwassers, über das verschwenderische Blumenbeet schauend, wer noch aller Durst hat, während unweit die Brut streitet, ob Kugerl- oder Eskimo-Eis. Zweitens: Am Labetrunkbrunnen jenseits des Flusses, an einem Lindenstamm lehnend, wieder nach einem Schluck Hochquellwasser, während die Brut unweit wie Kiplings Affen im Klettergerüst hängt. Drittens: Unten an der Wienflusspromenade, diesmal ohne Brut, auf einem Bankerl mit etwas Schönem, Kleinteiligem zu lesen, vielleicht mit einer Wurstsemmel und hinüberschauend zum Luxusrestaurant, den Bibelspruch von den Lilien auf dem Felde im Kopf. Viertens: Am Teich, rauchend und hinüberschauend zur kleinen krautigen Teichinsel, wo der einsame Stadtparkreiher ernst herumstakst, bis ihm endlich alles so auf den Zeiger geht, dass er seine Flügel erhebt und zur Erbauung des Beobachters losfliegt in ein wilderes Land. Fünftens: Mit der Liebsten auf der Liegewiese, drüben beim MAK, im Schatten der Weihrauchzeder, am benachbarten Baum noch immer diesen riesigen, jetzt abgeschnittenen Ast vermissend, der über die Wiese ragte wie ein eigenes Stockwerk. Sechstens: Wieder mit der Liebsten bei der kleinen Holzbrücke überm Bacherl, wenn es Nacht ist und man kaum noch was sehen, aber alles riechen kann ...

Hier muss ich aber schließen, denn die Sommerserie ist jetzt aus.

Erster Schultag. Wir sind aus den Ferien retour und sprechen in Zungen: Das Wort Dosenspitzer etwa
kommt in unserem Wortschatz an sich nicht vor, aber jetzt,
um den Schulbeginn herum, sagen wir öfters Dosenspitzer, weil der Dosenspitzer halt auf den schulischen Equip-
ment-Listen steht. Der Dosenspitzer ist dabei ja eine der
unnötigsten Erfindungen seit Anbeginn des Schreibwaren-
wesens. Denn während der klassische silbrigglänzende
Kompaktspitzer ein hübsches Objekt ist, das sich willig in
die Umarmung des Federpennalgummis schmiegt, passt
der Dosenspitzer nirgends hinein. Zweitens ist er mit seinem gefälteten Bauch irgendwie schiach. Und drittens ist
der Spitz-Mist der wahrscheinlich sympathischste Mist der
Welt und lässt sich huschiwuschi mit einer hohlen und einer
normalen Hand aus dieser Welt schaffen. Egal, erster Schultag. – Hat er jetzt den Dosenspitzer?, frage ich im Dunkel
am Ende des Tages. – Ich glaub schon, haucht die Liebste,
ehe sie einschläft. Was heißt übrigens »er«? Sie auch! Sie,
die Drittgeborene, kommt auch in die Schule, einen Dosenspitzer brauchend. Wir haben kein Kindergartenkind mehr.
Nach acht Laternenfesten, acht Nikolojausen, acht Oster-
feiern und acht Abschiedsfesten, ist die Kindergartensache
jetzt history. Oral history, würde mein Bruder, der Historiker
ist, vermutlich sagen. Lauter Schulkinder, davon einer, jetzt
neu, ein Gymnasiast. Jedenfalls liegt das alte Kindergartenhaus in Schutt und Asche. Aber zu meiner Befriedigung habe
ich vernommen, dass das neue Kindergartenhaus vom selben Architekten gebaut wird, der das leiwande, irgendwie lä-
chelnde Simmeringer Bildungszentrum geplant hat. Diesen
Architekten habe ich übrigens in meiner Kolumne unlängst
als Herrn mit Rockerfrisur geschildert. Daraufhin hat er mir
ein nagelneues Foto gemailt, wo ihm die Rockerfrisur gerade

von genau jenem Friseur abgeschnitten wird, bei dem ich in einem versunkenen Jahrhundert meine Liebste kennengelernt habe. Außerhalb von Wien findet man solche Verknüpfungen wahrscheinlich bescheuert. Aber ich darf euch sagen, ihr da draußen auf dem Land: Das ist nur der Beweis, dass jedes Dorf wahrscheinlich größer ist als unser winziges, ein bisschen geistesgestörtes aber dennoch gesegnetes Wien.

Nun, da sich unsere Augerln postferial wieder öffnen lassen, sehe ich Bestürzendes auf der Landstraßer Haupt: Die Linden auf unserer Seite sind welk, die auf der anderen Seite stehen noch in der spätsommerlichen Pracht. Die Linden auf unserer Seite sind jünger als die jenseitigen, ich schätze einmal höchstens fünf Jahre. Aber was lässt ihnen die zarte Kindheit verdörren, und was schenkt den älteren Artgenossen auf der Rennwegseite solch proppende Kraft?

Ist der Erdraum unter den Bäumen zu klein? Nagen finstere Parasiten am Lebenssaft der zarten Pflanzen? Oder hat unsere Erdberger Seite der Landstraßer Haupt schlicht das schwächere Karma – mithin wäre das auch ein Zeichen für mich, wozu wir später kommen.

Ich sammle ja so Theorien zur Landstraßer Haupt. Wie jene, die mir der gutgebaute 48er am Sankt Marxer Mistplatz dargelegt hat, an jenem Tag zur Mitte des Sommers, als ich unsere von der Kellerflut zerstörten Güter entsorgte. Die Siedlung Rennweg, so meinte dieser Mann, entwässere durch ihr modernes leistungsfähiges Abflussnetz zur Landstraßer Haupt hinunter, dort treffe die Siedlungskloake auf einen veralteten Sammelkanal und die Leidtragenden seien die Inhaber der alten Keller auf unserer Erdberger Seite. Aber auch wenn der 48er Recht hätte, verstünde ich noch nicht, weshalb die Fluten aus dem Underground zwar meine alten Bilder im Keller zerstören, aber nicht in der Lage sind, unsere armen kleinen Linden zu laben.

Oder ich sehe eben ein Zeichen: Ich bin leider anfällig für alle möglichen Zeichen. Ich sehe aus der Tramway das rassistische Plakat einer mir verhassten politischen Partei, ich gestatte dem Inhalt, mich stimmungsmäßig zu vergiften, und prompt verläuft das Treffen, zu dem ich unterwegs bin, dann eher unrund. Oder: Ich bremse mit dem Leichenwagen, nachts am Schwarzenbergplatz, am Heimweg von einem Gig, um einen von links nach rechts (!) die Fahrbahn querenden Steinmarder rüberzulassen, ich lese also das Zeichen, und prompt schlafe ich in der darauffolgenden Nacht schlecht und gastritisch.

In diesem Sinne, noch voller ferialer Kraft und Esoterik, schicke ich den Erdberger Linden meine gesamte Energie und die Botschaft: Jo, wir schaffen das! Ihr und ich.

Ich habe so eine Art Seelen-Tinnitus im Ohr. Das Endlos-Echo eines Klanges, den ich fast den ganzen August lang gehört habe, was heißt eines Klanges, eines Gesanges! Der Gesang der Singzikaden von Kreta, konkret der Mannazikaden (*Cicada orni*), die gegen sieben in der Früh die verträumt oszillierenden Grillen der griechischen Nacht mit ihrem ersten heiseren Schrei arbeitslos machen und dann den Tag durchschreien, wie eine Legion kleiner Tom Waits. »Wie kann etwas derart Mörderlautes so beruhigend sein?«, frage ich die Liebste, als wir unter einer von Mannazikaden bevölkerten Tamariske ruhen.

Jetzt ist das große Blau aus dem Blick verlorengegangen, und das kleine Grau nistet sich ein, sprich: Wien im nahenden Herbst. Der Erstgeborene nimmt den 71er ins Gymnasium, und in meinem Ohr werden die Echos der Singzikaden leiser. Abnehmender Seelen-Tinnitus. Ich erfahre Schübe der Wehmut. Die letzten Tage im Stadionbad. Bis auf eine trainierende Sportschwimmergang bin ich allein im großen Becken. Silberpappellaub treibt auf dem Wasser. Die Sonne kommt flach über die Dächer der Kabinenzeilen, auf den Betonstiegen glüht sie sanft wie die Hand einer sich verabschiedenden Mama. Ich entwickle Zorn auf die Schübe der Wehmut. Ich will nicht wehmütig sein am Schwarzenbergplatz, ich will mir nicht leidtun am Lueger-Platz, ich will nicht durchs Sentiment waten am nachmittagsgüldenen Rochusmarkt. Ich mag nicht so ein »Luschi« sein, wie meine jüngeren Kinder sagen, nur weil sich meine Lieblings-Jahreszeit schleicht, dieser blöde wunderbare Sommer. Ich höre jetzt die neue Gillian-Welch-Platte. Wer Gillian Welch nicht kennt: Das ist, wie ich finde, die beste Folksängerin überhaupt, seit acht Jahren ist »The Harrow & the Harvest« ihre erste Platte. Die herbe Stimme von Frau Welch zerdrückt die letzten Zikadenschreie in mir: *It's beefsteak when I'm working, whiskey when I'm dry, sweet heaven when I die*, singt Gillian. Genau. Pfeif auf die Wehmut. Ich will kahle Bäume, ich will den Geruch von klammer Erde, ich will einen eisigen Wind, der durch die Rustenschacher fährt. Ich will Herbst, rote Abendwolken, einen pünktlichen 71er für meinen Buben. Ich werde Pullover tragen. Ich glaube wirklich, ich bin bereit.

Ha! Wir waren noch einmal baden. In der Alten Donau, da hatte es einmal noch 29 Grad, um vier am Nachmittag, als wir beschlossen rauszufahren. Wir hatten den quasi seit der Geburt allerbesten Freund des Erstgeborenen dabei, der jetzt auch ins Gymnasium muss, wenn auch leider in ein anderes als sein Kumpan. Trotzdem strahlen beide genau dieselbe Mischung aus Amüsement, Unglauben und Bestürzung aus, als hätte ein fremder, komisch aussehender Mann sie auf der Straße an den Schultern gepackt und fünf Minuten lang geschüttelt, um dann wieder seines Weges zu gehen. Mit diesen beiden Gymnasiasten sowie unseren Kleinen mieteten die Liebste und ich zwei Tretboote beim Hofbauer, strampelten uns unter der Wagramer hindurch, gingen auf der Höhe von Neubrasilien längsseits und hupften in die Flut. Wie immer, wenn der Sommer eigentlich vorbei ist und schon ein paar präherbstliche Regengüsse stattgefunden haben, hatte das Wasser der Alten Donau noch einmal seine maihafte Spritzigkeit zurückbekommen, kühl, aber lebendig.

Als wir auf der Rückfahrt wieder in die Wagramer einbiegen wollten, entdeckten wir an der Ecke ein zum Firmensitz umfunktioniertes Wohnhaus mit einem denkbar sonderbaren Schriftzug: Haus der Einfriedung, stand da. Wir dachten beide zunächst an ein Bestattungsunternehmen, zweifelten aber bald, als wir sahen, was sich hinter dem Zaun des Vorgartens befand, nämlich noch ein Zaun. Hinter diesem zweiten Zaun erhob sich dann wieder ein Zaun, gefolgt von zwei Zäunen. Zaun um Zaun zerschnitt den Vorgarten, bis dann die Mauer des Hauses der Einfriedung kam. Wir sahen Maschenzäune, Sprießel-Zäune, Drahtverhaue und gusseiserne Zäune sowie solche Lanzen-Zäune, die einen unwillkürlich an den Tod des Sohnes einer Schauspielerin denken lassen, zumindest wenn man in den 1980ern großgeworden ist. Zuhaus suchten wir im Netz nach der Firma und fanden eine grundsympathische Kunstschlosserei, die auch noch Blumengefäße, Geländer und Kunsthandwerkliches anfertigt. Hauptsächlich aber Zäune, sprich: Einfriedungen. Ja, und auch wir begeben uns nun in unser höchstpersönliches Haus der Einfriedung, wir verschließen Zaun um Zaun, wir sehen die Alte zur Kalten Donau werden. *Da letzte Summa woa sea scheen*, singt Schiffkowitz.

Manchmal, zum Beispiel unlängst, macht der Himmel der Liebsten und mir ein Geschenk, das sich »Der Ereignislose Tag« nennt. Ich weise darauf hin, dass dies sehr selten geschieht. Der Ereignislose Tag ist nur den ansonsten hoch geplagten selbstständig Erwerbstätigen vergönnt. Manche dieser selbstständig Erwerbstätigen mögen solche Tage gar nicht, sie erfüllen sie mit einer unbestimmten Angst. Wir haben sie gern.

Unser Ereignisloser Tag, stets ein Werktag, zeichnet sich dadurch aus, dass alle drei Kinder brav in den jeweiligen Bildungsinstitutionen verschwunden sind, dass weder die Liebste noch ich auswärtige Berufsmissionen haben und einander also gegen halb neun an unseren nebeneinander stehenden Arbeitstischen treffen. Irgendwas hätten wir natürlich zu tun, es ist ja immer irgendwas zu tun, aber nix davon ist wirklich dringend an diesem Tag. Wir schalten also die Rechner ein, plaudern ein bissl, und schalten die Rechner wieder aus. Wenn dann, zum Beispiel unlängst, auch noch die Sonne plötzlich aus dem grauen Gewaber herausschießt, dann unternehmen wir was. Die Liebste und ich besteigen also den Leichenwagen und fahren runter nach Albern, wo ich theoretisch eine Forschungsmission hätte, aber selbst die ist an diesem Ereignislosen Tag nicht so dringend. Immerhin für die Zielwahl hat sie gereicht. Wir wandern durch den Wiener Hafen, wo geräuschvoll Schotter in Container gefördert wird. Wir streunen über den Friedhof und lesen das Gedicht des Grafen von Wickenburg, das dort auf einer granitenen Tafel steht: Alle, die sich hier gesellen / Trieb Verzweiflung in der Wellen kalten Schoß. / Drum die Kreuze, die da ragen, / Wie das Kreuz, das sie getragen, / »Namenlos«.

Wir streben schließlich in das geduckte Häuschen unter den unheilvoll knarrenden Pappeln. Wir essen zu zweit ein Surschnitzel, unsere Nachbarn sind ein paar Speditionsarbeiter und ein paar Zollwachleute. Ein Witz wird erzählt: »Wie geht's da? – Mei besta Freind is mit meina Oidn davon. – Du host doch goa kaan bestn Freind! – Jetz scho!«

Wir zahlen und gehen, leicht nach Gasthaus fäulend, wie zwei glückliche, kleine Surschnitzel-Wolkerln, durch die Au retour zum Leichenwagen. Danke, Himmel, für den Ereignislosen Tag. Er war gestern. Heute ist er vorbei. Ich musste das hier schreiben.

In dieser Familie pflegen wir ein schönes, irgendwie altertümliches Wort für Bekleidung, wir sagen: Gewand. Nicht Kleider, Klamotten, Glumpert oder Zeug, sondern: Gewand. Ich habe darüber nachgedacht und bin zu dem Schluss gekommen, dass wir wahrscheinlich einst, als die Kinder ganz klein waren, wohl beinahe gesagt hätten »Schmeiß dein Gwand nicht immer irgendwohin«, hätten wir uns nicht schnell zum Zweck der Verfeinerung auf »Gewand« korrigiert. Jetzt sagen wir es alle immer. Und die Buben, die in den Ferien bei der Großmutter sind, verblüffen diese mit der schnitzleresken morgendlichen Bitte: »Gibst du mir bitte ein Gewand?« Der Herbst also erreichte die Liebste und mich, und wir bemerkten, dass wir, wenn schon nicht nackt, so doch schlecht ausgerüstet waren. Wir besorgten uns neues Gewand.

Da uns die Neigung und das harte Leben der letzten Jahre wenigstens schlank erhalten haben, dürfen wir uns dem gängigen Trend zur Röhrlhose anschließen. Die Liebste und ich gingen also zum schwedischen Modehaus in die Kärntner und besorgten uns welche in Schnürlsamt und Jeansstoff. Im schwedischen Modehaus, wurscht, ob auf Kärntner, Mariahilfer oder Graben, schmeiße ich gern die Nerven weg. Die sauerstoffarme Luft, das abgehangene Geschweißel bei den Kabinen, die gezupften Augenbrauen der Mitarbeiter – all das löst in mir Beklemmungsschübe aus, ich weiß, ich habe genau siebzehn Minuten, um das Gesuchte zu finden, zu probieren und zu bezahlen, dann muss ich raus. Aber es ging sich aus.

Das Gewand für den Oberleib ließ sich geschmeidiger erwerben. Die Liebste und ich haben nämlich aus schlichter Erdberger Nachbarschaft die Arena wieder entdeckt – wo wir in den Neunzigern händchenhaltend Lou Reed und Patti Smith sahen, da sind wir jetzt wieder, und zwar in acht Minuten mit dem Radl. Und so kauften wir uns nach Auftritten von Martin Sexton, Donavon Frankenreiter und Kitty, Daisy & Lewis schließlich Leiberln der jeweiligen Künstler. In ihnen und unseren Röhrlhosen erleben wir jetzt das Kürzerwerden der Tage. Meinen Schnurrbart habe ich auch abrasiert.

Der Liebsten zuliebe, und zu den Röhrln passt es auch besser. Herbst, das ist Altern im neuen Gewand.

Wenn Sie das hier lesen, ist es schiach. Nicht nur orf.at, für eine kleine Panikmache immer gut, sondern auch die Propheten meines Vertrauens auf der Hohen Warte sprechen in seltener Einhelligkeit und düsterer Apodiktik von einer Kaltfront, die uns wohl endgültig vom Altweibersommer abnabeln dürfte. Wenn Sie das lesen, sind wir längst mittendrin im Schiachen. Ich darf Ihnen drei letzte Perlen aus meiner vielteiligen Altweibersommer-Verabschiedungsparade darreichen.

Die Liebste, die Kinder und ich waren erstens in Podersdorf, wo uns die Kürbisse und die Gesichter in den pannonischen Wirtshäusern anlächelten. Der Zweitgeborene und ich wateten zu dieser gewissen kleinen Schilfinsel, vis-à-vis vom Dorfstrand, und dann gingen wir ganz ins Wasser. Das bedeutet, sich auf den Hintern zu setzen, anders bedeckt einen der Neusiedler See nicht bis zum Hals. Es schien die Sonne, die Liebste machte ein Foto, und wir waren glücklich.

Wir waren zweitens in Kritzendorf, eine Woche später. Da herrschte bereits Oktober, und wir gingen über den zu dieser Zeit endlos breiten Kiesstrand hinunter zum Fluss. Die Sonne schien wieder, und sie schien warm. Und die Donau, gerade hier so oft eine flutende Bestie, sie war ein ganz kleiner, niedriger, zarter Fluss, gerade noch imstande, die Donaukreuzfahrtsdampfer durchzulassen. Die Liebste und ich stellten fest, dass wir von zahlreichen jungen Eltern umgeben waren, mit Babys und Kleinstkindern. Angespannte Mütter mit Augenringen, müde Väter, bar jeder Spannkraft. Obergescheite Neo-Großmütter. Wir stellten fest, dass wir wenigstens das hinter uns haben und versenkten uns vor lauter Erleichterung im Fluss. Am ersten Oktober! Perfekter alter Sommer.

Ein paar Tage drauf waren die Liebste und ich drittens noch

auf der Cobenzlwiese, beschenkt von einem Zeitfenster zwischen Steuerberater und Kinderabholung. Das Herbstgras auf der Cobenzlwiese hatte schon diese trockene Sticheligkeit, die dem Winter vorausgeht. Aber die Sonne schien wieder. Milde Grillen, gelassene Vogerln.

Wird es wirklich schiach? Natürlich gibt es Wunder. Und wenn orf.at und die Hohe Warte wider Erwarten irren sollten, erzähle ich Ihnen weiter solche Geschichten, bis es Ihnen bei den Ohren rauskommt.

Mit dem Erstgeborenen habe ich vergangene Woche dessen Geburtstagsgeschenk eingelöst. Wir waren bei Bruno Mars in der Stadthalle. Bruno Mars ist ein Superstar der ganz jungen Menschen; schon vor einem halben Jahr erklärte ihn mir der Erstgeborene zirka so: Er ist noch nicht ganz so berühmt wie Justin Bieber, aber viel cooler. Ohne den Ruhm Justin Biebers wirklich einschätzen zu können, kenne ich jetzt die Coolness des Bruno Mars. Sie ist groß. Und außerdem ist er total nett. Und überdies spielt er Fendergitarre, ich mein, für einen 24-Jährigen! Sie hätten mich mit 24 hören sollen. Gespielt hat er irgendwas zwischen Marvin Gaye und dem ganz frühen Michael Jackson, mit Ausflügen Richtung Chuck Berry. Jeden Ton live. Manchmal werden die Zeiten besser, dachte ich mir.

So waren wir beide also bei Bruno Mars in der Stadthalle. Der Erstgeborene war vielleicht die Spur mehr bei Bruno Mars, während ich die Spur mehr in der Stadthalle war. Als alternder Wiener Popkonsument ist man ja dann irgendwann nicht mehr zum ersten Mal in der Stadthalle. Und gewisse Erinnerungen haben dann halt die Form des Roland-Rainer'schen Trapezes: Mein Gott, so manches Dylan-Konzert, darunter das unvergessliche von 1999! Der furchtbar abgemischte und dabei so gut gespielte Bad-Seeds-Gig von 2000! Das entsetzliche Santana-Konzert im selben Jahr, das man vor lauter Kitsch bei der dritten Nummer verlassen musste, obwohl Touré Kunda die beste Vorgruppe aller Zeiten war!

Und dann kommen die wirklich saftigen Erinnerungen. Filetstückerln des Selbsterlebten aus der Zeit, als Popmusik noch nicht so wichtig war. Die Stadthallen-Theater-Großereignisse aus der Kindheit. Pierre Brice himself als Winnetou, der einen dermaßen erschaudern ließ, dass man die Old-Shatterhand-Besetzung mit Bruce Low (»Das alte Haus von Rocky Docky«) statt Lex Barker vergeben konnte. Oder, noch unpackbarer: Ali Baba und die 40 Räuber, mit Peter Rapp (!!!) als singendem, galoppierenden Räuberhauptmann. Während die Altersgenossinnen des Erstgeborenen diesen und mich in einen handfesten Tinnitus hineinschreien, versinke ich in solchen Erinnerungen. Roland Rainer, er ruhe in Frieden. Ein Teil meines Bewusstseins trägt die Form seines Trapezes.

Aus vermeintlich unbewohnten Winkeln unserer Küche, aus denen ich mir beispielsweise ein Birnderl holen möchte, brausen Wolken von Fruchtfliegen auf. Ich lese, dass *Drosophila melanogaster*, die Schwarzbäuchige Taufliege, vulgär: Fruchtfliege, einer der besterforschten Organismen innerhalb der Genetik ist. Freut mich, denke ich, und: So ist er, der Oktober, bald, ihr Spezis vom Stamm der Drosophila, bald seid ihr alle tot.

So ist er, der Oktober, Mond meines Geburtstages. Im Dämmer der Erinnerung schärfen sich einzelne Bilder: Kinderjausen in den Siebzigern des vorigen Jahrhunderts. Kinder, die kurz ins Freie geschickt wurden, wo es eiskalt war, und dann retour kamen, zur Jause aus Torten und aufgeschnittenen Birnderln, über denen Drosophila kreiste. Zu meinem heurigen Geburtstag absolvieren mein Bruder, die Liebste und ich den kleinen Oktober-Triathlon, der daraus besteht, mit dem Radl in den Prater zu fahren, zu Fuß das Lusthauswasser zu umrunden und als drittes in die Bierinsel essen zu gehen. Frisch ist die Radfahrt, gülden der Gang um das Gewässer. Es fällt auf, dass einen die von der Miniermotte zur Unzeit kahlgefressenen Kastanienbäume weniger deprimieren, weil die anderen Bäume entlaubungstechnisch endlich mitziehen. Dunst schwebt über der Au.

In der Bierinsel essen wir hervorragenden Hirsch und tadelloses Wildschwein zu Stallknechtspreisen. Ich muss sagen, dass mir die Bierinsel immer mehr ans Herz wächst. Ein drittes Wildgericht, für das sich keiner von uns entscheiden konnte, wird mit »Wacholdersaftl« angeboten. Wir äußern Versäumnisängste, und der Ober bringt uns ein Extra-Schüsserl mit Wacholdersaftl.

So soll er sein, der Oktober, so soll er sein, der Geburtstag. Die Liebste und ich schildern meinem Bruder, wie unser Erstgeborener heuer erstmals keine Jause zum Geburtstag wollte. Stattdessen ging er mit seinen beiden ältesten Freunden in Johnny English und dann Burger essen. Mein Bruder bemerkt, dass die Zeit vergeht. Ich entgegne, dass diese Erkenntnis eh der einzige Sinn von Geburtstagen sei. Und die Bierinsel, natürlich. Über dem Gefäß, in dem in der Vergangenheit das Wacholdersaftl war, kreist, irgendwie bedauernd, Drosophila, die Schwarzbäuchige Taufliege.

Ein Familienmitglied, bislang wohnhaft am Limes zwischen Hernals und Ottakring, übersiedelte jüngst nach Transdanubien, und ich bot mich und den Leichenwagen als Hilfestellung an. Die Mission – Clint Eastwood hätte gesagt: ein dreckiger Auftrag – lautete: Glumpert, Grusch und Kramuri aus dem Keller in den Leichenwagen und mit diesem zum Mistplatz zu verfrachten. Nach Ansicht des Stadtplans entschied ich mich für den Hernalser Mistplatz in der Richthausenstraße, anrainend an den Hernalser Friedhof. Ich liebe Totenäcker wie Mistplätze und bin stets für eine Exkursion bereit.

Als ich mit meiner ersten Fuhre Sperrmüll in der Richthausenstraße eintraf, bemerkte ich, dass das Areal, an einen großen 48er-Stützpunkt angrenzend, viel, viel größer ist als unsere kleine Sankt Marxer Mist-Farm. Und die vielen 48er, die hier Dienst taten, waren, naja, sagen wir, strenger als bei uns. Mehrfach wurde ich wegen möglicherweise ja ungenauen Parkverhaltens gerügt und wegen möglicherweise ja unscharfer Containerauswahl beim Wegwerfen brüsk belehrt. Ich gelobte Besserung und fuhr zur Verwandtschaft zurück. Bei meiner zweiten Fahrt zum Mistplatz legte ich mustergültiges Entsorgungsverhalten an den Tag, blieb ungeschimpft und konnte beobachten. Ich glaubte schließlich zu verstehen, weshalb die Orangen hier im Westen so streng waren. Hier nämlich kommt eine Spezies von Wegschmeißern vor, wie ich sie in Sankt Marx so noch nicht erlebt habe. Irgendwie trapperartige Männer, mit vielen verschiedenen Bärten, geröteten Gesichtern und altersmäßig, wie man früher sagte, in den besten Jahren. Sie kamen in Kleinbussen, die wirkten, als hätten sie die letzten fünfundzwanzig Jahre zwischen all dem Mist, den sie nun enthielten, in muffigen Garagen gestanden – nun aber brächen sie auf zu ihrer letzten Fahrt.

Die Trapper waren nervös, die Busse stotterten, die Container klapperten, die 48er schimpften. Aber ich verstand die Anspannung der bärtigen Busbesitzer. Wer weiß, setzten sie gerade jetzt den ganz großen Befreiungsschlag. Sie brachten erst einmal den Mist fort, vielleicht würden sie nachher gleich die Busse wegschmeißen, vielleicht sich als nächstes rasieren. Vielleicht begannen sie genau jetzt ein neues Leben.

Es gibt diesen Trick, sich Wien zu vergrößern – man fährt kurz nach Salzburg. Ich habe ja meistens Glück in Salzburg, bin bei lieben Menschen zu Gast, wie eben grad beim Jazzherbst oder sonst in der ARGEkultur, wo Österreichs netteste Veranstalter sitzen. Aber diesmal war da so ein Zeitfenster vor der Hacke. Während Harmonikameister Soyka mit seiner Liebsten auf den Mönchsberg stieg und das Gefühl dort oben dann als »befreiend und schön« schilderte, trafen meine Liebste und ich deutsche Freunde, die auch zufällig in Salzburg waren. Mit denen gingen wir ein bisschen herumwidibum in der Altstadt, und schon waren wir in dieser leicht bis mittelschwer gespenstischen Parallelwelt, Getreidegasse und Co., mit diesen Auslagen, wo im Schwarz des herbstlichen Abends Walkjopperln unter den Halogenspots lächeln, wo der Schnee in den Schneekugeln auf güldene Amadei rieselt, wo man eingeschüchtert hinaufschaut an den Häusern mit ihren dicken, irgendwie warzigen Mauern und kleinen Fenstern und trotzigen Türen.

Wir gehen mit den deutschen Freunden ins Wirtshaus. Wir sehen einerseits Schaumrollen und Hirschhörner, also die Herrinnen und Herren der Stadt, erstarrt in ihrer Sixties-Karajan-Mondänität, sehen andererseits aber auch nette Jüngere, die wirken wie überall sonst auf der Welt. Wir wandern schließlich über den klammen Domplatz, und ich denke ans 76er-Jahr, als ich mit der Frau Mutter hier Jedermann schauen war. Mir fällt auf, dass ich mir nichts davon gemerkt habe, nicht einmal das Gesicht von Curd Jürgens, nur das Geplärre des Todes vom Turm.

Als wir nach vollbrachtem Konzert wieder Richtung Osten rollen, rätseln wir, was das Seltsame an Salzburg ist. Aus den Lautsprechern dringt die Stimme des von mir hochgeschätzten Bluesman Hans Theessink. Der hat grad zum Thema »Jedermann remixed« eine geniale Platte veröffentlicht, lauter uralte Songs über Leben, Liebe, Geld und Tod. Er hat Salzburg überlistet, indem er sagt: Euer Jedermann ist so simpel wie der Blues, ihr dürft euch entspannen.

Es gibt übrigens auch den Trick, sich Wien zu verkleinern – man fährt kurz nach Paris.

Wer So! sagt, hat schon verloren. Das ist meine tiefe Überzeugung. So! sagt man nach einer erfolgten Erledigung oder nach dem erfolgten Teilschritt einer mehrteiligen, komplexeren Handlung. So! behauptet irgendwie, fertig zu sein. Und hier liegt die Crux: Man ist nie fertig im Leben, außer ganz am Schluss. So! ist also nur eine Zäsur im Unendlichen. Man räumt das Jausengeschirr weg. So! Aber eigentlich muss man schon mit dem Gulasch anfangen. Man könnte schon nach dem Fleischschnippeln So! sagen, dann wieder So! nach dem Zwiebelschnippeln, So! nach dem Anrösten, oder man wartet und stößt ein ungleich größeres So! aus, wenn man alles fertig hat und den Deckel zum Dünsten auf die Chose senkt. Wenn das Gulasch auf den Weg des Stoffwechsels geschickt ist, gehören sie alle drei gewaschen und ins Bett geschickt, der Zweitgeborene wer weiß sogar geduscht. So! Es ist schon so: Man muss nur dann erwachsen sein, wenn Kinder da sind. Wer So! sagt, hat zwar verloren. Aber wer dauernd erwachsen sein muss und nicht hie und da So! sagt, der erkrankt am Geiste. Finster wird's. Der Griff des Novembers, der uns in die Große Dunkelheit schafft, wird dezent und ganz allmählich enger. Wir hier geben dieser Tage irgendwie dauernd ein Geld aus. Als triebe die fortschreitende Lichtarmut uns geradezu in die freundlich erleuchteten Gewölbe des Handels und des Gewerbes. Gestern war ich beim Petrus, wie wir zärtlich unseren Reifentandler nennen, weil er in der Petrusgasse ordiniert. Und tatsächlich steht der Reifentandler ja wie ein Petrus am Himmelstor zwischen Herbst und Winter, dann wieder zwischen Frühling und Sommer. Wer die Höhle des Petrus verlässt, um ein gewisses Geld ärmer, der sagt natürlich: So! Wer, wie die Liebste heute, mit unserem Handwerker, den Herrn J., einen Termin ausmachen muss, weil der Erstgeborene obelixartig seine Zimmertür eingedrückt hat, der hat sich auch ein So! verdient. Tja, und dann komm wieder ich dran. Der Holzstapel nähert sich alarmierend dem Boden, das heißt, ich muss zum Kohlenbaron, ich werd ein steifes Gnack vor lauter Buchenscheitern kriegen, Schiefer werd ich mir einziehen. Dann aber werd ich mich vor dem Feuer ausstrecken, und leise etwas sagen, was Sie sich schon denken können.

Bodennebel! Ihn liebe ich so sehr, wie ich den Hochnebel hasse. Schon als Bub schätzte ich die Situation, Freunde im Nebel verschwinden zu sehen oder selbst darin zu verschwinden. Bodennebel greift nach uns wie ein himmlischer Wollfäustling, und wir müssen uns eh ergeben, also tun wir's doch gleich wolllüstig.

191

An meiner blendenden Beziehung zum Bodennebel hat sich nichts verändert. Dieser Tage kräult er durch die Landstraßer Haupt und wattiert alles ein, unser Leben, die Leben der Nachbarn. Von unserer Erdberger Felsklippe aus sieht man ihn schon am mittleren Nachmittag durch den rasant dunkler werdenden Boulevard wabern, mittendrin die Wiener, die wie die Seelen in »Fluch der Karibik 3« an der wie immer überhysterischen Keira Knightley vorbeiziehen.

Und wie klingt der Nebel? Bei uns klingt er wie Georg Altziebler, den Sie vielleicht ja unter seinem Bandnamen Son of the Velvet Rat kennen. Der hat drüben in Simmering in der Szene seine neue Platte vorgestellt. Hab ich mir eine geschnappt. Die heißt Red Chamber Music und macht irgendwo im schwarzen Herz der Steiermark ein knieschlotterndes, herzblutendes, zeitloses Land auf, wo man sich geradezu verlieren muss, ein Land, in dem der Nebel geboren wird, ehe er zu uns kommt. »Moment of Fame« ist mein Lieblingslied, da singt glatt Lucinda Williams mit. Das höre ich, und weil es zum Weinen schön ist, trüben nicht allein die Wollfäden des himmlischen Fäustlings meine Sicht.

Um Mitternacht schaltet die Stadt die Straßen auf Funzel-Licht, da gewinnt der Nebel noch einmal Macht, und ich wechsle die Platten. Ich lege das neue Werk von Nino Mandl auf, das nach einem fiktiven Fußballer »Schwunder« heißt. Nino Mandl kennen Sie ja vielleicht unter seinem Alias Der Nino aus Wien, er ist so begabt, dass unter uns Kollegen ein paar nur noch unter Anonymus-Larven auf die Straße gehen.

Der Nino ist ein Pyrotechniker des Liedes, er streut Sinn und Unsinn mit einer Mords-Eleganz durcheinander, und in unseren Hirnen und Seelen darf das dann detonieren.

Mit dem Musikland Österreich unendlich zufrieden, krieche

ich dann am Ende der Nacht zur Liebsten. Der Nebel erinnert an Nebelschafe, und so schlafe ich ein.

Manchmal müssen wir Wiener hinausgehen in die Bundesländer, um den Menschen dort zu erzählen vom Zauber unserer großen alten Stadt. Leute wie ich tun dies mit mittelgut geeigneter Musik und Songs, die wir den Bundesländerischen dann vorspielen und -singen. Solche Fahrten sind kein Leichtes, bisweilen sogar echte Kreuzzüge des Herzens, denn siehe: Nicht alle Bundesländerischen können uns leiden, und nicht alle wollen uns verstehen. Darum wählen wir für unsere Reisen auch gern den Frühling, den Sommer und den zeitigen Herbst, damit, zumindest, äh, Klima und Umwelt uns unterstützen. Sprich: Je älter der hauptstädtische Musiker wird, desto weniger gern fährt er genau jetzt in die Provinz.

Es sei denn, der Ruf des weiten Landes da draußen ist stark genug. Mich erreichte er unlängst aus Großwarasdorf, auch Veliki Borištof, einer kroatischen Ortschaft im mittleren Burgenland. Das mittlere Burgenland rührt mich. Es ist malerisch, aber kaum ausgestattet mit vordergründigen Attraktionen. Während das nördliche Burgenland den Neusiedler See hat, das südliche aber seine Bilderbuchhügerln und seine Künstler-Gschaftigkeit, so hat das mittlere gerade einmal Franz Liszt und den blaufränkischen Wein.

Wir fanden das Dorf als Mitte einer eisigen Nebellandschaft, aber trotzdem lag eine östliche Wärme und Geborgenheit in der schwarzen Nachtluft. Veranstalter Herr Alex, der das Tor zu einer erstaunlich großen Halle öffnete, bot uns sogleich Blaufränkischen an, und bemerkte, dass Franz Liszt nicht, wie gern behauptet, im benachbarten Raiding geboren sei, sondern in Großwarasdorf. Ich nickte und entgegnete, das sei aber eh wurscht, nicht? Irgendwie war das die richtige Antwort, denn Herr Alex brachte noch Wein. Die Großwarasdorfer waren dann ein super Publikum, sie waren nicht, wie's schon auch passiert out there, ängstlich, fremdelnd oder störrisch, sondern sie hörten sich die Lieder mit einer Coolness und Vertrautheit an, als wären sie eh auch Erdberger, die nur beschlossen hatten, woanders zu leben. Zum Abschied brachte mir der Herr Alex noch ein mittelburgenländisch-deutsches Wort bei, nämlich reixn, was so viel wie scheppern heißt. Durch den Nebel fuhren wir heim.

Die Misteln, wir wissen es von René Goscinny, entfalten ihre Zauberkraft nur, wenn sie mit einer goldenen Sichel geschnitten werden. Unsere alte Eisensäge führt nicht zur Entfaltung von Zauberkraft. Das hätte ich wissen sollen. Am Lusthauswasser im Prater erkletterte ich unlängst einen nicht ganz unhohen und außerdem morschen Silberpappelstamm. Am oberen, dünneren und noch morscheren Ende prangte wie eine feiste, immergrüne Faust ein Mistelbuschen. Zehn Minuten früher war mein Gumpendorfer Freund M. mit einer streifenhörnchenartigen Behendigkeit einen doppelt so hohen Baum hinaufgeschnellt, hatte mit derselben Eisensäge einen doppelt so großen Mistelbuschen abgeschnitten, und war ruhigen Atems wieder herabgekommen. Diesen Mistelausflug mit den Gumpendorfer Freunden liebe ich. Er steht ganz oben auf dem Stockerl der von mir gemochten vorweihnachtlichen Aktivitäten. Obwohl: Schön war auch der Gang zum Pfaderer-Weihnachtsbasar, wo wir Sachen wie Quitten-Chutney erstanden und unsere beiden Söhne Kerzen zogen. Es gibt nichts Beruhigenderes als den

Anblick zweier eher, äh, lebhafter Buben, die mit meditativen Antlitzen Dutzende Male an einem Wachskessel vorbeiziehen, in den sie ihre Kerzen tauchen. Ich freue mich auf die Mittwinternacht am 20. Dezember, wenn ich, auch das schon eine Art Brauch, mit meinem Bruder beim Karlsplatz-Punschstandl den DJ machen darf. Lauter schöne Adventtraditionen. Und die schönste ist die gefährlichste: Ich klammerte mich an den schleimigen Stamm, noch immer einen knappen Meter von der parasitären Staude entfernt. Die Liebste schaute wortlos aber mit gerunzelter Stirn zu mir hinauf. Zentimeter für Zentimeter schob ich mich näher, wie ein lahmer Panther an eine fluchtunfähige Beute. Ich versuchte an schöne Dinge zu denken, wie an das anschließend geplante Verspeisen einer Portion Specklinsen in der Bierinsel. Aber es klappte nicht. Der Baum gab ein unendlich bedrohliches Krachen von sich. Ich warf die Eisensäge ins Korn. Ich gab auf. Freund M. hat mir dann eine von seinen Misteln geschenkt. Immerhin, dachte ich, war ich auf dem Baum. Ich habe es sozusagen halb geschafft. Das gilt auch für Weihnachten. Vom Christkind wünsche ich mir eine goldene Sichel.

In Wien gibt es manchmal Erscheinungen, die mit dem inneren Rhythmus der Stadt zusammenhängen. Sie ereignen sich scheinbar irgendwann. Finden sie im zeitigen Frühjahr statt, deuten wir sie zu österlichen Offenbarungen um. Nehmen wir sie jetzt im Advent wahr, sehen wir sie gern als Weihnachtswunder.
Ich also habe ein Weihnachtswunder erlebt. Ich habe Al Cook spielen gehört. Al Cook ist ein glänzend gekleideter Herr, der seit bald 50 Jahren in dieser Stadt den Blues spielt.

Wenn man ihn auftreten sieht und spielen hört, ist das Raum-Zeit-Kontinuum plötzlich löchrig wie die Schuhsohlen des sich sterbend dahinschleppenden Kapitalismus. Al Cook wurde als Alois Koch im Salzkammergut geboren, kam als Bursch nach Wien, wo er den Elvis-Film »Gold aus heißer Kehle« sah, um in der Folge erst dem Rock 'n' Roll und dann zunehmend seiner finsteren, sumpfigen Oma, dem Country Blues, zu verfallen. Den spielte er bereits, als die Regierung Klaus angelobt wurde. Den spielt er bis heute in gülden patinierter Meisterschaft. Ich gestehe ja gern, in der Seele mehr ruhender als rasender Reporter zu sein. Ich warte, dass die Welt in meine Kreise eintritt. So sah ich Al Cook vergangene Woche natürlich in Mitte, im einzig wahren Café dort, im Heumarkt. Al Cook, sein cognacbrauner Nadelstreif, seine Budapester Schuhe, seine Gibson L5 und sein Begleiter, der Klavierspieler Charlie Lloyd, trafen im Heumarkt ein.

Sie probierten ein bisschen im noch leeren, aber schon von der frühen Winternacht umspülten Café. Und schon bei den ersten Tönen schien es, als ob die Lampen gedimmt würden, von der Hand des großen Finsterlings, der am Highway 61 noch immer auf die jungen Gitarrenspieler wartet. Dann kamen die Zuhörer, und Al Cook nahm sie gar nicht wahr. Irgendwann schlurfte er zu seinem uralten ziegelsteinförmigen Mikrofon, schüttelte sein unglaubliches Gesicht, sträubte seine herrlichen Koteletten und sang. Die Zeit radelte zurück. Erst in die Fünfziger, als Elvis und Al Cook in einem Wiener Kinosaal Blutsbrüder wurden, dann weiter in die Zwanziger, als Al Cooks unsterbliche Seele in einem Willow Tree des Delta hängengeblieben sein muss. Damals war auch Krise, so wie jetzt.

Al Cooks Musik passt hervorragend zum Weihnachtsfest 2011.

Wenn Sie das lesen, sind wir bereitet. Der Baum steht, und es sind nur noch ein paar Stunden, in denen er nicht umgeschmissen werden darf, ehe er erstmals angezündet werden soll. Das Christkind, von dem keiner weiß, wie es aussieht, wird dann kommen. Und ich habe meine neuen, schwarzen Stiefeletterln auch an den neuen, braunen Ledersohlen gereinigt, dass ich nicht filzbeschuht im Schatten der Tanne stehen muss. Ja, wir sind bereitet, die Liebste, die Brut und ich – mehr noch als durch Tannen, Schuhe und Kerzenschein sind wir es innerlich, und wie üblich bei Leuten wie uns, haben wir das mit der Sprache gemacht. Ab dem ersten Dezember zieht hier ein ansonsten gut verwahrtes Wort in den alltäglichen Sprachgebrauch ein, es ist das Zauberwort, mit dem sich die Adventzeit trefflich fernsteuern lässt, es lautet: weihnachtlich. Oder, in der Verneinung: unweihnachtlich. Beispiel: Morgen ist eh nix los?, frage ich ängstlich die Liebste. Sagt sie: Der Nonno schaut weihnachtlich vorbei. Das bedeutet nicht nur, dass mein lieber Schwiegervater in weihnachtlicher Mission bei uns vorbeischauen wird, sondern auch dass sein Vorbeischauen in den Kanon willkommener, weil passender (vor-)weihnachtlicher Ereignisse aufgenommen wird. Schon teilen sich meine Lippen zu einem Lächeln, und ich freue mich auf den Nonno. Manchmal in den vergangenen Wochen ward das Empfinden, was genau weihnachtlich sei, unkonsensual und höchstpersönlich. Da wollte die Liebste in den Ersten, Verwandtengeschenke besorgen, was sie als weihnachtlich ansah, ich aber nicht. Dafür fand sie es wieder unweihnachtlich, als ich, während die Kinder um den Adventkranz Nusserln knackten, Danzers »Vorstadtcasanova« anstimmte. Oder der Erstgeborene sagte auf die Aufforderung, neben der sofort fälligen noch eine mittelfristige Hausübung zu erledigen: Das wäre total unweihnachtlich! Dann finden wir einander wieder am Ende des Tages, wenn ich am Sofa neben der Liebsten mit müder Hand auf die bratapfelrote Fendergitarre deute und bemerke: Die nehme ich zum letzten Konzert des Jahres! Wie weihnachtlich!, sagt die Liebste, und in dem Moment ist das Christkind vorbeigeflogen, ohne dass wir hingeschaut hätten, und immer noch weiß keiner, wie es aussieht.

Im Gestirn der *Freizeit*-Mitarbeiter stehe ich bisweilen weit draußen, und das, obwohl ich mit dieser freundlichen, verlässlichen und klugen Redaktion wahrhaft gesegnet bin. Aber von Fall zu Fall bin ich dagegen, und zwar eher fundamental. Dann erweise ich mich als stur und störrisch, wenn auch stets frei von bösem Willen. Etwa wenn die Mitarbeiter angehalten werden, zur Selbstdarstellung Psychofragebögen auszufüllen, und ich das mit dem Argument ablehne, bei sowas total psycho zu werden. Oder wenn ich nie zu Weihnachts- oder sonstigen Zusammenkünften erscheine, mit der (zutiefst empfundenen) Begründung, dass gemütliche Zusammenkünfte jedweden Anlasses in mir Beklemmung und Phobie auslösen. Meine liebe Redaktion, es hat nichts mit euch zu tun! Könnte ich euch einzeln und, sagen wir, im Wald treffen, ich würde Wochen mit euch verbringen wollen. Ich glaube dabei ja, dass man mich in der Redaktion zum Teil versteht. Trotzdem liegt Mitte in diesen Momenten immer ganz draußen am Rand.

Und jetzt schon wieder: In vollendeter Höflichkeit hat die Frau Redakteurin Anni für das Silvesterheftl um rückblickende Texte gebeten, und was tue ich? »Ich schreie Nein! Nein! Nein! Nein! Nein! Nein! Nein! in zwölf verschiedenen Sprachen«, wie Ja, Panik! singen. Nein, hochgeschätzte

Frau Redakteurin Anni, ich hasse es, zurückzublicken. Überhaupt, und speziell zum Jahreswechsel. Ich bin Anhänger einer zu hundert Prozent aufmerksam erlebten Gegenwart. Zu Silvester habe ich Zeit, im besten Fall Ruhe. Da übe ich diese Überzeugung in zenhafter Hingabe. Mit anderen Worten: Woher wissen wir hier und jetzt, dass »das Jahr 2011« stattgefunden hat? Warum sollen wir glauben, dass »das Jahr 2012« jemals passieren wird?

Alles ruht nach dem Weihnachtsfest. Die Zumutungen des Alltags sind momentan absent. Der Mensch, von nichts außer seinem Stoffwechsel determiniert, lässt sich sinken. Er ist ganz und gar weiße Gegenwart. Er beschmutzt sich weder mit Rückblick noch mit Vorsatz. Er bringt nichts hervor, nicht einmal Gedanken. Wenn doch Gedanken kommen, dann nehmen sie kurz wie kleine Vogerln auf der blendend weißen Seite, die vor uns liegt, Platz.

Dann fliegen sie wieder weg.

Ich habe Ihnen noch ein paar schöne Bilder aus der Zeit »zwischen den Jahren«, wie diese wirklich schöne Floskel lautet, anzubieten.

Etwa wie die Liebste, die Brut und ich am drittletzten Tag des alten Jahres zum Eislaufverein gehen und einen besonders großen abgesperrten Mittelkreis vorfinden, weil dort zwei arte-Moderatoren in Schlittschuhen vor der Kulisse des Konzerthauses irgendwelche arte-Moderationen drehen. Ich halte beim Fernsehen die Moderationen ja eher für etwas Vergebliches, und gerade auf arte, wo das Programm doch oft sehr gut ist, wirken die Moderationen dann immer extra vergeblich. Dies machte mich murren am Eislaufverein, dies in Verbindung mit der großen Sperrfläche, vor allem aber in

Verbindung mit der Tatsache, dass während des Drehs die Eismaschine nicht fahren durfte und das Eis schließlich an den Parkettboden in unserer früheren Wohnung erinnerte. Dann aber wichen die arte-Menschen, die Maschine fuhr. Die Liebste und ich genossen auf spiegelglatter Fläche die ersten zehn Runden nach dem frisch getrunkenen Waldbeer- respektive Zimtapfelpunsch, das ist der Moment, wo das Flieg-Gefühl am stärksten ist.

Anderntags bereitete ich den Leichenwagen für eine mehrtägige Familienfahrt nach Jugo vor. Erst fuhr ich Öl wechseln zum Midas in die Dampfschiffstraße und sah wie immer angesichts des Namens dieser Werkstatt einen ölfleckigen König vor dem inneren Auge, der verzweifelt versucht, einen goldenen Autoreifen zu essen. Dann fuhr ich zu unserer Tankstelle, wo der Autostaubsauger steht. Dieser war leider über die Feiertage an der Staubsaugertuberkulose erkrankt und saugte nur noch ganz moribund. Endlos lang hielt ich die Mündung über die unglaublichen Halden zermalmter Brezerln und Soletti im Fond des Leichenwagens, bis sie langsam kleiner wurden und verschwanden.

Und wieder die Vergeblichkeit: Ich wusste, dass die erste Frage der nach Jugo reisenden Kinder im Fond sein würde, ob es Brezerln oder Soletti gebe. Ich spürte, dass die Arbeit, die ich gerade beendete, die Vergeblichkeit schlechthin darstellte.

Aber ich wusste auch, dass ich ein glücklicher Mann war und dass Glück und Effizienz noch nie viel miteinander zu tun hatten.

Feriale Entspannung trägt hier Namen wie Obi-Wan Kenobi, Aayla Secura und General Grievous. Diese und hunderte andere Namen, die irgendwann dem rätselhaften Gehirn von George Lucas entsprungen sind, werden fast tonlos zwischen den Zähnen der Brut hervorgestoßen und fügen sich zu von uns Großen nicht zu durchschauenden Dialogen. Was man Menschen, die gerade nicht Eltern von sechs- bis elfjährigen Kindern sind, nämlich erklären muss: Es herrscht Star-Wars-Wahn, und das ohne neuen Film oder sonstiger inhaltlicher Veröffentlichung. Einfach nur, weil Lego so eine Serie aufgelegt hat. Und das Bös-Geniale daran ist, wie der Gumpendorfer Freund M. unlängst gscheit bemerkt hat, dass hier Raumschiffe um dreistellige Eurobeträge verscherbelt werden, obwohl die Gier der Kinder nur den mitgelieferten Star-Wars-Manderln gilt: Materialwert geschätzte fünf Cent. Die einmal zusammengebauten Schiffe, Trucks, Shuttles nämlich vergruscheln dann ungeliebt in dämmrigen Winkeln, während die wertlosen, wertvollen Mantschkerln ständig herumgetragen, verliebt betrachtet und draußen auf dem Sklavenmarkt des Unbelebten zum Tausch feilgeboten werden. Wenn man weiß, dass die helle Seite der Macht zum Helfen und zur Verteidigung, die dunkle aber zum persönlichen Machtgewinn benützt wird, hat sich Lego hier eher klar positioniert. Überhaupt sind ja Familien wie die unsere sowas wie tanzende, schlingernde Münzen, die entweder auf die helle oder die dunkle Seite fallen.

Es gilt also Grundsätze zu wahren, gemeinsam und jeder für sich. Unlängst hatte ich im Radetzky-Viertel eine Stunde Zeit, während ich auf das Fertigwerden eines Handwerkers wartete. Ich schwöre Ihnen, ich habe nichts zum Kaffeetrinken gefunden. Offen hatte zwar das eine, hübsche und feist kochende Wirtshaus, das »erste« am Platz. Aber da gehe ich nicht hin, weil die einmal total unfreundlich zur Brut waren, und für mich seitdem klar auf der dunklen Seite der Macht residieren. Lieber lenkte ich den Schritt in den Ersten und dort in das seit Jahrzehnten unverändert supere Café Ministerium, wo beste Stimmung herrschte, weil mehrere Gruppen bester Freundinnen sich jahreswechselmäßig mit Schampus betranken. Ich überantworte mich befreit der hellen Seite der Macht.

Unlängst fahren die Meinen und ich mit dem Leichenwagen zum Eislaufverein, nehmen die Beatrix als Schleichweg und kommen bei unserer alten Gasse vorbei. Die Liebste und ich stellen fest, dass uns diese Gasse immer berühren wird, aber auch, dass das jetzt nicht mehr »unsere Gegend« ist. Unsere Gegend ist jetzt da oben, in Erdberg. Das hier ist ein Teil unserer größeren, neuen Gegend. Aber wir bewahren uns ein mildes Interesse. Ich erzähle der Liebsten, dass ich jetzt beim neuen Kerschbaum war, also im neuen Geschäftslokal meines alten Lieblingsmusikgeschäftes, das schick und geschmackvoll runter auf den Heumarkt gezogen ist. *Alles neu, neu, neu,* singt Peter Fox. Wobei: Das Neueste überhaupt wollte mir noch nie und will mir jetzt schon gar nicht gefallen.

Anderntags sehe ich es, dieses Neueste, wie ich zu Fuß die Landstraßer Haupt runtergehe. An der Stelle, wo man auf dem Rochushügerl immer so einen super Blick über die Stadt bis hinauf zu den Wienerwaldbergen hatte, verstellt diesen nun ein Hochhaus, aber ein Hochhaus, das sich selbst nicht mehr hochkriegt, bucklert und halberigiert am Fuß der Landstraße lagert. Sie ahnen, was ich meine: der neue Bahnhof Wien Mitte. Die dazugehörige Website stellt die Fertigstellung heuer in Aussicht und ertönt etwas hohl: »In unmittelbarer Nähe zum historischen Stadtzentrum entsteht ein multifunktionaler Gebäudekomplex, der in seiner Attraktivität einzigartig sein wird – WIEN MITTE.«

Hab ich's mir doch gedacht. Hier ist die Bescheidenheit zuhause. »Neben der Hauptnutzung als Bürogebäude wird WIEN MITTE die Nachfrage nach Infrastruktureinrichtungen mit einem Shopping Center von rund 30 300 m² Verkaufsfläche hervorragend abdecken.«

Hervorragend, die richtige Antwort auf die Krise, auf die brennenden Fragen der Zeit! Aber nein, ich ärgere mich nicht. Ich beharre darauf, dass Wien Mitte jetzt nicht mehr in Wien Mitte ist. Ich richte meinen eigenen Blick in eine andere Richtung. Nach Simmering, wo ich immer mehr Lieblingsecken entdecke. Ins Burgenland, das sich mir gerade öffnet wie ein vom Wind aufgeschlagenes Buch.

2012 will ich mich generell weniger ärgern. Der Blick nach Osten, er hilft.

Die Erdberger Klippe, von der aus wir in die Welt schauen, ist dem Westen zugewendet, sprich: »dem Wetter«. Unten in Mitte, als wir Richtung Pannonien schauten, erreichten uns die meteorologischen Wechselspiele eher versetzt, schaumgebremst. Jetzt treffen uns die jeweils aktuellen Wetterwechsel ungeschützt, wie immer wieder überraschende Faustwatschen.

Tag eins: Schnee. Der Schnee fällt zum ersten Mal in diesem Winter. Er wird vom Wind fast waagrecht durch die Landstraßer Haupt getragen, in der Luft überholt er den 74A, fällt vor dem stöhnenden Bus zu Boden, wird von meinen Kindern zu Bällen gerollt und in die Schlacht getragen.

Tag zwei: Sonnenschein. Zum Zwecke der Ideenfindung wandere ich zum Sankt Marxer Friedhof. Dort ist der Schnee liegengeblieben. Tief steht die mittägliche Sonne. Die Grabsteine werfen lange Schatten. Ich bin heute der einzige Mensch hier, schreibe am Bankerl ein, zwei Absätze, ehe die Finger zu klamm sind. Wie immer frage ich mich, ob mir das den Friedhof verwaltende Stadtgartenamt ein Dachzimmer in dem stillen Friedhofsgebäude vermieten würde, als Denk- und Schreibstüberl. Ich lächle dem Grab des Nähmaschinenerfinders Madersperger zu und gehe.

Tag drei: Regen. Fetter, unabweislicher Regen. Regen mit Sturm, an unsere Klippe gepeitscht. Ich muss noch Brot kaufen, stehe am Weg zum Supermarkt an der Landstraßer Haupt, der Regen rinnt mir in den Kragen der Jacke und ich setze diesen wiederkehrenden symbolischen Befreiungsschritt. Ich quere die Haupt, weder beim Petrus-Zebrastreifen noch beim Raben-Zebrastreifen, sondern in der Mitte, ungeschützt, unbeampelt. Würde ich meiner Brut niemals erlauben. Stehe ich mit meiner Brut an der roten Fußgängerampel und ein Fremder geht bei Rot los, zische ich ihm gern ein bitterböses »Sehr intelligent!« nach.

Aber jetzt hier, ein regennasser Solitär im Tarnzeugs des Landstraßer Niederschlags, gehe ich einfach los. Hochgefährdet aber selbstbestimmt stiefle ich über die Straße, während die Tageslichtscheinwerfer der Erdberger SUVs rasch näherkommen, auf der anderen Seite happe ich zwischen den parkenden Autos zum Gehsteig. Ich bin in diesem Moment völlig frei.

Völlig frei kaufe ich ein halbes Tirolerbrot.

Es gibt eine saisonale Krankheit namens »Der Spätwinterliche Lagerkoller«. Es gibt diese Krankheit bei uns und überhaupt in der Welt. Wenn es zu lange schiach war. Wenn man zu lange nicht draußen war, weil man nicht hinausgehen wollte oder konnte oder glaubte, zu wenig Kraft dafür zu haben. In unserer Familie bildet Der Spätwinterliche Lagerkoller verschiedene Verhaltensweisen aus. Ich einerseits ziehe den Zeitpunkt des Feuermachens im Kamin täglich ein Stück vor, strecke mich ächzend vor dem prasselnden Flammenwinkerl aus, eine kleine Westerngitarre in Griffweite, kann mich aber nicht entspannen, weil die Brut andererseits ihren eigenen Spätwinterlichen Lagerkoller auslebt, das »Unausgetobte«, wie die Liebste in ihrer Weisheit sagt. Sprich: teils verhaltener, teils offen ausbrechender Aggro. Dann heißt es: hinaus. Hinaus in die vermeintliche Unwirtlichkeit. Hinaus in die Kälte. Hinaus in das Land, in dem man »bei dem Wetter eh nix machen kann«.

Von mir aus: hinaus in den Tod. Aber hinaus.

So brachen wir, laut schreienden Protest von drei Kindern niederbügelnd, in letzter Zeit zu sehr schönen Ausflügen auf. So waren wir in Kritzendorf. Kritzendorf im Spätwinter! Wir standen erst am stahlgrauen, angeschwollenen und respektgebietend schnellen Donaustrom und malten uns aus, wie groß die Flut wäre, wenn all der westliche Schnee plötzlich zu schmelzen begänne. Dann marschierten wir los. Schnell, atemlos, rotgesichtig. Erst flussabwärts zur Rollfähre, dann über Forstwege wieder retour. Im Auwald stießen wir auf einen riesenhaften Kahlschlag, und ich klaubte ein Stück Holz auf. Es lag zwischen Spänen auf dem Weg und erinnerte an ein enormes Wurstradl, statt von einer Wurst von einem Baum gesäbelt. Wir bringen öfters Klaubholz mit heim, manchmal verbrennen wir's, manchmal ist es zu groß dafür, manchmal zu schön. Drum stehen gestaltenartige Wurzeln und Äste auf dem Kaminsims. Mein Kritzendorfer Wurstradl hätte ich gern verheizt, aber es erwies sich als zu groß, und noch immer besitze ich nur meine kleine, halbhinige Eisensäge. Ächzend streckte ich mich vor dem Feuer aus, die Anschaffung eines Fuchsschwanzes erwägend. Das Wunder: Meine Kinder waren jetzt so entspannt, dass sie mich meinen Gedanken überließen.

»Alles, was die Natur selbst anordnet, ist zu irgendeiner Absicht gut.« Das sagte Kant. Die Natur aber ordnete jüngst weitere eiskalte, trockene und lichterfüllte Spätwintertage entlang unserer Wochenenden an und zwang uns somit zu weiteren Freiluftaktionen. Diesmal lenkten wir den Leichenwagen in die Lobau. Da freute ich mich. Ich habe eine Vergangenheit mit der Lobau. Sie ist für mich so etwas wie eine Ex, mit der man trotzdem immer gut ausgekommen ist.

Mein vorletzter Roman spielte in der Lobau, und ich schrieb ihn auch dort, im Jahr bevor der Erstgeborene zur Welt kam. Ich lag damals im Unterholz herum und sprach bizarre Episoden auf ein Diktiergerät, die ich dann zuhause wie seltsamen Schmuck auf den wackeligen Christbaum meines Plots hängte. Es war Sommer. Die Nackten wälzten sich in der Dechantlacke. Die Gelsen umflogen wie ein halbseidener Heiligenschein mein Haupt. Die Lobau verdrehte mir den Kopf. Ich empfand sie als gleichermaßen bombastisch, lächerlich und geil, etwa wie eine Operette in Mörbisch. Aus diesen Erinnerungen speiste sich meine Vorfreude: »Kinder, wir fahren in die Lobau!« »Ich hasse die Lobau«, sagte die Drittgeborene. »Warum?«, fragte ich. »Du kennst sie nicht.« – »Es ist zu kalt für alles!« »Da draußen lauert ein Wolf, er will mein Blut. Wir müssen alle Wölfe töten!« Das aber sagte nicht ich. Das sagte Stalin. Wir nahmen die Zufahrt durch die Saltengasse, ließen den Leichenwagen stehen und machten uns auf den Weg in die Wildnis. Die Lobau im Spätwinterkleid hatte mit meiner überhitzten Jungmännerfantasie von 1999 nichts zu tun. Die Lobau war eine majestätische, ruhige, sich tendenziell verweigernde Flusslandschaft, von Feldern und Steppen durchsetzt. Dazwischen die breiten, struppigen Rücken der Urwälder. Wunderschön. Die Kinder schmissen Äste auf zugefrorene Altarme, spielten Fußball auf raureifgeschmirgeltem Wildrasen. Zuletzt fanden wir ein stehengelassenes Camp von Freaks, mit Kunstblumen, die auf kahlen Bäumen montiert waren und einer Hippiedecke im Gebüsch. »Ist das nicht leiwand?«, fragte ich die Kinder. »Mir ist fad«, entgegnete die Drittgeborene. »Wer Fehler finden will, findet sie auch im Paradies.« Das sagte auch nicht ich, das sagte Henry David Thoreau.

Minus zwölf Grad. Eiskalt. Zweistelliges unter null, ich kann mich nicht erinnern, wann es in Wien zuletzt so war. Wir gehen jetzt nicht mehr hinaus. Wir starren aus dem Fenster, in den Tag für Tag heller werdenden Himmel, aber wir rühren uns nicht. Zu kalt. Der Zweitgeborene und ich absolvieren am Feuer eine Gitarrenstunde, ich zeige dem Sohn, wie man von C-Dur auf A-Moll wechselt, wie das Stückl dann trauriger wird, wie man sich aber retten kann, indem man als nächstes G7 spielt, das Allheilmittel Dominantseptakkord, das die Gewissheit des erlösend wiederkehrenden C-Dur schon in sich trägt. »Gibt's das Lied schon?«, fragt der Zweitgeborene, sich die roten Fingerkupperln reibend. »Tausendmal«, sage ich. »Und jeder von uns schreibt irgendwann noch eines dazu.« Vor zirka 20 Jahren war es schon einmal so kalt. Aber weil der junge Mensch weniger friert als der mittelalterliche, ließ ich mich damals von dem zeitweilig als Kabarettisten missverstandenen Performancekünstler Karl Ferdinand Kratzl ins Künstlerhaus verzahren, wo er mir eine ungeheuerliche Band zeigen wollte, die ihr Licht über Wien leuchten ließ: Franz Franz & The Melody Boys. Wirklich ungeheuerlich. Eine Mischung aus Balkan und Bayou. Beatniks und Kafka-Kreaturen in einem. Gleichermaßen quälend und das Weltleid mildernd. »Jede Nochd um hoiba aans gibds a Madl oder kaans«, sangen sie zum Beispiel. Franz Franz boten mir echte Erweckung. Ein paar Jahre später trennten sie sich, ein paar von ihnen wurden zum ebenfalls superen Kollegium Kalksburg, während der sardonische Frontman eigene Wege ging. Man kann diesen großen Dichter und Sänger, er heißt Stefan Sterzinger, noch immer hören. Seine heutige Band heißt Sterzinger Experience und ist ebenfalls ein Wunderwerk. Drei Ziehharmonikas, Geige und Rhythmusgruppe, dazu der Sterzinger mit seiner lila Federboa und seinen Songs: Honkytonk Woman als Tango oder Faschiertes aus den Flachsen des Austropop. Musik für die Zeit nach dem Weltende und die ganz große Kälte: »Marantana / I woa immer Indianer / Manchmal wollt ich Cowboy sein / Doch dafür ist mein Hirn zu klein«, singt Sterzinger. Ich spiele das Stück dem Zweitgeborenen vor. »Oag«, sagt der Zweitgeborene. Er hat recht. Minus dreizehn Grad.

Es wird wärmer. Wir gehen wieder raus. Bei uns in Erdberg läuft Woody Guthrie. Ich nehme mir vor, bald der Brut zu erklären, wer Woody Guthrie war. Woody Guthrie wäre heuer hundert Jahre alt geworden, war der König der Folksänger und bleibt es für immer. Du warst draußen bei minus zehn Grad? Woody hat minus vierzig erlebt, »up in Maine«. Du hast einen Song geschrieben? Woody hat zweitausend Songs geschrieben. Was man also von Woody lernen kann: Gack dich nicht an. Man kann eine Menge und hält ziemlich viel aus. Es gibt kaum wichtigere Lehren. Ich nehme mir außerdem vor, mit der Liebsten und der Brut ins Kunsthistorische zu gehen und tolle alte Bilder anzuschauen. Als die Liebste und ich richtig jung waren, Mitte der Neunziger, rannten wir an einem eisigen Spätwintertag vom Arsenal, wo wir lebten, runter ins Kunsthistorische und schauten uns stundenlang Rubense, Breughels und Habsburgerporträts an. Das Glück dieser Erfahrung lagert noch immer in mir, und ich stelle mir vor, in der Brut irgendwas anzünden zu können, wenn wir ins Kunsthistorische gehen. Einstweilen hatten wir den Breughel dreidimensional, vor der Haustür. Sprich: Eislaufen, alte Donau. Wir hatten halt leider das Eis vor dem Schnee verpasst, das spiegelglatte, nachtschwarze. Wir kamen erst, als der Schnee draufgefallen war, und das Eislaufen zum Stöckeln mit Schlittschuhen wurde, von einer kleinen glatten Fläche zur nächsten. Die Drittgeborene und ich ließen es uns trotzdem nicht verderben. Hand in Hand querten wir die Alte Donau. Rundherum Tausende Wiener, erst dachten wir ja: nur lauter Bourgeois-Bohemiens, um den Begriff respektvoll auszuschreiben. Mamas mit Norwegermützerln, Kinder mit unbequem wirkenden Retro-Schlittschuhen. Dann aber sahen wir beim schönsten, gepflegtesten und glattesten Eisgeviert ein paar junge fesche

Kampln, die anders waren und eindeutig Kagraner Lokal-
hoheit ausstrahlten.

»Tut leid«, ließ der Häuptling, den Eishockeyschläger in der
Hand, die Bohemiens und uns wissen, »des is unsa Eis. Mia
schbüün do. Mia hom extra a Wegerl umadum gschaufelt!«
Die Drittgeborene und ich dankten für das Wegerl, wichen
aus und gackten uns nicht an: This land is your land, this
land is my land.

Mit einem Chemieunfall ließ der Himmel im
heurigen Jahr den Erdberger Fasching in die Erdberger Fastenzeit übergehen. Aber von Anfang an: Es ist Dienstagnach-
mittag. Der Faschingsmarathon ist beinahe vollbracht. Die
Drittgeborene hat ihre Pfaderer-Party schon seit Montag
hinter sich (weiße Katze) und ist auch vom Schulfest heim-
gekehrt (Prinzessin Lillifee). Ebenso der Zweitgeborene, der
als Anakin Skywalker am Dienstagvormittag bei der Schul-
party war und nun als Anakin Skywalker seine Pfaderer-
Sause absolviert. Der Erstgeborene, wie sein Vater kein
Freund von Kostümen, ging als Killer ins Gymnasium (normales Gewand, Spielzeugrevolver) und strahlte am Nachmittag bereits postkarnevaleske Entspannung aus. Nach der
Hausaufgabe geleitete ich ihn runter zum Franzosengraben,
wo sein Hip-Hop-Kurs stattfindet. Während er im Tanzstu-
dio verschwand, schritt ich über Erdbergstraße und Mode-
centerstraße zu den Gasometern, um dort bei den netten
Acoustic-Jungs in der Klangfarbe zwei Mundharmonikas zu
kaufen. Die Sonne ließ sich gülden in die gut gepolsterten
Wienerwaldberge fallen, ihre letzten Strahlen beleuchteten
die Rauchsäule des Simmeringer Fernheizwerkes. Ich war
glücklich, dankte dem Himmel für den poetischen Moment,

kaufte die Harmonikas und ging retour zum Sohn. Wir kehrten heim und zehn Minuten später überstürzten sich dort, wo wir gerade noch gewesen waren, die Ereignisse. Wir sahen den großen Rettungszug und die unzähligen Feuerwehren die Landstraßer Haupt hinaufrasen, ehe wir erfuhren, was los war. In der Baum, wo sich vis-à-vis der Arena freudlose Gewerbekabuffs zum sogenannten Industriegebiet Erdberg versammeln, war Ammoniak aus einer Kühlanlage ausgeströmt. Was ist Ammoniak?, fragte die Brut. Ammoniak ist überall, sprach ich über die Stickstoff-Wasserstoff-Verbindung. Unsere Nieren verwandeln Ammoniak zum Beispiel in Lulu. Weitere Feuerwehren rasten vorbei, Verwandte und Bandkollegen riefen an und ließen sich von mir versichern, dass hier Erdberg ist und nicht Seveso. 39 Leichtverletzte lautete die Bilanz, nicht bei uns, direkt in der Baum. Schleimhautreizungen, Atemnot. Glück gehabt, alle zusammen. Wir hoffen, dass die Kabuffs jetzt ihre Leitungen richten lassen. Und jetzt Fastenzeit.

Ich bin ja der Überzeugung, in der besten Stadt der Welt zu leben. Das ist, was der Angelsachse ein bold statement nennt, da ich ja nicht alle Städte der Welt kenne. Aber dann und wann muss ich mit meinen Liedern auf Reisen gehen, und was ich erlebe, stärkt meine Gewissheit. Diesmal zwei deutsche Städte: München, Berlin. Mannigfaltige Eindrücke, und wieder führen sie zur selben Gewissheit. Wien, ob du es verdienst oder nicht: Du bist ein Glücksfall. Wobei: München schon auch sehr super ist. München unterscheidet sich von Wien dadurch, dass die gescheiteren seiner Bewohner auch noch gut aufgelegt sind.
Die gescheiten Wiener sind ja gern ein bisserl depro. Den

Münchnern spielt man ein trauriges Wiener Lied vor, und als sprachliche Cousins verstehen sie jedes Wort, dann lachen sie, klopfen einem auf die Schulter und sagen sowas wie: Allerhand. Als hätte man ihnen von einem Lotteriegewinn berichtet. Gespielt und geschlafen habe ich in Altschwabing, im Club neben dem Club, in dem die eigentlich pensionierte Spider Murphy Gang noch manchmal auftritt, was zu hören mich erfreute. Die Münchner kamen zuhauf, tranken viel und waren heiter. Im Abglanz dieser Heiterkeit flog ich anderntags nach Berlin. Der niedrig hängende Himmel Preußens! Der kalt andrückende Wind! Die Gerippe der Winterbäume! Die dicken marxistischen Mauern der Volksbühne, wo ich singen sollte! Ich dachte an die Römischen Legionen, die depressiv nördlicher und nördlicher ins Germanische rückten und sich cui bono? fragten, besiegt von den ernsten Germanen mit ihren dichten Vollbärten. Die Berliner Männer tragen noch immer Vollbärte, wenn auch Hornbrillen dazu. Ernst wie die Horden des Fürsten Hermann lauschten sie meinen Liedern. Steinernen Gesichts und ohne zu lächeln versicherten sie mir nachher, ich hätte sie berührt. Ehe ich zum Auftritt ging, in einem vom Sturm krachen gemachten Hotel auf der Karl-Liebknecht-Straße, sprach ich telefonisch mit der Brut. Die Kinder erzählten mir, dass ein Lied mit dem Titel »Woki mit deim Popo« unser Land beim großen Europäischen Liederwettbewerb vertreten werde. Und dass sie, die Brut, voll hinter dieser Entscheidung stünden. Das berichtete ich den Berlinern. Und siehe da, für einen Moment lächelten sie.

Wie immer am äußersten Ende des Winters, wenn die anderen winterlichen Lustbarkeiten allmählich ausdörren, fordert die Brut ein Thermenbad ein. Diesmal wurde der Erstgeborene spezifischer: Bitte heuer was anderes, heuer bitte die Therme Wien. Sprich: Ex-Oberlaa. Wir zögerten. Dies hängt mit unseren Erinnerungen an die alte Oberlaaer Therme zusammen. Wissen Sie noch? Vorrangig rostrote Farbgebung, immer zu wenig Platz, olfaktorisch, äh, schwierige Zonen, Sedimente von Kalkstein, eingetrocknetem Shampoo und Zechenkaas zwischen den Kacheln. Aber mein Favoritener Freund und Agent Ch. versicherte mir, die neue Therme sei »eigentlich voll okay« und habe mittlerweile fast dazu geführt, dass er die alte Therme vergessen konnte. Also fuhren wir.

Was soll ich sagen? Die neue Therme ist tatsächlich voll okay. Als Bauwerk hübsch anzusehen, als Badeanstalt von verschwenderischer Vielfalt im Angebot. Trotzdem wurde ich am Ende des Badetages krank. Das schiebe ich nicht auf die Therme. Ich habe vielmehr Anfängerfehler gemacht. Erstes Problem: die Distanzen. Die Therme Wien ist so weitläufig, dass man, beziehungsweise ich als hauptberuflich hochsensibler Mensch, zwischen den Badegängen auf langen Wegen ins Frösteln gerät. Zweites Problem: die Rutschen. Die Drittgeborene wollte ihre erste Reifenrutschpartie mit mir gemeinsam ausführen. Schon in der ersten Kurve riss es mir den Reifen unterm Hintern weg, den ich aber irgendwie spießig nicht loslassen wollte. Es kegelte mir den linken Arm mit dem Reifen nach hinten, während ich mit dem rechten krampfhaft meine Tochter festhielt. Drittes Problem: das Thermenwirtshaus. Sprich: Ich hätte wie die Liebste ein Supperl essen sollen, statt mir eine Mischung aus Ostasien- und Heringssalat anzuhäufeln.

Am Dienstag nach dem Bade war ich krank. An den Schultern, am Bauche und am Beuschel. Und das an einem Tag, an dem der Biowetterdienst der ZAMG dichtete: »Vorübergehend nehmen die wetterbedingten Einflüsse auf den Organismus ab. Es sind nur noch bei sehr sensiblen wetterfühligen Personen Beschwerden möglich.« Da ist nichts zu erklären, und niemand hat Schuld, wie Frau Pluhar einst sang. Ich habe mich nur k.o. gekurt.

Irgendwann, hab ich mir gedacht, wird das enden mit Star Wars. Irgendwann wird das Interesse der Brut (die Drittgeborene, die Souveräne, nehme ich hier aus) erlöschen, und all die Yodas, Anakins und Obi-Wan Kenobis, all die Count Dokus, Darth Vaders und Palpatines werden sich wie müde kleine Larven in die Hirnwindungen des George Lucas zurückziehen, wo sie vor sich hindörren, bis zum nächsten Revival.

Aber nein: Das galaktische Feuer, es lodert, und ich bin selber schuld, denn ich habe es angefacht. Mit dem Zweitgeborenen habe ich drunten in Mitte die neu überarbeitete und dreidimensionalisierte »Episode 1« im Kino angeschaut, 136 Minuten interstellare Wickel und Taktiererei, und abgesehen davon, dass ich genau im Wortlaut meiner geliebten Oma ausgerufen habe »Mein Gott, do woara no jung, da Liam Neeson!«, war auch noch auffällig, dass der Zweitgeborene das erste Mal eine Kinovorführung ohne Lulugehen aussaß, ja, man muss es zugeben, so spannend war es. Aber als Darth Maul, der garstige Zwetschkenkrampus, dann Qui Gon Jinn um die Ecke gebracht und Obi-Wan Kenobi daraufhin Darth Maul gemurkst hatte, waren der Sohn und ich sehr erschöpft, und ich dachte: Vielleicht war das die Klimax. Vielleicht ist jetzt dann eine Ruh.

So fuhr ich dann am anderen Tag ins Burgenland, um in einer Mühle eine Platte aufzunehmen. Dort kratzte der Frühling schon so ein bisschen an den Scheunentoren. Ich sah ein dickes Reh, zwei hysterische Fasane und einen enormen Osterhasen im Felde. In mehreren »Schangln«, wie dort die Heurigen heißen, aß ich Wildschwein. Als ich eine halbe Woche später retour kam, wollte ich den Kindern alles das erzählen. Als ich die Tür aufschloss, trat mir der Zweitgeborene entgegen, die Hände hinter dem Rücken verborgen. »Weißt du, was ich alles gesehen habe?«, fragte ich. »Weißt du, was ich gekriegt habe?«, fragte er zurück und holte die Hände hinter dem Rücken hervor, in denen eine Sammelkarte lag: »Luke Skywalker in Gold!« Und weg war er. Kraftlos schnürte ich mir die Schuhe auf und sprach leise die Worte Reh, Fasan, Osterhase und Wildschwein aus.

Bester Laune ist die Drittgeborene, unsere Taferlklasslerin, heute aus dem Haus gegangen, weil die 1A gemeinsam in die Lobau zieht, Wintermist wegräumen. Sie erinnern sich, wie die Tochter mir noch vor wenigen Wochen vor einem Ausflug ein »Ich hasse die Lobau« entgegenschleuderte? Das ist vorbei, denn wir haben an der Naturliebe unserer Brut weitergearbeitet. Unsere grimmigen, spätwinterlichen Trotzausflüge sind allmählich in zart tastende Vorfrühlingsausflüge übergegangen. Wir waren etwa ein zweites Mal in der Lobau, zur Schneeglöckerlzeit. Wir haben dort außer den Schneeglöckerln einen über die Silberpappeln dahingleitenden Seeadler gesehen und außerdem dieses leicht obszöne Bild, bei dem sich in der Au grüne

Knosperln aus dem grauen Gestrüpp schieben, wie die Erektion eines Hundes aus dem Fell.

Dann waren wir im Schwarzenbergpark, noch eine Spur zu früh für Bärlauch und Grasfroschlaich, aber bereits mit den Gerüchen des unrastig anschiebenden Lenzes. Und schließlich waren wir vergangenen Sonntag im Prater, auf der Lusthauswiese, und da war der Bann endlich gebrochen. Hunderte Wiener taumelten ungläubig durchs kupferne Sonnengetänzel. Über 20 Grad wurden gemessen, sodass ich mich des Überhemdes entledigte wie auch der Schuhe und der Socken. Im Unterleiberl und baren Fußes stieg ich zum Lusthauswasser ab. Es ist ja eine alljährliche Primärerfahrung, was der bare Fuß beim ersten Ausgang so erspürt. Hoch ist die Empfindlichkeit der weichen Winterferse. Man fühlt das harte, schwarze Kastanienkugerl, das den Winter überdauert hat, man hört und spürt das Zweigerl unter dem Tritt brechen, als breche man selbst. Der klamme Gatsch des Aubodens macht Schüsseln unter der sensiblen Sohle, und alle diese Erfahrungen gilt es zu speichern unter »glückselig«, ehe die Hornhaut des Barfußerten sich bildet und alles wieder banal macht. Die Drittgeborene, die als einziges meiner Kinder das zoologische Interesse ihres Vaters übernommen hat, narrt schwarzwinterliche Teichfrösche mit einem Schilfstengel. Die Lurche sind so hungrig, dass sie nach dem Halm schnappen.

Mäderl, denke ich, am Ende des Sommers wirst du sagen: Ich liebe die Lobau! Ich liebe den Prater und alle anderen Donauauen der Welt!

Jetzt, wo ich endlich zu schreiben beginne, beginnt es da draußen zu regnen. Mein Thema wäre ja »Die staubige Stadt« gewesen. Bleibt es auch, auch wenn jetzt folgerichtig und saisonal »die dreckige Stadt« daraus wird. Es war warm, windig und unendlich trocken da draußen. Der Staub war die Aura des Vorfrühlings. Ich schaffe es noch immer nicht, den Staub in Fein- und Derbstaub zu unterteilen. Stadtstaub ist bloß das, was abends von den Händen der jüngeren Kinder abgewaschen wird. Jetzt geht der Staub baden, er wird zum schlierigen Postwinterdreck. Wo der Streusplitt aus dem letzten, harten Teil des Winters gelegen ist, sind nunmehr die Kapitalen des Staubs, in den Bacherln des Regens wird das zu einer dunkelbraunen, dunkelgrauen, hellschwarzen Sauce.

April, da duscht die Stadt. Lange, unwillig zuerst, dann aber sich an das Wasser gewöhnend, immer genüsslicher werdend, schließlich erneuert, wenn das Wasser versiegt. In der Volksschule hatten wir einen, den P., kräftigen und untersetzten Sohn eines Steuerberaters, der die ärgsten Theorien hatte. Und wie ein Steuerberater vertrat er sie mit einer übermenschlichen Selbstsicherheit, sodass man es glauben musste, ob man jetzt wollte oder nicht.

Das Schwarze Meer, sagte mir P., heißt Schwarzes Meer, weil die Donau seit Jahrtausenden den Dreck aus Wien hineinspült. Bis heute neige ich dazu, dem P. zu glauben.

In den Dreck- und Wasserfontänen des April gehen die Gedanken unter, und nur manche Gefühle explodieren wie unbewachte Munitionsdepots. Im Zorn und bespritzt von Regen und Dreck, sehe ich zum Beispiel die Plakate vom neuen Wiener Volksparteichef. Die in Wien eher volklose Volkspartei bringt seltsame Gesichter hervor. Der neue Chef, dessen Namen ich mir nicht und nicht merken kann, hat eine Frisur wie aus einem Heinz-Rühmann-Film, aber die Mundpartie von Rutger Hauer aus »Blade Runner«. Neben diesem Gesicht stehen dann Sprüche wie der, dass Kinder nicht gleich sind, und daher auch nicht in die gleiche Schule gehen sollten. Das macht mich irrsinnig wütend. Trost aber spendet, dass es regnet, und die meisten Wiener Volksparteichefs bis zum nächsten April wieder weggeduscht sind und ihre Sprüche auch.

Die Österreicher, so stand es kürzlich auf orf. at, diesem Leitmedium in Sachen »Low-Low«, die Österreicher also haben Griechenland ihre touristische Liebe entzogen. Selbst Deutschland – Deutsch-land! – rangiere mittlerweile vor Hellas, was die Ferienpläne angeht. Ja, so sind wir. Da kennen wir nichts. Misswirtschaft, Schlamperei und Rütteln am Euro-Watschenbaum werden von uns sofort bestraft. Wir kaufmännische Supertalente, wir redliche Moralgestirne, wir brillant-ökonomische Superösis, wir dulden sowas nicht. Wir saufen unseren Retsina dann halt in Frankfurt. Das habt's jetzt davon, ihr … ihr … ihr … Griechen!
Die Liebste, die Brut und ich sind halt leider schlechte Ösis. Kein Gefühl dafür, was sich gehört. Die Griechenland-Ferien im August sind schon gebucht. Und den Reisebüro-Gutschein, den die Drittgeborene bei einer finnischen (!) Tombola gewonnen und in ihrer Güte der Gesamtfamilie zur Verfügung gestellt hat, den haben wir letzte Woche wo am Schädel gehaut? In Budapest! Drei Tage beim zweiten europäischen Schmuddelkind. Aber was sollen wir tun? Wie die Griechen betören auch die Ungarn unsere panier-sozialisierte Verdauung mit ihren intransparenten Eintopfgerichten, wie die Griechen umschmeicheln auch die Ungarn mit

ihrem melancholischen Folk unser Innenohr, wie die meisten Griechen sind auch die meisten Ungarn einfach urnette Leute. Ich schwör's Ihnen: netter als bei uns. Wir ließen uns also gehen, down in Pörkölt Country. Der indische Elefant im jugendstilenen Budapester Zoo beruhigte unsere Nerven. Das schwefelige Wasser des unglaublichen Gellertbades umgurgelte unsere Bandscheiben, während steinerne griechische (!) Quellgötter uns mit leeren Augen musterten. Wir aßen völlig undurchsichtige Gulasche und Pörkölte. Und zu guter Letzt fuhren wir raus auf die größte Gstetten von Pest, besuchten den chinesischen (!) Trashmarkt, wo der schöne asiatische Brauch des Kopierens »Markenprodukte« aus aller Welt zu dem macht, was sie eh sind: zu Grusch. Bestgelaunt, nach einem sonnigen Übergangs-Aufenthalt am Neusiedlersee, erreichten wir das Heimatland.

Aber dem Falkenblick unserer Landsleute kann man nichts vormachen. Frisch zurück aus den Fußgängerzonen Bielefelds, sahen sie uns komisch an.

Als Döblinger, der in Erdberg gelandet ist, stelle ich so eine Art Hans im Glück der Wiener Bezirkswelt dar. Andere Distrikte, die ich nur peripher oder punktuell kenne, behalten etwas Mysteriöses für mich. Nehmen Sie Hernals: Dieser große, an die sanften Hänge des Wienerwaldes malerisch hingeklatschte Bezirk hat mich gleich zweimal im Leben massiv beschenkt. Einmal mit meiner Großmutter mütterlicherseits, ein weiteres Mal mit meiner Frau. Ja, die Liebste entstammt dem Siebzehnten. Nach dem Motto »You can take me out of Hernals, but you won't take Hernals out of me«, merkt man ihr das nicht immer an. Wenn sie aber ihr Hernalsertum outet, dann hat das etwas Bedeutsames, denn meistens tut sie dies einem weiteren Hernalser gegenüber, und sofort liegt so eine suburbane Aristokratie über dem Gespräch, eine bezirksbedingte Geheimbündlerei. Unlängst durfte ich beim Akkordeonfestival spielen, wir fuhren also ins (Hernalser) Metropol und trafen dort den Akkordeonfestival-Intendanten P., der sich nicht nur als Hernalser herausstellte, sondern auch noch als Abgänger der Volksschule Wichtelgasse, wo auch die Liebste war. Mehr brauchte ich nicht: Der kühle Wind, der alle Außenstehenden trifft, wehte mich an. Der Hernalser reibt sich traditionell am Ottakringer. Die (Hernalser) Schauspielerin S. hat es mir so erklärt: Der Ottakringer spricht »Heanooeees« auf verächtliche Weise aus, die zweite, betonte Silbe so, als hätte er Schleim im Rachen. Während der Heanoesa die erste, eigentlich geradezu auszurufende Silbe von »Ottakring« dumpf erstickt, als würde es ihn genau in dem Moment würgen.

Kurz: Rau mag es sein, im Westnordwest von Wien, aber auch schön. Was mir am besten gefällt, speziell, wenn ich aus »weiten« Metropolen wie Berlin retourkomme, ist die Hernalser Haupt. Die Hernalser Haupt ist ein für Wien verrückt großer Boulevard. Der 43er hat auf seinen Trassen mehr Platz, als auf der ganzen Margaretenstraße zu finden ist. Einmal möchte ich zu Fuß diese Straße ganz allein hinaufgehen, vom Gürtel bis zum Göttlichen Heiland. Es wird Stunden dauern. Ich will alle Geschäfte sehen, alle Wirten, alles in mich hineingeben, um dem Menschen, den ich am meisten liebe, noch näher sein zu können.

Zu sagen, dass die Liebste und ich grüne Daumen hätten, wäre falsch. Wir haben, tja, fleischfarbene Daumen mit grünen Punkterln. Das heißt: Gärtnerische Aufgaben gehen uns eher schlecht denn recht von der Hand. An der Außenseite unserer Erdberger Wohnklippe kleben zwei kleine Romeo-und-Julia-Balkontscherln, und im Frühling schreiten wir zu ihrer Begrünung. Imperativisch wirkt sich der geradezu leuchtend-grüne Daumen der Nachbarin über uns aus, die auf ihren beiden identen Balkontscherln eine verschwenderische Fülle von Pflanzen zieht, von Oleander über Rosen und Margeriten, bis hin zu einem reizenden kleinen Obstbaum im Trog. Bei uns ist es schwieriger: Alles, was im letzten Jahr am Balkon stand und prangte, ist uns über den Winter verdorben. Der Lavendel, der Topfbambus und die beiden Rosen. Die Rosen hatten es bis ins kühle Stiegenhaus geschafft. Dort aber begannen sie nach Weihnachten auszutreiben, das machte uns nervös, und wir hörten auf zu gießen. Und so starben sie.

Drum brachen wir letztes Wochenende auf zur Simmeringer Haide, zur Gärtnerei. Mir kam der alte Travnicek-Dialog in den Sinn, wo Qualtinger in der russischen Steppe war und Bronner ihn fragt: »Die unendliche Weite des Landes muss doch ein einmaliges Erlebnis gewesen sein?« – »Wieso?«, antwortet Qualtinger/Travnicek, »die Simmeringer Haide ist auch kein einmaliges Erlebnis.« Stimmt nicht. Gerade die Pflanzen- und Gärtnerbedarf-Filiale weckte vor allem in den Kindern kreischend geäußerte Bedürfnisse. Die Drittgeborene wollte ein Windrad, den Erstgeborenen reizte der Verruchtheit halber die Zierhanfpflanze, und der Zweitgeborene wollte einfach Einkaufswagerlfahren, immer ganz hart an den Stapeln mit den Terrakottatöpfen vorbei. Währenddessen versuchten die Liebste und ich Rosensorten auszuwählen. Unser Blick strich über »Ingrid Wendl«, »Stadt Wien« und – die Achtziger sind noch immer hip – die »Heckenrose Dr. Waldheim«. Letztendlich entschieden wir uns für »Gertrude Jekyll« und, als Hommage an meine Verlegerin, für ein Exemplar von »Souvenir de Marcel Proust«. Deren vier blattlose Stammerln ragen jetzt trist aus der schwarzen Erde, draußen am eisigen Balkon.

Misstrauisch starre ich sie an.

Fahrradtandler Kohn von vis-à-vis hat mir zu nachbarschaftlichem Preis mein Patagonia-Radl wieder saisonfähig gemacht. Das ist angesichts des Lenzes eine mich beruhigende Tat. Es ist nicht ausgeschlossen, dass ich es hier schon erwähnt habe: Jenes Patagonia-Radl in Weinrot ist eine Überlassung meines aus Wien fortgezogenen französischen Schwagers, deshalb bleibe ich ihm Jahr um Jahr treu. Das Rad strahlt, obgleich ein deutsches Fabrikat, einen Hauch von Paris für mich aus, etwas Frühlingshaftes, obgleich es selbst, tja, klar im Herbst steht. Der harte Winter im Lichthof hat mein Radl nicht jünger werden lassen. Kohn hat neue Pedale, Lamperln sowie eine Glocke montiert. Sag ich: »Bitte keine zupfige Bimbimbim-Glocke, sondern eine Rrrrrrinnng-Glocke, die man einmal lange und befriedigend durchdrückt.« Sagt er: »I waaß scho.« Das Patagonia hat eine komische Schaltung in der Achse des hinteren Rades, wo nur noch der schwere und der leichte Gang gehen, nicht aber der Allrounder in der Mitte. Kohn sagt, da müsse man wohl eine neue Schaltung einbauen, das sei bei diesem Typus, aber na ja ... Schmerzerfüllt ob der antizipierten Schwierigkeit der Reparatur verzieht sich sein Gesicht.

Wir lassen den Umbau bleiben. Lieber fahre ich los, noch

immer früher Vormittag, in den perlend grünen Prater, wo sich die täglich weiter ausschlagenden Kastanien ihre Äste freundschaftlich wie Blätterhände reichen, über die Alleen hin. Die Amserln machen Dullióh, der Teichfrosch singt mit sich erwärmender Stimme am Saum des Heustadlwassers. Der Frühling ist hier eine stille, noch kühle Andacht.

Ich trage Hut und Schwarz. Unter mir bebt das Patagonia-Radl. Ich biege in die Hauptallee ein. Weit hinten blinkt ein Stückerl Gelb vom Lusthaus. Der Fahrtwind auf der Haut ist von kosmetischer Qualität. Mein Sieg über den Winter 2011/2012 macht sich wie eine Droge in mir breit. Mit der leisen Gefährlichkeit des apokalyptischen Reiters nähere ich mich einer Herde Nordic-Walkerinnnen, klicklick, weiß gekleidet vor mir in der Allee. Kurz hinter ihnen weihe ich die Kohn'sche Glocke ein, ein langes, befriedigendes Durchdrücken, die Ladies stieben auseinander.

Lasset uns singen, denke ich, tanzen und springen.

Unlängst hab ich gleich zweimal den Ingenieur P. gesehen. Einmal, wie er, tadellos angezogen, in ernster Laune ein Erdberger Wirtshaus verließ, und dann, wie er in Gedanken die Hauptallee im Prater entlangwanderte. Der Ingenieur P. ist Tonmeister im ORF-Funkhaus. Er ist nicht nur Träger der gepflegtesten Koteletten des öffentlich-rechtlichen Rundfunks, sondern auch der beste Tonmeister, den ich kenne. Ich hab ihn bei heiklen Arbeiten, live übertragenen Konzerten, On-Air-Gesprächen mit Unplugged-Musik und Ähnlichem erlebt, und immer die schlafwandlerische Sicherheit des Ingenieurs bewundert.

Und weil ich diesen Franz von Assisi der akustischen Frequenzen nun zweimal außerhalb seines Biotopes gesehen habe, deute ich dies als Menetekel und erhebe hier meine Stimme zu einer ernsten Frage. Die ORF-Führung möchte das Funkhaus verkaufen. Direktor Wrabetz, verzweifelter Versilberer seiner eigenen Familie, möchte die Radios und das Fernsehen am liebsten bei uns in Erdberg an einem neu zu bauenden Zentral-Schaltplatz versammeln. Dagegen steht nun eine Gruppe von Hörfunkmitarbeitern unter dem Namen »Rettet das Funkhaus« auf, und ich sage Ihnen: Die haben recht! Das von Clemens Holzmeister für die ORF-Vorgängerin Rawag erbaute Funkhaus ist ein Tempel der gereiften Öffentlichkeit in diesem Land. Hier, wo Ö1, FM4 und das Landesstudio Wien sich ein Dach teilen, regiert eine Stimmung, die wie wenig anderes für gereifte Öffentlichkeit steht. Dieses Radiogebäude hat mojo, womit schon Muddy Waters eine Mischung aus Zauberkraft und Sexappeal bezeichnet hat.

Es geht auch anders: Ein »modernes« Radiostudio wurde vor einigen Jahren für den »modernen« Sender Ö3 geschaffen. Als der Erstgeborene mit der Volksschule die dortige medientechnische Laubsägearbeit besuchen durfte, fragte er mich nachher: Daaas soll ein Radiostudio sein? – Nein, sagte ich, ein Radiostudio findest du in der Argentinierstraße, dort, wo mein Bekannter, der Ingenieur P., arbeitet! Aber vielleicht haben die Ö3ler einen Schreibtisch für den Herrn Wrabetz, damit er sich bei ihnen in moderner Atmosphäre beruhigt und von seinem bachenen Vorhaben wieder abkommt. Schon weil ich glaube, dass wir in Erdberg nicht hunderte traurige ORFler verkraften können.

Die Liebste und ich hatten für den Sonntag einen schönen Plan gehabt. Wir wollten von Stammersdorf aus auf den Bisamberg wandern. Theoretisch, um diese Zeit durch ein Land blühender Akazienbäume, milder Brisen und zarter Sonne. Der Weg sollte uns die Stammersdorfer Kellergasse aufwärts und dann ins Grüne führen. Wir wussten aber nicht, dass die Stammersdorfer Kellergasse an jenem Tag etwas anderes im Schilde führte. Die uns überrumpelnde Veranstaltung hieß »Mailüfterl 2012« und stellte so etwas wie eine Schnittmenge aus Kirtag und Weinverkostung dar. Die ja wirklich hinreißende Stammersdorfer Kellergasse hatte man mit allerhand schreiend buntem Tand und mehreren Karaokekünstlern bestückt. Sehr viele zum Genuss entschlossene Menschen aus Wien Nord und dem Weinviertel hatten sich eingestellt. »Si, si, Señorita!«, sang der erste Karaokemann uns frohgemut entgegen. Die Brut begehrte intensiv neonfarbenes Gatsch-Eis, aber auch Schiff-Schaukeln, aber auch Wertlosigkeiten vom Standl. Die Armen, sie durften nix, weil, nein, deshalb waren wir ja nicht gekommen. Nein, wir wollten da rauf, und grimmig arbeiteten wir an unserem Ziel.

Einmal kamen wir vom rechten Wege ab und aßen irgendwie verstohlen am Dach eines Weinkellers ausgezeichnete Fleischlaberln mit Schwarzwurzelsalat. Um mich anzupassen, trank ich einen Gspritzten.

Dann zogen wir weiter. Das Mailüfterl wehte unvermindert um uns. Lustige Aufschriften (»Hilft Viagra nimmermehr / muss der Liebeskäse her!«) und Hüpfburgen säumten unseren Weg. Endlich dann das Ende der Kellergasse! Der erste blühende Akazienbaum! Das Loch im Himmel, wo einst der Bisamberger Sender stand! Aber wir waren verbraucht. Wir sanken auf das erste freie Wieserl. Die heldische Liebste und die Drittgeborene spielten eine Weile Fußball gegen den Zweitgeborenen. Dieser siegte, weil er bergab spielte. Der Erstgeborene und ich lagen derweil leer im Gebüsch herum. Dann gingen wir einfach wieder runter. Das Mailüfterl begrüßte uns, als wäre nichts gewesen. »Es gibt Millionen von Sterrrrnen«, sang der letzte Karaokemann. Und auf einem desolaten Keller fand ich eine alte Gravur: »Wir wünschen allen, die uns kennen / das Doppelte, was sie uns gönnen.« Das fand ich sehr schön. Das lernte ich auswendig, um es Ihnen hier aufzusagen.

Der Mai ist ein aufschlussreicher Monat, was den Zustand des Menschen nach einem Wiener Winter angeht. Der Mai macht nicht etwa alles neu, im Gegenteil, er macht alles Alte offenbar. Weil im Mai sperrt das Stadionbad auf. Ich gehe hinein, werfe vor der hellen Welt die Kleider ab und schwimme. Währenddessen und danach erkenne ich mich selbst. Ich kann also sagen: Der heurige nachwinterliche Zustand ist nicht schlecht, aber auch nicht gut.
Ich bin heuer seit Langem wieder einmal Saisonnier im Stadionbad. Ab neunzehnmal Herkommen, hab ich mir ausgerechnet, zahlt sich die Saisonkarte aus. Sechsmal hab ich schon. Bei der Saisonkarte war automatisch ein Kasterl dabei. Dieses Kasterl hab ich als alter Wiesenmensch noch nicht besichtigt. Aber der Gedanke, eines zu haben, erfreut mich irgendwie. Manchmal betrachte ich berührt den seltsam geschnittenen Schlüssel und denke mir: Eines Tages lege ich eine Bürste in mein Kasterl. In den ersten beiden Wochen war die große Uhr im Stadionbad auf sieben vor neun stehengeblieben. Das gefiel mir, denn zwischen acht und neun in der Früh dürfen nur Saisonniers ins Stadion-

bad. Die stehengebliebene Uhr schien meine Exklusivität zu feiern, und das, obwohl ich noch nie vor halb zehn hingekommen bin. Zu den sonstigen Neuigkeiten zählt das heurige Dienstgewand der Bademeister: ein erdbeerrotes Muskelleiberl. Mein Lieblingsbademeister ist ein hervorragend gelaunter Glatzkopf von der Sorte, die nie laut werden, sondern schlimme Buben mit einem winzigen Blick erdolchen. Zum erdbeerroten Leiberl trägt er eine himbeerrote Trinkflasche bei sich, und allein sein raubkatzenartiger Gang um das Sportbecken schafft ohne Worte eine Atmosphäre der entspannten Ordnung.

Die unselige letztjährige Neuerung, das Sportbecken in einen normalen und einen Senioren-Teil zu trennen, hat man leider beibehalten. Es führt dazu, dass sich die Senioren in affirmative Kampf-Senioren einerseits und Ewig-Junggebliebene andererseits teilen und in beiden Becken vorkommen. Bei solchen Überlegungen fühlte ich mich aber neuerdings von zwei sportlichen Burschen beobachtet, und mir wurde klar, dass sie mich zwar zu den Ewig-Junggebliebenen, aber doch auch klar zu den Senioren zählten.

Die Drittgeborene und ich machen zweimal im Jahr einen Ausgang in die Stadt, den wir lieben, weil er nur uns gehört. Bei der heurigen Frühjahrsausgabe dieses Ausganges standen das Gewandgeschäft am Stephansplatz, der Eissalon in der Tuchlauben und ein Spielzeuggeschäft auf unserer To-do-Liste.

Letzteres, weil die Drittgeborene gegenüber ihren Brüdern, die dauernd die unseligen Panini-Pickerln kriegen, so etwas wie ein moralisches Guthaben angehäuft hat und auch »etwas« bekommen sollte. Es ist Samstagvormittag. Ich, der ich knappe zehn Jahre meines Lebens im Ersten gewohnt habe, sehe mich vor der Aufgabe, meiner klugen Tochter, die die seltsamen Seiten des Menschenlebens immer sofort erkennt und hinterfragt, diesen ersten Bezirk zu erklären. Warum sind in diesem Bezirk so viele schöne Häuser? Weil das einmal der wichtigste Bezirk war, früher sogar der einzige. Was sind Touristen? Strangers in a strange Land, zitiere ich Dylan. Warum immer so viele auf einmal? Um das Strange-Sein besser aushalten zu können. Wann simma endlich im Gewandgeschäft? Jetzt. Gleich. Im Gewandgeschäft stelle ich befriedigt fest, dass meine Tochter eine zügige Auswählerin von Gewand ist, darin ihrem Vater gleich. Sie sagt: Ich habe Sommerkleider, brauche aber mehr. Wir kaufen ein schwarzes mit Blumerln, auf dem man Flecken kaum sehen wird, ein weißes, auf dem man jedes Fuzerl sehen wird, und ein kleines blaues Fetzerl fürs Badengehen. Dann fallen wir in den kühlen, gnädigen Schanigarten der Tuchlauben ein. Da ist es noch vormittäglich still, angenehme Lederpolster seufzen unter uns, ich bestelle ein Glas Nougat-Eis. Warum nimmst du nur eine Sorte, Papa? – Weil's diese Sorte nur hier gibt, und weil sie so gut ist. Ich singe noch das Lied des Walderdbeer-Eises, der zweiten exklusiven Tuchlauben-Sorte, die es dann im Sommer geben wird. Die Drittgeborene ist zufrieden, schon vor dem Erwerb des Puppen-Freizeithäuschens, und geht willig mit mir ins Plattengeschäft, den Jack White kaufen. Auf dem Cover sieht man Jack mit einem Truthahngeier auf der Schulter. Papa, warum hat der einen Geier auf der Schulter? Weil er oag ist, sage ich. Wir sind zufrieden und ganz bei uns. Vor uns teilen sich Japaner und Italiener wie das Rote Meer.

Ein gewittriger Tag schenkt mir seine zwei-
einhalb schönen sonnenstrahlenden Stunden zu einer Zeit,
wo ich was mit ihnen anfangen kann. Nachmittag. Ich sitze
mit dem Banjo auf dem Schlafzimmerbalkontscherl, zwischen den Töpfen mit den (ja!) mittlerweile verschwenderisch blühenden Gertrude-Jekyll-Rosen. Unter mir zieht der
lange, ruhige Fluss der Landstraßer Haupt dahin. Gutmütig
brummt der 74A. Fröhlich plaudern zwei Sikhs mit prächti-
gen Turbanen. Emsig bricht Nachbarin H. Richtung Osten
auf, nach Simmering, zum Rosengärtner. Soll i da a Steggerl
mitbringen. – Danke, danke nein, unsere sind noch immer
nicht verdörrt. Im drängenden, bereits das nächste Gewitter ahnenden Wind treibt ein unverkennbar lilanes, aufge-
rissenes Panini-Pickerl-Packerl durch unsere Gasse. Genau,
Europameisterschaft.

Und unversehens wird der Fluss Landstraßer Haupt zum
Fluss Zeit. Vor vier Jahren waren die Kinder noch mehrheitlich Kindergartenkinder. Wir lebten noch in der alten Mitte,
beziehungsweise hatten wir die neue Mitte noch nicht bis
Erdberg gedehnt. Wir fuhren noch keinen schwarzen Leichenwagen, sondern so etwas wie ein weißes Elektroboot.
Earl Scruggs und Doc Watson lebten noch, und die Fußball-
EM war in Wien. Am Anfang mussten die Unseren ja sogar
mitspielen, das war etwas stressig. Dann konnten wir uns zu-
rücklehnen, ich erinnere mich an einen polnischen Fan, der
volltrunken an einer 74A-Station saß und weinend das Wort
Polska! hervorstieß. Jetzt hat der den Stress zuhause.

Ich erinnere mich, wie die Liebste und ich zum Ring hinun-
terwanderten, was uns damals sieben Minuten kostete, um in
der glückstriefenden Schlammlawine eines türkischen Sie-
geszuges zu baden. Ich weiß noch, wie der Karlsplatz genau
damals zu einem dort noch nicht gekannten Leben erwachte,

mit den zur Euro rasch organisierten und dann vor allem von den Wienern so genossenen Freiluftkonzerten. Daraus wurde dann das Wiener Popfest, während die EM weiterzog, ostwärts. Oag, denke ich, in den Fluss Zeit starrend.

Ich schicke noch einen verminderten Akkord über die Landstraßer Haupt und gehe ins Wohnzimmer, Panini-Pickerl-Packerln klauben. Ich muss mit den Kindern reden. Gleich kommen sie eh.

Alle aus der Schule.

Fronleichnam. Der Tag ist noch kühl, aber seine leicht geröteten Wangen zeigen, dass er schwanger ist mit kommender Hitze. Der Leichenwagen schnurrt stromaufwärts. Wir haben uns auf Kritzi geeinigt. Schnell, konfrontationslos, in seltenem innerfamiliären Konsens. Ich fahre seit 25 Jahren ins Strombad Kritzendorf. Ich habe den Fluss hier Buchten ausfressen und Sandbänke aufschütten sehen. Ich habe Menschen in die Siedlung ziehen und nach zwei, drei Hochwässern wieder wegziehen sehen. Ich habe die Hochwässer selbst gesehen, stinkende, das Menschenwerk zerstörende Gewalten. Und dazwischen die besten österreichischen Sommertage meines Lebens. Selbst war ich nie ein Siedler. Immer nur so ein Tageszigeuner, der seine Decke entfaltet, den Tag pflückt und zurückhuscht in die große Stadt. Aber gerade ohne diese ultimative Involviertheit glaube ich, einen besonnenen Überblick zu haben über ein Vierteljahrhundert Kritzendorf. Das Strombad, das sich auf geheimnisvolle Weise die Noblesse seiner Frühzeit vom Anfang des 20. Jahrhunderts bewahrt hat, geht durch Phasen. Manchmal zeigt es sich feist, manchmal zerrauft. Manchmal ist die Dynamik auf der Wiese prickelnd, manchmal ist sie fad, wobei beide Kritzendorfer Zustände (wie alle Kritzendorfer Zustände) am Ende zur Erholung führen. Nach dem heurigen Fronleichnamstag glauben die Liebste und ich prophezeien zu können: Es wird ein gutes Kritzendorfer Jahr! Ja, warum? Halb bis gar nicht verabredet trafen wir auf der Wiese auf genau die richtigen Bekannten. Aber das war es nicht. Auch das neue, schon im Vorjahr frisch übernommene Donaurestaurant mit seinem urguten Essen war es nicht. Im Nachmittagsgold, auf der Wiese, fiel es uns dann ein. Wir waren von lauter süßen, jungen, total erschöpften Kleinfamilien umgeben, mit Kindern so im Alter zwischen sechs Monaten und zwei Jahren. Wir sahen diese Menschen sich abmühen und hörten sie stöhnen. Und wussten auf einmal, warum es uns so gut geht. Unsere Kinder sind größer! Ja, teils sogar groß! Alle können sie schwimmen wie kleine Lurche. Und wenn man sagt: Da, kaufts euch ein Eis!, dann hat man zehn Minuten Ruhe. Kann ein bisschen schmusen, Erwachsenensachen reden und baden. Kritzendorf ist schön. Das Leben auch.

Als die Liebste, die Brut und ich im Spätwinter unsere bislang letzte Tirolfahrt unternahmen, sahen wir im Deutschen Eck ein deutsches Verkehrsschild, das uns zu denken gab. Es war vom Typus Gefahrenzeichen: »Bauwerksertüchtigung!« stand da, mit Rufzeichen sogar. Das war ein Wort, das mir über die Maßen gefiel, gerade in seiner deutschen, technokratischen Rätselhaftigkeit. Was meinte es? Wurde hier ein Bauwerk, ein mürbes, schwächelndes, von Menschenhand ertüchtigt? Oder ertüchtigten sich Menschen mit Hilfe eines Bauwerks, etwa durch Fassadenklettern? Und, vor allem: Wovon ging die Gefahr aus?

Nach Entdeckung des Gefahrenzeichens hielten wir die Augen offen, aber wir sahen nichts, was damit zu tun haben konnte: kein Bauwerk, keine Ertüchtigung, keine Gefahr. Danach ging immer wieder der Plan, etwas über dieses Wort zu schreiben, durch mein Hirn. Und jetzt, Monate später, weiß ich auch was: Das große Hundstrümmerl von Wien Mitte ist, äußerlich, fertig. Im profil erschien vor ein paar Wochen ein Essay von Alexander Bartl, in dem dieser das »städtebauliche Desaster« beklagt. Das hat mich beruhigt, dass auch Experten hier zu weinen beginnen und nicht nur Urbandilettanten wie ich. »Niemand, der auf seinen guten Ruf bedacht ist«, schreibt Bartl, »wird ernsthaft behaupten, die Anlage sei die neue Zierde der Stadt.« Das Bauwerk sei für ein Hochhaus zu niedrig und zu plump, für ein normales Haus zu hoch und zu fett, und es ginge in nichts eine Beziehung zu seiner Umgebung ein. Und man weiß auch nicht, was man dran verbessern kann. Wäre Wien Mitte ein Duplo-Gebäude, aus der Zeit, in der der Erstgeborene noch täglich große Duplo-Gebäude schuf, hätte er, der Schöpfer, in einer Mischung aus Missmut und Nachdenklichkeit das Wort »Bumm« ausgesprochen und das Bauwerk mit einem wohlgesetzten Kick atomisiert. Das wäre auch eine Idee: Noch ehe wir die armen Betroffenen hier zum täglichen Büro-Hackeln und Mall-Shoppen einlassen, tragen wir das neue Wien Mitte in einem riesigen Wiener Volksfest miteinander ab. Nachher stellen wir am Boden einen kleinen Gleichen-Baum auf und trinken ein Viertel. Vom Rochushügerl sähen wir wieder den Kahlenberg. Bauwerksertüchtigung, völlig gefahrenlos.

Wenn die Drittgeborene Geburtstag hat, feiern wir draußen, auf Decken, unter Bäumen. Einst waren wir im Stadtpark, heuer ließen wir uns erstmals auf der Jesuitenwiese nieder. Zu den Festen gehören Schnitzeljagden, von mir erdacht und durchgeführt. Ich würde diese Schnitzeljagden lieber raffiniert und analytisch erdenken und ausführen, wie Frage und Antwort bei Sherlock Holmes. Da ich aber nicht Conan Doyle, sondern nur ich selbst bin, geraten die Jagden im Ablauf dann immer ein bisschen surreal und unlogisch verhatscht. Dennoch führen sie Jahr für Jahr zum Ziel, einem von einem mysteriösen Wichtelmanderl gestifteten Schatz. Im Prater hatte ich noch nie geschnitzelt. Die Weite des Areals verwirrte meinen Geist ebenso wie die 34 Grad, die es hatte. Den Kindern sagte ich: Ich gehe da nach hinten, wo das Manderl mir den Schatz gibt. Bin ich in 20 Minuten nicht zurück, müsst ihr mich suchen. »Da nach hinten« war die benachbarte Schüttelwiese. Das Wichtelmanderl aber lockte mich weiter, in den dichten Wald zum Gedenkstein für den toten Feuerwehrmann. Ich schrieb mit Kreide eine enigmatische Botschaft auf eine Mauer und ging mit. Vom Gedenkstein wollte das Manderl zur Liliput-Endstation, ich schrieb wieder etwas Kryptisches und folgte. Dann strebte der sekkante Wichtel zu jenem Würstelstand am Stadionparkplatz, der den herrlichen Namen »Sportler-Oase« trägt. Ich schrieb: Bin dort, wo sich Wiener und Frankfurter beim Sport treffen. Endstation war der Gastgarten der Bootsvermietung Reichl am Heustadlwasser. Dort konnte ich vor lauter Hitzepsycho nicht mehr sagen, ob die Route eigentlich von mir oder wirklich von einem perfiden, über mein Hirn gebietenden Gnom erfunden worden war. Vorgewittrige Stimmung herrschte. Ich trank ein Cola, dann noch eins. Ich rauchte. Aus den Lautsprechern der Bootsvermietung drang das Volkslied »Die Muschi von der Uschi«. Die Kinder werden mich nie finden, dachte ich plötzlich, während ich das grünschillernde Wasser betrachtete. Sie haben sich verirrt, längst, vielleicht schon beim Stein des toten Feuerwehrmannes. Aber da waren sie. Energetisch, gierig, lustig. Sie entrissen mir das Sackerl mit dem Schatz. Wasserpistolen für alle. Den Rest des Tages fetzten wir uns damit gegenseitig ab.

Der von mir verehrte Dichter Amanshauser, sein dreijähriger Sohn und ich fuhren vergangene Woche nach Berlin, um dort in der österreichischen Botschaft zu singen und zu deklamieren. Den unglaublichen lieben Sohn des Dichters Amanshauser schob allerdings sofort ein russisches Kindermädchen im Buggy davon, um ihm das Sony-Center zu zeigen. Damit verdunkelte sich die Stimmung, und uns schluckte die Botschaft. Diese wurde vom Architekten Hollein erbaut, der irgendwann ein Anhänger der Fernsehserie Miami Vice gewesen sein muss, so gagerltürkis hat er das Gebäude anmalen lassen.
Dennoch ergriff Amanshauser und mich die Bedeutung des Ortes, und, davon angestrahlt, unsere eigene. Im Inneren des Hauses herrschte Rührung, nicht weil Amanshauser und ich für einen Abend aus Wien gekommen waren, sondern weil der Kulturattaché nach vier Jahren nach Wien zurückkehren musste. Der Titel der Veranstaltung lautete »Politik und Poesie«. Wohlan!, rief ich Amanshauser zu. Er las passenderweise mein Lieblingsgedicht »Der Dichter ist ein einsamer Wolf«. Darin heißt es über den Dichter, er »mag hitler ungern, findet lenin besser / trinkt tee- und kaffeeähnliche gewässer«. Die Lesungen Amanshausers wurden beklatscht, und auch die Lieder, die ich spielte, schienen niemanden zu

stören. Nachher stand man im von Hollein mondkipferl-
förmig angelegten Foyer, und Amanshauser und ich versuchten Bücher und Schallplatten zu verkaufen. Eine Dame
mittleren Alters trat zu mir und sagte: »Danke für das bisschen Wien. Wissen Sie, ich habe Berlin immer gehasst, muss
jetzt aber hier leben.« Oh!, sagte ich. Eine weitere Dame erschien, erstand eine Schallplatte und flüsterte mir zu: »Berlin hat nichts, gar nichts. In Wien, da ist das Leben!« Tja,
machte ich bedauernd. Eine dritte Dame kam und schaute
mich deprimiert an. – Ich weiß, sagte ich. Sie nickte. Der sehr
freundliche Botschafter drückte Lob für unsere Darbietun-
gen aus, und dann war alles wieder vorbei. Draußen war es
dunkel, kühl und frisch. Das Berliner Nachtlicht machte aus
Holleins Türkis ein gnädiges, gatschiges Gelb. »Ich find's eigentlich sehr schön«, sagte ich mit Blick auf die Haine des
Tiergartens zu Amanshauser. Er nickte. Trotzdem fuhren wir
am nächsten Tag zügig wieder heim.

Die Liebste und ich allein zuhaus – was wie
ein Wunder wirkt, ist ein familienplanerisches Kunstwerk,
ein Geflecht aus Strategie und großmütterlichem Altruis-
mus. Aber kaum war die eine Oma mit dem Erstgeborenen
nach Italien, die andere Oma mit den Jüngeren in die Alpen
entwichen, fanden die Liebste und ich einander an unserem
Ausgangspunkt wieder: Wir waren ein Pärchen, und es war
Sommer.
Wir können schalterumlegungsmäßig in diesen Pärchenmodus gleiten, der sich vom Ur-Pärchenmodus nur dadurch
unterscheidet, dass wir uns heutzutage im Stundentakt vor
Rührung fast weinend fragen, wie es wohl unseren abwesenden Kindern geht. Im Pärchenmodus angelangt, glitten

wir im schwitzenden Leichenwagen den Old Austrian Trail, den Sommerfrischepfad, nach Süden. Erste Station: Bad Fischau, wo wir uns ins frischeste Quellbecken der Welt warfen. Zweite Station: die Schluchten des Semmerings, wo wir endlich einmal selbst in jenem Berghotel schlafen wollten, das wir wie die Blinden eine Farbe schon so oft ausländischen Freunden empfohlen hatten, ohne jemals dort gewesen zu sein. Das Hotel, vom Architekten und modernen Überpapa Loos gestaltet, war dann wirklich sehr super, ein echtes Pärchenparadies, abgesehen von den singenden, von mir hochgeschätzten Zwillingsschwestern Roth, die, erstklassig gestylt, ein Glaserl tranken und uns zu unserer Hotelwahl beglückwünschten. Anderntags, noch etwas schwer von Wein, Pastete und Eierschwamm, strebten wir das eigentliche Ziel unseres höchstpersönlichen Old Austrian Trails an. Dritte Station: eine ganz spezielle Flussschlinge der Schwarza im Höllental, mit einer weißen Kiesbank und einer smaragdgrünen Gumpe zum Baden. Dort verlief dann der schönste Tag seit Jahren, in seiner vollendeten Ereignislosigkeit. Wir entfalteten Heftln und wachelten Insekten weg. Am anderen Ufer saß eine Handvoll fescher, junger Männer von der Sorte, wie wir sie gerade kollektiv Pirschelbären nennen, wozu uns eine unbezahlbare Kolumne des verehrten Kollegen Tartarotti inspiriert hat. Die Pirschelbären, halb so alt wie wir, wirkten dennoch ein bissl wehmütig, weil wir ein Pärchen waren und sie nicht. Das machte uns stolz, aber nur so lang, bis ich auf einmal schluchzend die Liebste fragte, ob unsere Brut wohl glücklich sei.

Während ich das schreibe, baut es sich über uns wieder auf. Lautlos, weil noch ist der Wind nicht da. Und auch die Front sieht man zunächst nicht. Es scheint sich bloß der eben noch blaue Himmel mit einer farblosen, höchstens ein bisschen milchigen Flüssigkeit zu füllen, quecksilberartig unruhig. Dann ist er mit einem Mal zweigeteilt, der Himmel. In eine strukturlose, bleigraue Hälfte und in eine blaue, unschuldige.

Es ist Gewitterzeit in Wien.

Vorgestern fuhren wir mit dem Auto aus dem Höllental, wo es himmlisch schön gewesen war, zurück nach Wien. Der ganze Nordosten der Stadt war mit diesem bedrohlichen bleigrauen Dunkel bedeckt. Blitze tanzten nervig durch dieses Grau, wie Ballettmenschen durch die Szenen, die das Neujahrskonzert unterbrechen. Es donnerte fern, aber es drang nicht bis zu uns nach Erdberg.

Gestern war es anders. Da ging die Liebste zur Freundin A. in den Zweiten auf Besuch. Als sie As. Haus verließ, erzählte sie später, habe es direkt über ihrem Kopf gekracht, als sei ein Waggon mit TNT in die Luft gegangen. Aber der Himmel, sagte sie, sei blau gewesen! Ganz blau, sonnenerfüllt. Woher der Donner gekommen ist, wusste sie nicht, auch nicht, was oder wen der Blitz getroffen hatte. Ich hingegen hielt mich im schönen Funkhaus auf, um dort die Radioreporterin E. zu treffen. Wir sprachen über dies und das und beobachteten schließlich, wie das Gewitter sich auch über dem Theresianum-Sportplatz formierte. Lang auf den Boden legen, sagte ich. – Nein!, rief Radioreporterin E. Eher ein Häuferl bilden, sagte sie, wenig Fläche bieten. – Und auf keinen Fall unter Bäume!, ergänzte ich. – Auf keinen Fall, pflichtete E. bei. Unter keinen Baum. Eichen weichen, und alles andere auch. – Ich wollte ablenken, über den bösen

Eichenprozessionsspinner sprechen, da krachte es infernalisch, und wir verstummten beide.

Abends las ich in der Zeitung, dass unter einem Baum am Rande der Jesuitenwiese eine Frau vom Blitz gestreift wurde. Sie und ein halbes Dutzend Kinder, das dabei war, mussten ins Spital. Sie wegen Herzrhythmusstörungen, die Kinder wegen Schocks.

Und jetzt baut es sich wieder auf.

Bewegungslos liegt der Joe-Zawinul-Park. Ich bilde innerlich ein Hauferl.

Im ganz großartigen, gar nicht zu überschätzenden Asterix-Band »Der Seher« prophezeit der Hellseher Lügfix, dass auf ein Unwetter Sonnenschein folgen wird, und das ganze gallische Dorf ist tief beeindruckt. In Österreich folgt auf Sonnenschein ein Unwetter, und der Fernsehmoderator Wolf fragt mit leicht angespannter Stimme: Was ist mit dem Wetter los?

Eh nix, sagt ein sehr lässiger Klimatologe bei der ZAMG, aber ich gehe davon aus, dass die österreichische Fernsehnation von dem Beitrag trotzdem tief beeindruckt ist. Als das Unwetter gerade seinen Auftritt hatte, weilten die Liebste, die Brut und ich jedenfalls im Tiroler Alpendorf, wo meine Eltern hausen und Teile meiner Jugend stattfanden. Es war sehr schön und unfad: Der Hagel fiel auf die von uns bespielten Minigolfplätze, der warme Sommerregen hüllte uns ein, als wir Forellen fingen, der Sturm blies uns an, als wir den Berg bewanderten. Abends sprach ich mit Bekannten: Ich ließ mir erzählen, was im Dorf passiert. Man schilderte mir, dass ein weiterer Berg durch einen Lift verhunzt werden sollte, um das Dorf mit dem Nachbardorf skimäßig

zu verbinden. Im Nachbardorf gebe es zwar nur einen Ski-
lift, aber für die Behauptung einer »Skischaukel« werde es
schon reichen. In bester Kuchlpsychologie stellte ich die
Frage, weshalb die Fortschritts-Heinis immer erektiv nach
oben strebten. Dann erzählte ich den Tirolern von meinem
Wiener Bezirk, wo man ein adipöses »Hochhaus« errichtet
hat, um »Büroflächen und ein Shopping-Center« zu schaffen, was die Gegend so dringend braucht, wie das Bergdorf
seine »Skischaukel«. Als ich ein paar Tage später nach Wien
zurückkam, sagte man mir, dass nunmehr alle Finanzbeamten Wiens, außer jene aus Floridsdorf und Kagran, ins Hochhaus von Mitte ziehen würden. Sofort fiel mir der gar nicht
zu überschätzende Asterix-Band »Die Trabantenstadt« ein.
Da finden sich für eine gefährlich nahe am gallischen Dorf
gelegene römische Siedlung keine Mieter, und drum müssen
die Legionäre einziehen. Trotzdem sage ich Ihnen eins: Mir
ist ein Finanzamt tausendmal lieber als ein Shopping-Center. Ich bin auf der Seite der Finanzbeamten. Für sie und für
mich könnte – was heißt: müsste unsere alte Markthalle sofort wieder aufsperren!

Mein Bruder verlässt wieder das Land, diesmal
an den Mississippi, um Vorlesungen zu halten. Einerseits bin
ich ihm so Sachen stets neidig, andererseits wäre es wohl
auch sehr anstrengend. Jedenfalls mussten wir uns gebüh-
rend verabschieden und verabredeten uns im Freihausviertel. Eine tropisch angefeuchtete Julinacht brach über Wien
herein. Unser Lieblingsjugo im Freihausviertel hatte Ruhe-
tag, das alte Wiener Wirtshaus eine Gasse weiter überhaupt
gleich Sommerpause. Wir landeten schließlich in jenem
Szenebeisl aus den Achtzigern des letzten Jahrhunderts, in

dem wir weiland oft, seitdem aber nimmermehr gewesen waren. Ein Scheingewitter trieb zunächst alle Gäste ins Innere, als es dann aber nicht kam, blieben trotzdem alle drinnen, schwitzten und tranken wie in einem hitzigen Hemingway-Traum. Später spazierten mein Bruder und ich durch die feuchte Stadt und setzten uns als die einzigen Gäste in den Wagner-Pavillon am Karlsplatz, um weiterzutrinken.

Es war dunkler als sonst in Wien, als hätte ein nur im Hochsommer amtierender Hofrat ein Sparprogramm für die Straßenbeleuchtung verordnet. Mein Bruder schilderte mir, was er sich vom Mississippi erwartete. Tapfer antwortete ich mit ein paar Geschichten aus Erdberg. Wir wanderten weiter, über Schwarzenbergplatz und Stadtpark, die Wien entlang, bis zur Urania, wo wir uns fest umarmten.

Gerührt schwang ich mich aufs Patagonia-Radl und schnurrte kanalabwärts, ins Erdbergische, wo es noch dunkler wurde, als hätte sich die atmosphärische Feuchtigkeit wie eine graulurchige Gardine über alles gelegt. Ich bemerkte, dass ich mir den Mississippi, den ich nie gesehen habe, genauso vorstellte wie den Donaukanal in jenem Moment: glucksend, schwarz, scheinbar endlos.

Als ich in die Häuserschlucht der Haidingergasse stieß, fiel mir auf, dass hier das Lichtkegelchen des Patagonia-Radls das einzige Licht überhaupt war. In Erdberg musste das Scheingewitter ein tatsächliches gewesen sein. Die Straßenbeleuchtung war ganz ausgefallen, und der Lindenblütenteppich im Joe-Zawinul-Park war glitschig und nass.

Daheim saß die Liebste am Schreibtisch.

»Wie war's«, fragte sie.

Ach, die kleine Sommerserie. Es wird, im vierten Jahr, nicht leichter für mich. In den vergangenen Augusten durfte ich Ihnen die besten Ruheplätze, die besten Gestade sowie zuletzt die besten Parks darreichen. Was jetzt?, dachte ich. Wie nicht den Faden verlieren, wie in der Stadt bleiben und doch an der Natur dran, wie in diesem gewissen unwirklichen Gefühl, das man nur in einer halbentleerten, sommerlich brütenden Stadt findet?

In solche Gedanken versunken, schritt ich mit einer passablen Melange im Becherl vom neu hergerichteten Stadionbadrestaurant über die große Wiese zu unserem bevorzugten Lagerplatz. Das Wirtshaus ist neu, dachte ich, eh besser, weil das alte war grindig, aber immerhin, so ging der Gedankenstrom weiter, immerhin ist der alte, riesige, fette Baum da noch derselbe.

Der alte Baum? Ich blieb stehen, weil ich ihn mir genau anschauen wollte. Eine Pappel, soviel sah ich, geschätzte vier bis fünf Meter Stammumfang, eine Krone wie eine Cumuluswolke. Dann sah ich am Stamm die ehrwürdige Plakette, wie ein Piercing in einem faltigen Gesicht: »Naturdenkmal« stand da. Ehrfurcht ergriff mich. Diese Plaketten hatten mich schon als Bub zum Schaudern gebracht. Sie hielten fest, dass dies hier nicht irgendein Baum war, sondern ein einzigartiger, irgendwie weltberühmter. Plötzlich ahnte ich meine Sommerserie.

Naturdenkmäler. Naturdenkmäler und ich. Ich trieb die Liebste und die Brut an, wollte heim. Dort forschte ich: Der bewusste Baum war eine monumentale Schwarzpappel (Populus nigra), ein an sich häufiger, oft auch majestätischer, wenngleich selten gar so enormer Baum.

Dann fand ich heraus, dass der Begriff Naturdenkmal von Alexander von Humboldt stammt, der ihn erstmals in seiner

»Relation historique« benützt hat. Die Stadt Wien hat auf ihrer offiziellen Seite eine schöne Definition, die mich nicken macht: »Als Naturdenkmal qualifiziert sich eine Hervorbringung der Natur, angesichts deren imposanter Erscheinung sich der Mensch innerlich verneigt.«

So ist es. Weitere Recherchen ergaben, dass es hunderte Naturdenkmäler in Wien gibt. Ich würde mich total eklektizistisch nähern müssen. Als Nächstes, das spürte ich, würde ich an meinen Ursprung zurückkehren.

Nach Döbling. Fortsetzung folgt.

Und schon sind wir im Neunzehnten. Hier, am Anfang des Beethovengangs, steht das erste Naturdenkmal meines Lebens, eine kapitale Pyramidenpappel (Populus nigra italica), unweit einer Statue des Heiligen Nepomuk. Hier wandelte Ludwig van Beethoven gern, heißt es. Oder doch nicht? »O ihr Menschen die ihr mich für Feindseelig störisch oder Misantropisch haltet oder erkläret, wie unrecht thut ihr mir.« So schrieb er im Jahre 1802 in einem Winzerhaus in der Heiligenstädter Probusgasse an seine Brüder. Beethoven, zunehmend ertaubend und an Koliken leidend, glaubte, dass sein Ende nahte, und schritt zur Ordnung der letzten Dinge. Und so erklärte man das Schreiben später zum Heiligenstädter Testament, obgleich Beethoven noch ein Vierteljahrhundert leben sollte.

In Heiligenstadt, wo ich aufwuchs, ist Beethoven allgegenwärtig, auf überschaubarem Raum stehen zwei Beethoven-Denkmäler und unzählige Beethovenhäuser, ehemalige Bleiben des Musikers, die dieser, weil er der Schwerhörigkeit wegen so laut Klavier spielte, jeweils bald wieder hatte verlassen müssen. Und dann gibt es noch diesen Spazierweg, den Beethovengang am Schreiberbach. Überschattet von der großen, gleichmütig sich wiegenden Pappel.

Hier liegt die Stätte eines meiner ärgsten kindlichen Vergehen: Aus dem Schatten dieser Pyramidenpappel schoss ich nämlich mit dem Kittröhrl einer alten Dame die Brille entzwei. Diese mürrische Dame, die im Verbund mit einem herrischen Airedale-Terrier auftrat, ging vorbei. Ich zielte und traf die hochtoupierte Frisur der Dame. Sie schrak zusammen, dabei fielen die Augengläser runter und gingen kaputt. Die Tante ging zur Polizei, ich musste mich entschuldigen, mein Vater den Schaden begleichen. Aber mein Ruf als Kittröhrl-Scharfschütze wuchs ins Unermessliche, weil man davon ausging, dass ich die Brille direkt getroffen hatte. Ich gab sogar jüngeren Buben Kittröhrl-Stunden. Unser Übungsziel: die pechschwarze Frisur der pechschwarzen Büste an der sogenannten Beethovenruhe, am oberen Ende des langgestreckten Parks.

»Selbst der Hohe Muth – der mich oft in den Schönen Sommertagen beseelte – er ist verschwunden«, hatte der Komponist geschrieben. Fortsetzung folgt.

Ich berichte nun vom Naturdenkmal No. 50 in der offiziellen Auflistung der Stadt Wien, wobei es sich um »Mehrere Kieferngruppen im Krapfenwaldbad« handelt. Oja, das Krapfenwaldl, da war ich öfters, vor, sagma einmal, 30 bis 35 Jahren. Es war dabei jenes Bad in meiner Gegend, das ich am seltensten aufsuchte. Zur schnellen Erfrischung suchte ich als Heiligenstädter das Hohe Warte Bad auf, aus Gründen des Abenteuers radelten wir huckleberrymäßig in die Kloburger Au. Ins Krapfenwaldl begab ich mich hingegen eher zweckgebunden, zur Verehrung von Döblinger

Mädchen. Das waren winters irgendwie aschfarbene Wesen, die mit der Frühlingssonne an Haut und Haupthaar ergüldeten und zu Ferienbeginn pünktlich ausschauten wie Goldene Kälber. Ihre Reize sprachen mich an. Aber, ach, auch die Döblinger Burschen waren da. Schon seinerzeit irgendwie maßlos trainiert, mit Boxershorts, als wir Heiligenstädter noch Tanga trugen, und mit diesen gesunden roten Flecken auf den Wangen, als würden sie sich dafür eigens in der Umkleide eine herunterhauen.

Meine Heiligenstädter Kumpels und ich fremdelten und wurden befremdelt. Aber wir hupften dennoch in die azurenen Becken des schönen städtischen Bades mit seinen beeindruckenden Dächern, und dann lagen wir im Schatten des Naturdenkmales No. 50 herum, die Kerne von vor dem Bad erworbenen Kirschen ausspeiend. Über uns die Waldkiefer, Pinus silvestris, ein so genügsamer wie majestätischer Baum, duftend und malerisch. Dem Krapfenwaldhügel, am Saum des großen Waldes über der großen Stadt, verleihen diese Bäume etwas Mediterranes, kneift man die Augen zusammen, vermeint man in adriatische Buchten zu schauen, statt in Grinzinger Häuserzeilen.

1612 kam ein Schmied auf Wanderschaft hier vorbei. Es war Fasching, von Grinzing roch es nach den Völlereien der Wiener herauf. Da stellte der Teufel dem Schmied einen Teller Krapfen hin, seine Seele dafür verlangend. Der Schmied aß die Krapfen, nahm den Hammer und drosch auf den Teufel ein, bis der jaulend entwich. Wir hingegen verließen erfrischt das Krapfenwaldl und zogen heim nach Heiligenstadt, down to the river, wo wir hingehörten. Fortsetzung folgt.

Und fort aus Döbling. Die alte Heimat versinkt im Dunst. Ein paar Gespenster winken noch. Schon gut, dass Naturdenkmäler überall vorkommen, das Vergangene mit dem Jetzigen zart verbindend. Sie existieren sogar in meiner geografischen Gegenwart, sprich in Erdberg. Am nächsten gelegen wäre mir Naturdenkmal Nr. 312 »Zwei Kalifornische Flußzedern«, die stehen allerdings auf dem Privatgrundstück einer Bank und sind damit entöffentlicht. Die »Morgenländische Platane« in der Kleingasse, Nr. 389, ist okay, aber wenn man die Platane vor dem Café Prückel kennt, dann doch ein bisserl arm. Umfassend fündig hingegen werde ich dann in der Baumgasse. Dort nämlich verheißt mir meine Stadt-Wien-Liste das Naturdenkmal Nr. 752, den Donauprallhang. Was das ist, erforsche ich vorab: Donauprallhänge sind überall dort entstanden, wo die Donau in ihrem früheren, wilderen Verlauf das Ufergelände nackert ausgezogen hat. Dort, oft auf steilen Lößflächen, haben sich einzigartige Biotope mit typischer Fauna und Flora entwickeln können. Ha! Und bei mir ist einer erhalten geblieben. Ich breche auf. Jenseits der Schlachthaus zweige ich von der Baum ab, ein Schild weist den Weg: »Stadtwildnis«. Ich betrete das Gelände und packe es nicht. Das hier ist eine Gstettn! Nicht mehr, vor allem aber nicht weniger. Gstettn waren für mich die besten Spielplätze der Welt, no mans land, gesetzlos, gefährlich und total sexy. Auf Gstetten lernte man zu flüchten und anzugreifen. Man lernte zu rauchen und Allianzen zu schließen. Man lernte das Leben. Und hier gehe ich jetzt durch eine Gstettn, auf den gewissen Prallhang zu, und finde alles, was es braucht. Die hochsommerlich aufstaubenden Wegerln. Die strohigen Lianen. Die gewissen, gebuddelten Kriechdurchschlupfe unter Zäunen in benachbarte, ebenso wilde Gelände. Hinter einem Busch eine Decke und zwei Flaschen Bier. Der sandige Abhang kommt mir überdies total bekannt vor, so einen gab's in der Hammerschmidgasse auch. Waren etwa alle Gstettn meiner Kindheit in Wahrheit ungewürdigte Donauprallhänge? Irrer Überschwang überkommt mich: Mein nächstgelegenes Naturdenkmal ist eine Gstettn! Meine Vergangenheit steht damit unter Naturdenkmalschutz. Insgesamt arg, aber doch auch beruhigend. Ende der kleinen Sommerserie.

Das schöne Magazin, das Sie in diesem Augenblick in Händen halten, brachte vor zwei Wochen einen interessanten Bericht über den Übertritt von Sommerferien in den Alltag. Diese Transition nämlich sei ein heikler Schritt, und unter anderem solle man sich keinesfalls aufregen. Tja, das geht leider nicht. Kaum waren die Ferien aus, musste ich mich aufregen. Und zwar über jene Plakate, die schon im Vorsommer da hingen und jetzt im Nachsommer immer noch da hängen – im Vorsommer muss ich sie ausgeblendet haben, erschöpft wie ich war, hätte die Aufregung mein Hinscheiden bedeutet. Mut statt Wut, heißt es auf allen diesen Plakaten, und als Testimonials dienen unter anderem eine Bankiersgattin und Opernballmutti, ein ORF-Generalintendant a. D. sowie ein Groß-Caterer und Innenstadtwirt. Okay, und was soll uns allen das jetzt sagen? Wenn du nur mutig bist, liebe alleinerziehende Mami aus dem Prekariat, dann tut es nicht mehr weh, dass du nicht auf dem Opernball sein kannst? Wenn du nur mutig bist, lieber Lehrstellensuchender, dann schaffst du's bis ins Fernsehen, mindestens in eine Castingshow? Wenn du nur mutig bist, lieber altersbedingt unvermittelbarer Langzeitarbeitsloser, dann lad ich dich am Stephansplatz auf ein Schnitzerl ein? Diese Plakate haben in meinem Grauslo-Ranking die winterliche Serie von Manfred »Verleihnix« Juraczka klar überholt. Als Gegengift lese ich übrigens Rainer Krispels als Punk-Roman getarnte Punk-Autobiografie »Der Sommer als Joe Strummer kam«. In diesem Buch, das die Sozialisation eines Linzer Hardcore-Musikers und -Dichters beschreibt, geht es um Musik, um Freundschaft, um Liebe und um (schwere) Gitarrenverstärker. Es geht um den Triumph, als Linzer Punkband vor No Means No in Polen aufzutreten. Und es geht auch und vornehmlich um Wut. Um Wut, die nichts gemein hat mit dem Ressentiment und der Hosentaschenfaust des Stammtisches. Um Wut, die vielmehr eine explosive und fruchtbare Antipathie auf eben den Stammtisch, aber auch den ganzen anderen Schas bedeutet.

Eine Wut, die in einem tendenziell geduckten Land zu artikulieren an sich schon Mut verlangt. Seite für Seite möchte ich diesen Roman über diese komischen Plakate kleistern. So. Fertig. Die Ferien sind aus, ich habe mich aufgeregt, aber es geht mir gut.

Der Sänger Weinheimer von der von mir verehrten, sehr romantischen Band Das Trojanische Pferd lud mich zu sich zum Nachtmahl ein. Ich lenkte das Patagonia-Radl also entschlossen kanalaufwärts, von Erdberg bis in die Liechtenwerd. Während ich am üppig dünstelnden Wasser entlangfuhr, fiel mir auf, wie dunkel es war. Der Herbst war da, schon vor seinem kalendarischen Anbeginn, höflich im Vorzimmer herumstehend wie ein Hietzinger Arzt. Die Wohnung in der Liechtenwerd, die ich erreichte, war eine hochgemütlich verkommene Studenten-WG, so eine, wo man aus dem Vorzimmer direkt in die Küche stolpert, sich hinter einen kleinen Tisch klemmt, und nur zweimal aufsteht, um erstens aufs Häusl zu gehen und zweitens nach Haus. Weinheimer briet uns tadellosen Seelachs, dazu gab es Erdäpfel und Paradeissalat. Wir spielten einander gewisse Lieder vor, und wie ein gichtiger Onkel riet ich dem Jüngeren, ein warmes Platzerl zu finden, ehe der Hochnebel sich vor dem Himmel schließt. Weinheimers Band eroberte einst mein Herz mit der Frage »Was nützt der Weltraum ohne Romy Schneider?«

Eine Woche später fuhren die Liebste, die Brut und ich nach einem frühen und früh beendeten Schultag mit dem Leichenwagen nach Kritzendorf. Fast alle tauchten wir noch einmal in der Donau unter. Es war jetzt die Zeit, in der sich alles beruhigt. Die Kleinkindeltern fäulten nicht mehr auf die Hundebesitzer. Die Eisesser fäulten nicht mehr auf die Wespen. Und wir sahen, wie der späte Sommerhimmel auf eine kaum merkliche Weise mit dem Winter schwanger ging, also mit dem Hochnebel. Der Himmel füllte sich mit einer glasigen, transparenten Sauce, die die Sonnenstrahlen verwirrte und milchig werden ließ. Im Vorzimmer räusperte sich der Hietzinger Arzt.

Im Donaurestaurant berichtete uns die beeindruckende Wirtin A., dass man einen großen Wels in der Küche habe, den man sehr empfehle. Dieser meterlange Wels, von keinem Angler jemals besiegt, habe sich selbst an einer Boje erhängt. Wir aßen den Selbstmörder, vom beeindruckenden Koch P. mit Nüssen, Roten Rüben, Pfirsichen und Kürbis zubereitet, und ich erkannte: Am Ausgang des Sommers schwimmt in diesem Jahr der Fisch.

Man kann den Sommer künstlich verlängern, lehrte ich die Brut, deshalb fahren wir diesen Sonntag nach Podersdorf! Podersdorf am Neusiedlersee ist ein Ausflugsziel, bei dem nie gemault wird, auch weil wir dort traditionell mit unseren ältesten Freunden, den Gumpendorfern, hinfahren. Es gibt die Podersdorf-Variante mit leicht erhöhter Aktivität, dabei borgt man sich Radln aus und fährt bis in die Hölle, wie ein im Schilf gelegener Heuriger heißt. Am Weg hält man bei Aussichtstürmen, klingelt Graugänse vom Radlweg und kommt am Gehege mit den Mangalitza-Schweinen vorbei: dutzende heitere, borstige Flummis, die in einem umzäumten Paradies aus Gatsch leben. Und am Horizont wogt eine aschgraue Linie, eine Herde aus Steppenrindern. Bei der passiveren Variante geht man einfach an den Strand und schlägt ein Lager auf. Dann lässt man den Tag vergehen, bis man zuletzt sonnentraumhappert ins Wirtshaus stolpert. Es ist dann so, dass sich die Schleusen von Physis und Psyche weit öffnen und die letzten vorhandenen Sommerkontingente in den Menschen einströmen.

So machten wir es diesmal. Während unser Erstgeborener mit dem älteren Gumpendorfer im Altherrengestus aller Elfjährigen am Wasser auf- und abging, folgte mir der jüngere Teil der Brut mit dem jüngeren Gumpendorfer zu einem Watspaziergang zur Schilfinsel. Ich dozierte, dass der See im siebzehnten und sechzehnten Jahrhundert mehrfach beinahe ausgetrocknet war, und dass sich sogar Bauern niederließen, ehe sie das rückkehrende Wasser wieder vertrieb. Das war den Kindern wurscht, denn kurz vor der Schilfinsel erreichten wir nun das, was wir den Sumpf des Grauens nennen, eine Stelle, an der der Seeboden plötzlich baazwaach wird und das Bein einen drittel Meter einsinkt. Ungefährlich. Aber gruselig. Alle kreischten genüsslich, und schwefelig fäulend stieg der Moorboden um uns herum auf. Träge flüchtete der Aal im Schlamm.

Am Rückweg sagte ich zu den Kindern, dass die österreichische Geografie die Form des Neusiedlersees gern mit einem Schuhlöffel vergleicht. Das war den Kindern jetzt wieder wurscht. Eine halbe Stunde ehe die Sonne unterging, saßen wir im Wirtshaus. Wir öffneten den Mund, und Steppenrinder, Mangalitzaschweine und Aale wanderten hinein.

So hat man ihn halt ein paar Mal verlängert, den Sommer, und dann ist er doch aus. Man hält das Ende der güldenen Schnur in der Hand. Man weiß, es ist der letzte Tag. Der letzte Tag meines Sommers war der achtzehnte September. Ich hatte einen Weg, kanalabwärts, mein Ziel war Albern. Ich musste an ein paar Liedern für die Nachbarn vom Rabenhof arbeiten, Lieder, in denen der Tod durch Albern geht, also stellte ich die Schnauze des Patagonia-Radls Richtung Ostsüdost und fuhr los. Die östliche Kanalstrecke ist eine schöne, eine bewusstseinserweiternde Radstrecke. Erst plagt man sich noch neben dem Zubringer zur Ostautobahn, dann wird es ganz ruhig. Olfaktorische Wellen des Argen schwappen über den Radler, sobald er das Kompostwerk und die Pfaffenauer Müllverbrennung passiert. Dann kommt dieses spukige, versperrte, über und über mit Graffiti bedeckte Wirtshaus, auf dem »Friedhof der Bücher« steht, dann die Freudenauer Brücke, und dann ist man schon oben am Damm und hält auf den Dschungel beim Blauen Wasser zu. Unter meinen vielen Wiener Herzensdschungeln, Lusthaus, Kritzendorf, Kuchelau, Panozzalacke, finde ich den am Blauen Wasser gerade fast am malerischsten. Wegen dieser Lianen und Winden und Ranken, die hier alles wie ein

Fischernetz des Vergessens bedecken, die Riesenpappeln, die Holzstöße, die Böschungen. In der Mitte liegt wie bei Georges Bataille ein vereinzeltes Auge: das Blaue Wasser. Ich fand mein Kap der Guten Hoffnung, eine steinige Halbinsel, auf die die Sonne fiel. Ich holte die Zigeunergitarre aus dem Rucksack und arbeitete solange, bis mir unerträglich heiß war. Dann ging ich ins Blaue Wasser, das saukalt war, aber das letzte Stück der Sommerschnur ist eben, wie es ist. Als ich in der Sonne trocknete, schwamm eine Familie aus Höckerschwänen vorüber, dann landeten zwei Kormorane. Als ich schon gehen wollte, blitzte noch etwas Metallisch-Blaues über dem Wasser auf, und ich jubelte innerlich, denn es war ein Eisvogel. Noch einen Augenblick hielt ich die güldene Sommerschnur in der Hand, dann ließ ich sie aus. Sie glitt ins Blaue Wasser. Als ich durch den Dschungel Richtung Hafen radelte, begegneten mir Angler. Meinen Rucksack verkennend, fragten sie mich, ob ich etwas gefangen hätte.

Samstagvormittag sind die Bauern am Rochusmarkt. Die Liebste ist entzückt davon und geht eigentlich jedes Mal hin. Was sie mitbringt, ist so etwas wie der bäuerliche Familienkonsens: Bratlfett, Paprikawürste, Speck, Obst, Blumen. Auf meine Frage, was sie dort so erfreue, sagte sie unlängst, es beruhige sie total, von frischem Obst, Gemüse, Essen überhaupt umgeben zu sein. Ah, sagte ich einsichtig. Die Kinder reißen sich darum, mit ihrer gut gelaunten, schönen Mama zu den Rochusbauern zu gehen, sie kommen schwer beladen und swingend wieder heim. Was soll ich sagen? Vergangenes Wochenende war die Liebste zuhaus unabkömmlich, und man entsandte mich unter Kuratel des marktgewandten Zweitgeborenen in den Schatten der

Rochuskirche. Was soll ich kaufen?, fragte ich schafsartig. Na ja, sagte die Liebste, Wurst, Speck, Bratlfett, bei den Käsejungs einen guten Käse, Zwieberln brauch ma, schöne Birnen, wenn's gibt, vielleicht Trauben, auf jeden Fall Erdäpfel, und schau, ob noch schöne Blumen da sind. Ah, sagte ich wieder und kritzelte die Begriffe in winziger Schmierasch auf einen entwerteten Fahrschein. An der Hand des Sohnes begriff ich bald, weshalb mir der Bauernmarkt bei allem offensichtlichen Charme und Wert dennoch unheimlich war. Einerseits war da die Tatsache, dass hier bei den Bauern schnell etwas »aus« sein kann. Man muss also schnell wie der ländliche Bussard auf das Essen hinabstoßen, wenn man zum Zug kommen will. Die urbane, verträumte, streunende bis bummelnde Art des Einkaufs, wie ich sie schätze, ist hier von Nachteil. Dazu kommt die Bäuerlichkeit der Verkäufer, deretwegen ich mich lächerlicherweise selbst bäuerlich zu benehmen begann. Ich rückte meine Sprache Richtung Weinviertel, und setzte bei der Betrachtung, etwa von Birnderln, einen Kennerblick auf, der reine Behauptung war. Ich stellte fest, dass ich alter Citoyen von Mitte und Erdberg hier Opfer einer Unsicherheit war, die von der »Größe und Gleichgültigkeit« des Landes, wie Faulkner schreibt, ausgelöst wurde. Zuhaus packten wir aus und hatten prompt nicht ganz das Richtige dabei. Knofl- statt Paprikawurst, keine Erdäpfeln, dafür eine Blunzen, die nur ich liebe. Stur saß ich in der Küche, aß sie auf und suchte nach dem Hauptstädter in mir.

Das aktuelle wohlwollende Eigenschaftswort in unserem Haushalt lautet »herbstlich«. Wie das in wenigen Wochen wieder aufkommende wohlwollende »weihnachtlich« benützen wir es saisonal-affirmativ. Das bedeutet, wir adeln Menschen, Dinge und Zustände, indem wir sie ins prächtige Bukett der Jahreszeit einfügen. Also, zum Beispiel: Ein Kind bringt eine Zeichnung aus der Schule mit. Wurscht, was drauf ist, ein bisschen Braun sollte dabei sein, schon kann man sagen: Sehr schön, diese herbstlichen Farben! Oder: Die Liebste kommt heim. Sag ich: Ich hab Kürbissuppe gekocht. Jö, sagt sie und lächelt: sehr herbstlich! Aber auch die Fleischlaberln, mit denen sie anderntags nachlegte, ließen sich aus meiner Sicht als herbstlich rezipieren, und sei es der krispen, braunen Zwieberln am Püree wegen. Sowieso total herbstlich ist die kleine Westerngitarre, die ich mir selbst zum Geburtstag geschenkt hab, Mahagoni, dunkel, wie ein gefallenes Oktoberblatt unterm Novembertau. Und als Soundtrack zu all diesen Feelings rennt bei uns »Delta Time« rauf und runter. Diese total herrliche und total herbstliche Platte von Hans Theessink und Terry Evans stampft und tänzelt dampfend durch die Herbststürme, hält unsere Laune hoch und unseren Beat steady. Aufgenommen haben sie es in Kalifornien. Arnold McCuller und Willie Greene Jr. singen da brunnentiefe Harmonien und, ja, echt, Ry Cooder spielt jaulende elektrische Slides dazu, Amen. Ich war sechzehn, als ich in einer Tiroler Handelsakademie mein erstes Theessink-Konzert besuchte. Vier Jahre vorher hatte ich Beatles gehört und gedacht, deswegen müsse ich jetzt Gitarre spielen. Diesmal hörte ich Theessink und dachte gottergeben, dass ich trotzdem weiter Gitarre spielen werde. Seine Sounds waren sowas wie eine niemals zu erreichende Verheißung, staubtrockene, urcoole Licks, dazu ein stampfender linker Fuß, wie der Weltenpuls, unbeirrbar. In den Jahrzehnten, die inzwischen Richtung Schwarzes Meer getrieben sind, hat Hans Theessink zwischen seinen Weltreisen immer an einem Ottakringer Waldrand gelebt, der Liebe wegen, eh, aber doch auch als Beweis, dass Wien eine Stadt für Blues und Blusköpfe ist. Ich werde Hendlsuppe kochen, überlege ich, und komme zu dem Schluss, dass das nicht unherbstlich wäre.

Während meines momentanen William-Faulkner-Lesemarathons ist mir Folgendes aufgefallen: Während sich der unfassbar souveräne Dichter des amerikanischen Südens in seinen früheren Romanen auf die Dreißigerjahre, also auf die damalige Gegenwart, konzentrierte, strich sein Blick in der Folge immer weiter zurück, bis er bei seinem letzten Roman tief in der Vergangenheit, nämlich bei der vorletzten Jahrhundertwende angekommen war. Ich frage mich, ob das etwas Wesensimmanentes und Allgemein-Menschliches ist. Mein eigener Blick geht tendenziell auch zurück. Ich ertappe mich dabei, wie ich Stadt-Details, die es in meiner Kindheit schon gegeben hat, mit anderer Innigkeit betrachte als andere, neu dazugekommene. Und jetzt ist da auch noch die Sache mit diesem Buch. Das Buch hat mein Plattenboss Gröbchen vorbeigebracht. Plattenboss Gröbchen kommt hier in Erdberg quasi rituell vorbei, um mit der Liebsten und mir übers Cover der jeweils neuen Platte zu streiten. Beim letzten Besuch hat Gröbchen vorab-entwaffnender Weise ein Buch als Geschenk mitgebracht. Jetzt hab ich's vom Regal runtergenommen und bin dem Buch voll in die Falle gegangen. Das von einem Herrn Römer herausgegebene Paperback trägt den Titel »Landstraße – Neue Bilder aus Alter Zeit« und versammelt historische Fotografien aus meiner Gegend. Jetzt schaue ich täglich in dieses Buch hinein. Weil die Fotos so verblüffend sind. Selber Ort und auch nur Menschen. Aber trotzdem vollkommen weg, weit und unwiederbringlich weg. Selbst wenn ich jetzt durch unser Viertel gehe, schaue ich in dieses Buch. Ich umrunde etwa den Rabenhof und halluziniere schon die Wettstreiter des Rabenhof-Radkriteriums vom Juni 1941, mitten im Zweiten Weltkrieg, die ich aus meinem Bilderbuch kenne. In der Hainburger Straße imaginiere ich die ebenerdigen waschelnassen Arbeiter-Häuschen aus der Zwischenkriegszeit, die es dort zu Dutzenden gab. Und in den todkalten und vorwinterlichen Donaukanal stelle ich geistig die Schwimmkäfige des Strombades Rotundenbrücke zurück, mit ihren Duschen und Kabinen und ihren schicken 1920er-Jahre-Damen. Dann komme ich von solchen Gängen nach Hause und sage zur Liebsten: Argerweise ist 2012!

A. ist Elternvertreter in der Klasse des Erstgeborenen. A. ist Opernsänger und ein ausgezeichneter Elternvertreter. Die halbwichtigen Sachen winkt er mit exakt der richtigen Nonchalance durch, die wichtigen vertritt er mit herzenserwärmender Empathie. Halbjährlich lädt er das Elternrund (optional: mit Kindern) zu poetisch angelegten Treffen, einmal im Frühsommer zum Weidlinger Heurigen, jüngst aber zum Drachensteigen auf die Steinhofgründe. Obwohl mir Eltern im Allgemeinen Angst machen, ging ich jetzt schon zweimal mit, weil der A. das so leiwand organisiert. Auf den Steinhofgründen lag die matte Oktobersonne wie eine schläfrige Zunge. Der Wind war genau stark genug, um die Kinder mit falschen Versprechungen drachenmäßig bei der Stange zu halten, aber auch nicht zu verlässlich, so dass sie sich hätten entspannen und auf blöde Gedanken kommen können. Zur Zufriedenheit der Liebsten unterhielt ich mich nicht nur artig, sondern gern mit anderen Eltern, sprach mit der einen Mama über Geschwisterproblematiken, mit der anderen über guten Tabak, parlierte mit dem einen Papa über Sport, mit dem anderen über Bier.

Dann wollte A. seinen kühnen Plan durchführen, mit einem mitgebrachten Gusseisengriller Würschtln zuzubereiten, aber Passanten machten ihn darauf aufmerksam, dass man ihn dann aufhängen würde, noch bevor die Polizei da wäre, weil: Nix Grillen am Steinhof. Aber wie durch ein Wunder fanden wir außerhalb der Mauer mitten im Wald den wahrscheinlich schönsten Grillplatz der Welt, eine abfallende Wiese zwischen Bergahornen und Eschen. Träumend saßen im Zwielicht türkische Familien, regungslos wie Gruppenskulpturen. A. machte Feuer, aus Feuer wurde Glut, aus Würschtln wurden Bratwürschtln. Eine polnische Mama sang wunderschöne, tieftraurige Lieder, das letzte Licht floss aus dem Tag wie gebrauchtes Badewasser, und Fledermäuse nahmen den Luftraum über der Lichtung ein.

Zum Abschied dankte ich A. Weißt du, raunte ich, Eltern machen mir im Allgemeinen Angst.

Mir auch, flüsterte er, aber die hier sind super.

Eh, sagte ich überzeugt. Total. Dann rief ich ein Kinder, gemma! in die Dämmerung. Die Drittgeborene fraß das letzte Bratwürschtl. Die Nacht fraß den Wienerwald.

Ich lese in der Zeitung, dass Frau Angela Schneider die neue Stimme der Wiener Linien wird. Okay, aha, ja eh. Ich traf Frau Schneider vor vielen Jahren während meines Vorlebens als Romanschriftsteller bei einer Literaturveranstaltung und fand sie sehr nett. Ich glaube mich aber erinnern zu können, dass sie eine typische Alt-Wiener Mädchenstimme ihr eigen nennt, ein heiter-glasklar glucksendes Raimund'sches Organ, und nun frage ich mich, was das mit mir (und den Millionen anderen Öffifahrern) machen wird, wenn wir erst miteinander da unten in der Unterwelt sind, Frau Schneiders Stimme und wir.

In den vergangenen vier Jahrzehnten sprach dort ja mit niemals veränderter Teilnahmslosigkeit der großartige Franz Kaida zu uns – ein Rathausbeamter, den man zu einer Zeit, als die Beatles noch Musik machten und die ersten Wiener Bims ihre Schaffner verloren, als ideale Stimme des hiesigen Massenverkehrs identifiziert hatte. Franz Kaida sprach wie eine Amtsperson aus Kafkas Schloss, mit maximal einem Prozent Emotion in der ansonsten vollkommen papierenen Stimme, und das hatte eine stille Majestät, ein Gemisch aus offiziöser Dämonie und unendlicher Ruhe. Wir Fahrgäste im Bus, in der U-, S- oder Bimbahn, wir sind ja im Moment der Transition eher nervöse bis furchtsame Wesen, und wir wollen, ja müssen, geradezu beruhigt werden.

Aber ich bin optimistisch, Frau Schneider wird das schaffen. Und die Sache mit dem erforderlichen Einlullen von uns Passagieren, das wird auch hinhauen. Ich war gerade mit der Liebsten vier Tage in Paris und hätte zu diesem Thema eine Anregung: Auch in der Pariser Metro kommt die ebenfalls weibliche Stimme vom Bandl, aber auf höchst originelle und unverwechselbare Weise. Stationen werden hier mit einer Pause von vielleicht fünf Sekunden zweimal hintereinander angesagt, und zwar, das ist das Entscheidende, in unterschiedlichem Tonfall, erst fragend, dann sanft bestätigend, wie ein Selbstgespräch, also so: »Place de Clichy? ... Place de Clichy!«

Das, hab ich mir gedacht, wär daheim zuhaus auch super: »Taubstummengasse? ... Taubstummengasse!«, »Kardinal-Nagl-Platz? ... Kardinal-Nagl-Platz!«

Danke, keine weiteren Fragen.

Wir reden vom Frühsommer, vom Hochsommer und vom Spätsommer. Wir sagen Frühherbst und Spätherbst. Allein, wo ist der Hochherbst? Niemand spricht von ihm. Aber er ist da. Er steckt im November. Ein Monat, der ganz allein dem Herbst gehört. Spät- und Altweibersommer mögen bis weit in den Oktober wabern, der erste Winter mag früh im Dezember hereinbrechen. Aber im November ist Herbst und sonst nix. Ein Monat von überwältigender Stringenz! Ich betrete ihn gern. Diesmal hatte ich den Nino aus Wien bei mir, als der Hochherbst kam. Wir fuhren mit der Bahn nach Innsbruck, wo wir zusammen singen sollten. Den Nino aus Wien werden nicht alle kennen, obwohl dies der Fall sein sollte, weil er ein so guter Liederschreiber und faszinierender Sänger ist. Gerade bringt er sein neues Werk heraus, eine Platte mit dem völlig verrätselten Titel »Bulbureal«, niemand weiß, was das heißt, nix Besonderes bei Nino, seine letzte Platte hieß »Schwunder«, da wusste auch niemand, was das heißt. Aber die Lieder! Der Nino stellt in jedem kleinen Vierzeiler den Sinn, wie wir ihn kennen, auf den Kopf, aber wenn alle Vierzeiler des Liedes verklungen sind, fühlen wir trotzdem, etwas Neues verstanden zu haben, und fühlen uns im gerade noch Wildfremden ungeheuer daheim. So geht spannende Dichtung. »Ein Brief an die geheimnisvolle Madame Monique« ist gerade mein Lieblingslied von der neuen Platte, »Die Letzte Reise« heißt das zweitliebste. Auf der Fahrt nach Innsbruck erzählte der Nino von Skopje, Mazedonien, wo er die neue Platte in einem alten Jugorock-Studio aufgenommen hat. Der Toningenieur verbot der Band vor dem Aufnehmen das Essen und befahl ihnen, beim Singen zu lächeln. Das Ergebnis ist beeindruckend. Die Innsbrucker, die cool sind, nahmen den Nino mit weitoffenen Tirolerherzen auf. Als wir anderntags zurückfuhren, in den hereinbrechenden Hochherbst, sprachen wir über Halloween versus Allerseelen. Ich sagte dem Nino, dass ich jahrelang nur Allerseelen kannte, als fades, aber irgendwie meditatives und kuscheliges Fest, bis ich über Filme wie »Schon wieder ist Freitag, der Dreizehnte« auch Halloween kennenlernte. Nino entgegnete: »Wenn ich darüber nachdenke, bedeutet mir Halloween eigentlich mehr als zum Beispiel Ostern.«

Der Cobenzl ist immer gut für den herbstlichen Not-Ausgang. Man kennt das: Samstag, meistens aber Sonntag. Die Kinder verkünden schon in der Früh: Heute wollen wir einen faulen Tag! Das heißt: Sie wollen nicht ausgehen. Sie wollen ihre Ruh. Sie wollen ihre eigenen Supperln kochen. Leider köcheln im Laufe des Herbsttages diese Supperln über, das bedeutet: Die Brut streitet erbittert. Und der Plan B mit dem herbstlichen Not-Ausgang wird aktiviert. Wir schirren den Leichenwagen an. Wir fahren doch noch aus. Wie so oft und gern auf den Cobenzl. Er eignet sich so. (Johann) Philipp Graf Cobenzl, der von 1741 bis 1810 lebte, war der letzte seines kaisertreuen und den Staatsgeschäften verpflichteten Geschlechts. Er beerbte ohne Geschick den ewigen Kaunitz als Staatskanzler Josephs II., wurde aber bald pensioniert. Dann erwarb er Ländereien am Reisenberg im Wienerwald, wo er ein altes Kloster der Jesuiten in ein Landgut umbauen ließ. Das wurde zwar schon wenige Jahre später von der napoleonischen Armee wieder demoliert. Aber dennoch nannten die Wiener den das Landgut überragenden Latisberg fortan Cobenzl.

Das letzte Licht des Novembertages glimmt am Parkplatz. Maroni?, fragt die Brut. Später, sagen wir. Wir streben ehrgeizig über die Drachenwiese und durch den Haselwald der Kreuzeiche zu. Dort nehmen wir den mittleren der drei Wege auf den Grat hinauf und steigen sodann Richtung Agnesbründl ab. Rundum wogt plötzlich der Nebel auf. Bodennebel, schwer und blickdicht, geradezu englisch. Wir gehen durch Waldstücke, in denen die Buchenstämme im Nebel verschwinden, die obersten Äste allerdings wie die Finger von Verdammten aus dem Grau herausragen. Als wir beim Agnesbründl ankommen, setzt noch dazu die Dämmerung ein. Kakao?, fragt die Brut. Später, sagen wir. Durch die hereinbrechende Nacht wandeln die enormen, geisterhaften Hängebauchschweine, die beim Agnesbründl in einem Gehege leben. Die Schweine brummen düster. Wir gehen zurück. Jetzt gibt es Maroni. Und dann Kakao, im Glasrondeau des Café Cobenzl. Für die Eltern sogar mit Asbach Uralt. Die Kinder blödeln liebevoll. Die Liebste und ich trinken auf (Johann) Philipp Graf Cobenzl. Ein Mann ohne Geschick, aber mit Geschmack.

Die Liebste und ich haben müde Tage. Wir müssen viel arbeiten, und das Licht, das vom Himmel fällt, ist knapp bemessen. Wie freuen wir uns daher über einen Feiertag! Morgen kein Frühdienst, wispert die Liebste selig am Vorabend von Leopoldi. Genau, wie leiwand, wispere ich zurück. Die Kinder haben frei, und wir dürfen schlafen. Dürfen wir?

Um kurz nach neun ruft Freund und Agent C. an: Ich sitz wie ausgemacht im Engländer, sagt er ratlos. Unpädagogischerweise entfährt mir ein Fuck! Zwischen meinen Kindern, die verständnislos im Pyjama aufs Häusl wandeln, fahre ich halbblind in die Stiefeletterln und dann mit dem Leichenwagen zum Engländer. Ich bespreche mit dem C. die Konzerte des 13er-Jahres, dann kehre ich heim, wo die Familie das Frühstück abschließt. Die Leopoldifalle – das bedeutet: Frei für die Kinder, Fron für die Großen.

Leopold III., 1073 bis 1136 auf dieser Welt daheim, war unter den sechs Babenberger Leopolden noch der netteste, quasi ein Einäugiger unter ethisch Blinden. Dafür wurde er gleich heiliggesprochen und ist heute der Patron von Wien, Nieder- und Oberösterreich. Kinder lieben ihn, denn sie haben frei und rutschen im Stift Klosterneuburg das sogenannte Tausend-Eimer-Fassl hinunter. Erwachsene hingegen sind bös auf ihn, weil sie so wie ich in seine Falle tappen. Wieder zuhaus, sage ich: Ein wunderschöner Tag, jetzt fahr ma irgendwo hinaus, Lobau, Schwarzenbergpark, was weiß ich. Gut, sagt die Liebste. Dann geht das Telefon: Ein zweites, lauteres, geradezu babenbergisches Fuck! entfährt mir. Freund und Akkordeonfestival-Intendant P. hat ein Schippel Musiker ins Weinhaus Sittl geladen, um seinen wunderbaren musikalischen Adventkalender zu besprechen. Diesmal nehme ich die Liebste und die Brut mit. Danach geht

261

sich immerhin noch ein Dämmerstündchen auf den Steinhofgründen aus, wir spielen sehr lustig Fußball, und der
Leopolditag ist wieder vorbei. Abends sitze ich an die Liebste
geschmiegt auf dem Diwan, schließe die Augen und stelle
mir ein riesiges, ein Hunderttausend-Eimer-Fassl vor. Dieses rutsche ich allerdings nicht hinunter, ich betrete es vielmehr, verschließe es hinter mir und rolle einen sanften Abhang abwärts, dem Schlaf zu.

Am Osthang des Ätna wächst der Castagno dei
cento Cavalli, der »Kastanienbaum der hundert Pferde«. Er
ist deutlich älter als das Christentum, sein Stamm hatte einst
den Umfang von über 50 Metern, ehe er sich in drei Stämme
zu heute 13, 20 und 21 Meter Umfang teilte. Die Sizilianer
sagten früher, man könne hundert Pferde in diesem Baum
verstecken, daher der Name.
Wissen Sie was? Da möchte ich grad hin. Diesen November
empfinden die Liebste und ich ja tendenziell als psycho, will
sagen: Alle sind unsicher, leicht beleidigt, paranoid. Wo ein
Missverständnis in der Luft liegt, wird es genützt und zur vol-
len schädlichen Entfaltung gebracht. Die Kinder sind wep-
sig, Bekannte verschlossen und niedergeschlagen. Über allem liegt der tödliche Schlaaz des Hochnebels. Was tut man
da? Uns fünf verlangt es nach Maroni, als vitamin- und koh-
lehydratreiches Gegengift. Aber ach, wir finden keine gschei-
ten. Am besten war noch der erste Kauf, am Cobenzl. Die
waren zwar noch ein bisserl hart, aber rein und unverdor-
ben. Bei Wien-Mitte erstand ich dann ein Stanitzl mit sieben
Stück, von denen drei gut, zwei mittel und zwei zum Speiben
waren. Dann kauften wir uns selbst Sackerln. Die ersten ließen wir zu lange liegen, sprich, sie wurden hart und kiesel-

steinig. Die zweiten waren im Inneren höchst schmackhaft, aber quasi unschälbar, was die ganze Familie dazu zwang, große Teile des pelzigen Innenhauterls mitzuessen und nach einer Weile in verschiedenen Stadien des Ungustiösen wieder auszuspucken.

Und plötzlich entdecke ich dieses Gemälde von Jean-Pierre Houël: Kastanienbaum der hundert Pferde. Seitdem will ich da hin, nach Sant' Alfio auf Sizilien. Ich will Maroni von einem 4000 Jahre alten Baum essen, über mir ein klarer, blassblauer Vorwinterhimmel. Meine Lieben sitzen bei mir auf einem sizilianischen Bankerl, rundherum wandeln alle unsere Bekannten, vom Novemberpsycho geheilt, durch die bukolische Landschaft.

Halb vier, und die Kleinen kommen aus der Volksschule. Hamma noch Maroni zur Jause?, fragt die Drittgeborene mit ihrem umwerfendsten Lächeln. Ich seufze, dann aber lächle ich zurück.

Es ist einiges gebastelt worden, hier in Erdberg. Der Zweitgeborene hat einen Zündholzschachterl-Adventkalender hergestellt, die Drittgeborene einen litfaß-säulenförmigen Engel, der schillernd in der Küche prangt und unsere Mahlzeiten segnet. Ich habe immerhin den treuen Ficus benjamini, der seit Jahren unseren Fernseher segnet, endlich in einen großen Topf umgesetzt und imaginiere nun täglich, wie er riesig wird gleich dem in der letzten Kolumne erwähnten sizilianischen »Kastanienbaum der hundert Pferde«. Aber irgendwann will man raus, mag es auch hochnebeln oder stürmen oder schneien. Es tat eh nur Ersteres an diesem Sonntag, und selbst der Hochnebel wirkte rissig, wie eine beim Auszug zurückgelassene Gardine. Wir bestiegen den Leichenwagen, fuhren in die Lobau und schritten durch das sperrige Unterholz der Dechantlacke zu. Die Brut zeigte sich zerrissen: Dieweil ihre Köpfe und die darin eingebauten Münder das Unrecht dieses Spazierganges bejammerten, freuten sich die unausgelasteten Leiber, schritten weit aus, verprügelten einander und gerieten in heilsame Bewegung. Die Dechantlacke ist ja zu allen Jahreszeiten ein Wunder der Natur, auch in Abwesenheit der Nackten und der Freaks. Wir sahen gigantische Holzverhaue, gestürzte Urwaldriesen, weiß gebleichte Astgewirre wie Skelette aus einer älteren Welt. Dieses Totholz geht auf das Konto von Castor fiber, des Bibers, des zweitgrößten Nagetieres der Welt. Seine Wiederansiedlung war so erfolgreich, dass sich die Dechant- und andere Lacken des Donau-Marchkomplexes mittlerweile als in tierischer Umgestaltung befindliche Gruschhaufen zeigen. Die Naturschutzbehörden erwägen bereits Strategien zur »Biber-Vergrämung«. Ich kenne diese Strategien nicht, fände aber auch die Wiederansiedlung des Wolfes hübsch, des Bibers einzigen Fressfeind, denn dem Seeadler ist er zu schwer und zu unsympathisch. Ebenso hübsch: die Bastelarbeiten der nun abwesenden Dechant-Hippies, die sich ihre Sonnenplätze ausgebastelt haben, mit Stiegen, Steigen und Pritschen aus den Resten der Biber-Bautätigkeit. Nachdenklich kehrten wir heim und bastelten selber wieder weiter.

Was legt der Mensch auf seinen Plattenteller, wenn das Weihnachtsfest naht? Wir haben hier eine Auswahl. Was gespielt wird, ist umstritten. Manchmal setze ich mich durch, oft nicht. Selten erklingt beispielsweise das Christmas-Album der kaum zu überschätzenden Band

Boney M., das die Liebste einst bei einem Quiz gewann. Die Platte besticht vor allem optisch, durch ihr großzügiges Silber-Dekor, in welchem die fast nackten, dunklen Leiber der Sänger und Sängerinnen unweihnachtlich, aber beeindruckend herumliegen. Öfter legen wir Bing Crosby auf, was nicht besonders originell ist, aber irgendwie immer geht. Vom Uropa geerbt haben wir eine dicke vergoldete Fünffach-Vinylbox namens »Es begab sich aber zu einer Zeit«, Weihnachtsmusik mit Orchester und Chor. Das ist sehr schön, wird von der Brut aber als zu ernst empfunden. Familiärer Konsens hingegen ist das herrliche »Christmas In The Heart« von Bob Dylan, vor allem von der Drittgeborenen wegen seiner teilweisen Tanzbarkeit kultisch verehrt. Mein Lieblingsstück: »Christmas Island«, worauf Bob sogar *Aloha!* singt.

Aber jetzt komme ich mit meiner eigentlichen Offenbarung. Ich nämlich liebe die »Christmas Carols« von John Jacob Niles, und wenn Sie jetzt Häh? sagen, antworte ich: John Jacob Niles (1892–1980), ein Titan des amerikanischen Folk, ehemaliger Tenor an der Oper von Chicago, passionierter Volkskultur-Forscher und König der Appalachen-Ballade. Marlene Dietrich nahm seine Lieder auf, Dylan baute sie in seine eigenen ein. Niles begleitete sich selbst auf der Dulcimer, einem enormen zitherartigen Instrument und sang im vibrierenden Falsett, was ihn hier wieder umstritten macht. Die Liebste wird nervös vor lauter Tremolo, und die Kinder sagen im freundlichsten Fall: Oag.

Aber ich beharre darauf: Das ist super und total weihnachtlich. Noch weihnachtlicher ist natürlich das Konzept der Hausmusik. Und so wird hier auch am Heiligen Abend The Erdberg Family ihre Geburtsstunde erleben. Der Zweit- und die Drittgeborene spielen Gitarren, die Liebste Ukulele. Ich schlage das Banjo und rufe unermüdlich: Proben, proben, proben!

Täglich kommt einer von uns fünfen am Zawinul-Park vorbei, und ihr oder sein Blick fällt auf die angebotenen Christbäume. Sollma einen aussuchen?, fragen die Panikritter an unserer kleinen Tafelrunde. Aber nein, sagt dann der Papa, der in dieser Frage die Ruhe total verinnerlicht hat, aber nein, es ist viel zu früh. Ich bin nämlich der felsenfesten Ansicht, dass die schönsten Christbäume wenige Stunden vor dem Heiligen Abend erst im Zawinul'schen Fußballkäfig feilgeboten werden, und dann, ja, dann schlagen wir zu. Also wenden wir uns anderen Stationen der höchstpersönlichen Herbergsuche zu. Dem Augarten etwa, wo ich unlängst zu tun hatte. Früh brach die Nacht herein. Da sah ich, wenn schon nicht Über-, dann doch Außerirdisches: Eine Art Lichtdom ragte auf, wie damals in den Neunzigern, als die ersten Raves der Stadt von enormen, träge rotierenden Lichtstrahlern angezeigt wurden. Dieser Lichtstrahl hier verharrte still, und in seiner Mitte hockte wie ein gschamiges Neugeborenes ein eckiges, kleines Konzerthaus namens MuTh, der neue Saal der Sängerknaben. Dessen Führung hatte zur Eröffnung des umstrittenen Baus »MuTh-ExpertInnen« zu einem Kongress eingeladen, auch die Kritiker, etwa vom Aktionsradius.
Diese Initiative, die seit 20 Jahren Kultur am und im Augarten zusammenführt und vernetzt, und über deren Argumente im Zuge des Augartenstreits von Bauherrn und Stadt drübergefahren worden war, sagte übrigens dankend ab, was ich verstehen kann. Die Herbergsuche streifte dann die »Halle« von Wien Mitte neu, wo man ja jetzt »The Mall«

sagt. Wenn das so ist, ist diese angebliche »Halle« dann ja vielleicht eine »Malle«, denn sie ist einfach ein überdachter Platz im Freien, wo der eisige Wind von Mitte an großen Betonfindlingen vorbeizieht, wo niemand in kalten Nächten bleiben kann, wo es alle wegzieht, entweder zum »Shoppen« oder halt back on the road. Musizierverbot haben sie hier übrigens auch verhängt. Das heißt, meinen lässigen russischen Opa mit seinen krachenden Blues-Stücken, der früher hier gesungen hat, den muss ich woanders suchen gehen. Ich wünsche, dass allen warm ist, jetzt dann.

Aufgrund der Dringlichkeit, mit der die Lieblingsredakteurin Anni diesen Silvestertext einfordert, schließe ich, dass meine Redaktion nicht an das Ende der Welt glaubt, sonst hätte sie mir statt »Gemma!« wohl sowas gemailt wie: »Wenn du willst, schreib noch eine, wenn nicht, mach dir eine gute Zeit, es war doch eigentlich sehr schön hier, Seawas.« Auch unsere Brut hat, ebenso wie andere Familienmitglieder, die Weltuntergangsoption innerlich fallengelassen, nach Phasen des Interesses und des Zweifels. Das spricht einerseits für die geistige Gesundheit dieser Familie, ist aber andererseits auch ein bisschen fad, insbesondere deshalb, weil so ein Hauch von Apokalyptizimus die Vorweihnachtszeit zu würzen weiß. Und zwar in dem Sinn, dass er den ganzen Irrsinn mit sakral gerechtfertigtem Kommerz noch ein bisschen offensichtlicher macht. Aber okay-okay, es glaubt niemand unter meinen vernünftigen Freunden und Bekannten ans End of The World, nicht einmal As We Know It. Ich eh auch nicht. Also wende ich mich jetzt (nach Vergeudung der Hälfte meines wöchentlichen Platzes für fragwürdige Philosophie) dem verhassten aber immer wieder eingeforderten Thema Jahresrückblick zu. Alsdann, gut an 2012: Meine Frau. Meine Kinder. Der letzte Sommer. Die neuen Lieder des Nino aus Wien. Ein halbschattiger Strand an der Schwarza im Höllental, Anfang Juli. Die vergleichsweise stabile Gesundheit dieser Familie. Die Paprikawürste vom Rochusmarkt. Unser Kamin. Die neuen Lieder von Bob Dylan. Erdberg bei Sonnenschein. Erdberg bei Regen. Meine neue, zierliche, fuchsbraune Folk-Gitarre. Wie Geschenke, ein paar neue Freunde; zwei in Oslip, im Burgenland, und zwei in Hütteldorf. Das Vielleicht-ja-doch-zur-Verantwortung-Ziehen von ein paar grindigen Glücksrittern der sogenannten schwarzblauen Zeit. Die neuen Lieder des Raphael Sas und der Sibylle Kefer. Undundund. Schlecht an 2012: Die temporäre Abwesenheit meiner Frau und meiner Kinder. Die Kürze des Sommers. Raten, Voten, Downloaden. Zu viele Westautobahn-Kilometer. Die große Chance. Und, und, und. Und wenn wir untergehen, werden Sie das alles nicht mehr lesen. Na ja, täte mir jetzt fast leid.

Manchmal würde ich dieses Stunde-null-Gefühl, das man am Anfang eines Jahres hat, gern ausdehnen, auf das Verhältnis zu meiner Stadt. Ich habe innerlich akzeptiert, dass ich an Wien festpicke wie ein Kaugummi an einer Schreibtischunterseite, dass man mich zwar ein Stück wegziehen kann, ich sodann aber wieder zurückschnalze, einem Naturgesetz folgend. Dabei würde ich mich gern manchmal neu in Wien fühlen. Wie die Deutschen, die sich en gros in Wien verlieben und dann länger bis für immer hier sind. Zu einem meiner Konzerte kam ein junges baden-württembergisches Pärchen, Studenten, im Vollgefühl ihrer Wien-Entdeckung, die mir solange vom Naschmarkt und vom Brunnenmarkt vorschwärmten, bis ich ihnen ein bisschen fies den Volkert- und den Victor-Adler-Markt empfahl. Dann ging ich christkindmäßig in ein neues, hochambitioniertes Ledergeschäft im Zweiten, das von einem mittelalten, mitteldeutschen Pärchen betrieben wird. Und stieß auf dieselbe parareligiöse Wien-Verzückung, die hier noch feinstofflich in der Luft lag, obgleich die beiden deutlich länger in Wien sein mussten. Ich geh jetzt mal rüber in den Gemüseladen!, stieß sie begeistert hervor. Ja!, jubelte er, während er mir den Zip einer Handtasche erklärte. Und ich, der ich von zahlreichen Wiener Eltern, Groß- und Urgroßeltern Generationen lang im Humus Wiens vorbereitet wurde, ich sehnte mich plötzlich danach, einen Augenblick lang Deutscher zu sein. Ganz neu in Wien, naiv und überraschbar. Ich hätte gern gleichzeitig meine Erfahrung und die deutsche heilige Einfalt beim Eintritt nach Wien. Ich könnte mich wieder freuen über so simple Sachen, wie, sagen wir: die Ankeruhr und die Spinnerin am Kreuz. Im Gespräch mit der Liebsten ventilierte ich Placebo-Szenarien für die Nachempfindung des deutschen Entdeckergefühls. Ich könnte, sagte ich, nach Auhof zur Raststation rausfahren und dann ganz langsam und bewusst die Westeinfahrt wieder rein. – Vielleicht musst du nur in einen anderen Bezirk, sagte die Liebste. Geh einmal zum Karmelitermarkt statt zum Rochus. – Schwierig, sagte ich. So viele Deutsche. Fühlt sich an wie Berlin.

Und dann hätte ich noch diese Geschichte aus dem vergehenden Zwölferjahr, aus der Zeit »zwischen den Jahren«, wo immer irgendwas anfällt, das nachzureichen bleibt. Am ersten Weihnachtsfeiertag brachen die Liebste, der Schwager, die Brut und ich zu einer Wienerwaldwanderung auf, nach deren Abschluss wir uns dem Weihnachtsfondue stellen wollten. Ein wenig fürchteten wir, es könnte regnen, aber ohne Wanderung hätten wir das Fondue niemals besiegt, also los. Wir parkten ober Neuwaldegg an der Höhenstraße und betraten den Schwarzenbergpark, von wo aus wir das Hameau erklimmen wollten. Allein, aus dem Park kamen uns zehn Feuerwehrleute entgegen. Auf meine Frage nach dem Warum erklärten sie, ein Baum sei abgebrochen, und es werden noch sehr viele andere Bäume abbrechen, und wir sollten ein bisserl aufpassen im Gehölz. Mit einem leichten Thrill im Bauch gingen wir los, und während wir am Forsthaus vorbei in dichter bewaldete Gebiete vordrangen, verstanden wir, was los war. Es regnete nicht, aber es nebelte und gleichzeitig fror es. Das führte dazu, dass der Nebel an allem, was in ihn hineinragte, Eisfutterale ausbildete. Jedes Detail des Waldes, Stamm, Ast, Zweig, Stengel und Halm, war von dickem Eis bedeckt. Das war von unglaublicher Schönheit. Aber solches Eis wiegt tonnenschwer, wie wir später recherchierten. Nun bemerkten wir bloß, dass auf einmal hier ein Ast, dort ein ganzer Baum, erst rieselnd, dann knackend, schließlich krachend zu Fall kam. Zum vielleicht letzten winzigen Zwölferjahres-Zwist zwischen der Liebsten und mir kam es, als ich für das letzte Stück des Aufstieges den Waldweg empfahl, weil ich annahm, dass stürzende Äste durch Gehölz abgefangen würden. Die Liebste war für die Forststraße, weil sie annahm, dass man dem Fallholz dort schneller davonlaufen konnte. Wir gingen den Waldweg hinauf, die Forststraße hinunter, wir überlebten. Zuhaus hörten wir in den Nachrichten, dass die Gebiete, die wir durchwandert hatten, gesperrt würden, wegen Lebensgefahr. Ich wünsche dennoch jedem Leser und jeder Leserin, dass er oder sie das einmal sieht, denn es ist so unglaublich schön.

Karl Ferdinand Kratzl war ex aequo mit Josef Hader der beste Kabarettist in diesem Land, ehe er sich künstlerisch ins seriöse Schauspiel und in die Dichtung weiterbegab, wo er ebenfalls zu den Besten gehört. Kratzl, für Teile des Publikums mitunter zu sinister, war gleichzeitig ein wandelnder Kafka-Exzerpt und ein vierdimensionaler Barockspaßmacher, der die Seele im Lachen völlig umkehren konnte. In einem Kratzl-Programm, das die Liebste und ich noch tief im alten Jahrtausend sahen, sang er: »Es geht sich, es geht sich, es geht sich wunderscheen / Man muss es nur verstehn, den rechten Fuß zu hem!« Diesen Zweizeiler singsangen die Liebste und ich noch heute auf Spaziergängen.

Und da sind wir im Thema. Es ist Jänner. Im Jänner geht es sich einfach mies. Egal, was man macht. Egal, welchen Fuß man hebt. Egal, welchen Schuh man trägt. Ich habe es mit verschiedenen Modellen probiert. Die riesigen Liftwart-Stiefel mit ihrem Lammfell, die Haferlschuhe, die Wildleder-Zuhälter-Stiefeletterln, die mir mein Bruder einst aus Chicago mitbrachte. Hilft alles nix, der Gang bleibt unrund. Jetzt, da man im neuen Jahr doch erst einmal Boden gewinnen, Tritt fassen und Meter machen sollte, hatscht man schief dahin. Und schuld ist der Splitt. Dieser Tage liegt stets viel davon herum. Selbst in Wien sind die ersten Schneefälle mittlerweile passiert, die ersten Autofahrer haben die Nerven geschmissen, und die Stadt hat als Balsam Splitt darauf gestreut. Splitt gehört zu den gebrochenen Mineralstoffen, er ist gröber als Sand und feiner als Schotter, nach Deutscher Industrie Norm (DIN) 2 bis 32 Millimeter groß, aus Granit, Basalt oder Quarzen gebrochen. Für den Fußgänger bedeutet das: die Unmöglichkeit, mit der Sohle haftend am Trottoir aufzusetzen, dafür den Zwang, noch 2 bis 32 Millimeter weiterzurutschen, was total ermüdet. Weiters die Steinderln selbst, die bei flacherem Schuhwerk ins Innere gelangen und uns schmerzen, bei höherem Schuhwerk aber wie kleine mineralische Leichen am Schaft picken und schiach sind.

Ich hasse Splitt. Aber es kommt ein Frühling, und ich werde wieder Kratzls Lied singen.

Das ist das zweihundertste »Wien Mitte«. Sie können mir gratulieren, müssen aber nicht. Ich habe zwar zweihundertmal die Leistung erbracht, ein kleines Aufsatzerl zu schreiben. Aber die Leistung, insgesamt zweihundert kleine Aufsatzerln zu schreiben, ist irrelevant. Sie zählt bloß im kapitalistischen System, wo das Lob der Summe gilt, der Triumph des Zusammengerafften. Meine Geschenke hab ich schon. Das waren nämlich die Leser-E-Mails mit Fotos vom vorletztes Mal hier beschriebenen Ice Storm im Wienerwald. Irrsinnig schön. Unpackbar. Atemberaubend. Haselstauden mit dezimeterlangen Bärten, Hagebutten unter Eis, Baumriesen in Aspik. Ich danke Frau Martina, Frau Gabriele, Frau Pia, Frau Grete, Herrn Franz und Herrn Bernhard für ihre Fotos. Ich hab mich jetzt eine Woche lang drüber gefreut!

Ja, das Wetter. Das bleibt halt immer. Draußen schneit es grad wie die Sau, und alles in mir will die Liftwartstiefel anziehen und in den Prater. Aber erst muss ich fertigschreiben. Es schneit wirklich stark. Prompt geraten die Boys and Girls von orf.at in ihre erprobte Weltuntergangsstimmung, raunen von Energieengpässen und sehen meteorologische Rekorde fallen, von denen die Hohe Warte noch nicht einmal weiß, dass sie aufgestellt wurden. Schön: Apokalyptisches Kasperltheater auf orf.at bringt mich eigentlich im-

mer in gute Laune. Schnee sowieso. Es muss im Winter
2004/2005 gewesen sein, da trank ich im Chelsea Wodka
mit dem Stanzel. Treue Leser wissen es, den untreuen gehört es gesagt: Stephan Stanzel ist die Stimme Simmerings, Frontman von A Life A Song A Cigarette, Wiens ro-
mantischster Band. Stephan und ich haben einiges erlebt
miteinander, orf.at würde in Ohnmacht fallen. Damals saßen wir also im Chelsea, und als wir gingen, eher mussten als
wollten, war die Welt eingeschneit. Der Stanzel trug wie immer seine Converse, ich immerhin Clarks. Fäulend stapften
wir in zwei Richtungen davon, aber davor versprachen wir
einander, dass jeder von uns einen Song über diesen Schnee
schreiben würde. Ich bilde mir ein, den Song geschrieben zu
haben, finde ihn aber nicht mehr. Ich schreibe ihn jetzt einfach noch einmal. Stephan, was ist mit dir?

Mich hat unlängst eine Sorte Ort verführt,
von der ich nicht mehr dachte, dass sie mich in diesem Leben noch um den Finger wickeln könnte: die Konditorei.
Genauer: Es war eine Konditorei in Neulengbach. Der dortige Konditor hatte mich eingeladen, um in seinem Gastzim-
mer meine Lieder zu spielen, für das Konditoreienpublikum.
Das Konzert begann um sechs, was natürlich ein klassischer
Konditoreienzeitpunkt ist. Ich war in skeptischer Verfassung
gekommen, aber angesichts der herrschenden Atmosphäre
schmolz ich bald dahin. Treffe ich üblicherweise auf Zuhörer, die, sagen wir, ein Schnitzerl und zwei bis drei Biere in
sich haben, hatte mein heutiger Durchschnittsgast etwa eine
Torte und ein bis zwei Kakao in sich. Das führt naturgemäß
ebenfalls zu einer glücklichen Grundverfassung, wenn auch
zu einem geringfügig abweichenden Konzert-Rezeptions-

verhalten. Statt schallend lacht der Konditoreiengast leise und glucksend, statt wild zu rocken, wiegt er sich eher sanft, des mollig gefüllten Bäuchleins wegen. Und selbst ich, der ich aus meiner mönchischen Sängermoral heraus vor dem Auftritt niemals Schnaps trinke noch Mehlspeisen esse, ich spürte diese sehr spezifische Glücksverfassung meiner Zuhörer. Ich vermeinte wahrzunehmen, wie meine Lieder von einem unsichtbaren Schlagobers-Brunnen getränkt wurden und sich ihrerseits in etwas Feistes, Flaumiges verwandelten. Nach dem Auftritt stand ich mit Herrn Günter, dem Konditor, beisammen. Da trat eine junge Frau zu uns und stellte sich als Franziska vor. Ich hätte doch über den sizilianischen Kastanienbaum der hundert Pferde geschrieben. – Ja, sagte ich, eh. – Ihr Mann, sagte Frau Franziska, stamme aus Sizilien, quasi direkt aus dem Schatten dieses Kastanienbaums. Und er habe mir Früchte vom benachbarten Orangenbaum geschickt. In einem Nylonsackerl lagen sechs kindskopfgroße, duftende Orangen. Als ich heimkam, ließ ich diese Orangen über den Küchentisch in die Arme der Liebsten rollen. Dann sagte ich: Ich will eine Tournee machen durch lauter Konditoreien.

Die Liebste sagte, sie verstehe mich.

Mit frisch gekauften Paradeisern, Würsten und Kerzen schritt ich jüngst über die Landstraßer Haupt nach Haus, als ich bemerkte, dass sich mein Blick wie von selbst gen Himmel hob. Das geschieht bei mir eigentlich öfter, aber nur selten in den tiefen Gruben des Mittwinters. Dass es nun passierte, schien mir ein Zeichen, dass die allertiefsten Gruben ja vielleicht hinter mir lagen: und tatsächlich. Der Himmel war noch hell, obwohl es fünf vorbei war. Er war königsblau mit einem Stich ins Türkise. Die Wolkenriffe, die in ihn hineinragten, hatten goldene Ränder, also musste irgendwo da droben noch Sonne sein.

Ich stellte meine Sachen neben mich und ließ mich auf einer Bank nieder, um eine zu rauchen, den Blick unausgesetzt gen Himmel gewandt. In den letzten drei Tagen hatte sich die Luft von minus sieben auf plus neun Grad erwärmt. Und obwohl dies natürlich erst der falsche Frühling war, herzte ich innerlich den Gedanken, wonach auf einen so prononcierten falschen Frühling wie jetzt nur noch ganz selten ein ganz harter Spätwinter zurückkam. Ich brachte mein Zeug heim und trat mit meiner ganzen guten Laune vor die Familie.

Dort erzählte ich, was ich auf einem geheimnisvollen Stück Papier gelesen hatte, einem Papier, gelöst aus der Speisekarte des Agnesbründl-Wirten im Wienerwald. Es berichtet von zahlreichen Volkssagen, die sich um das wundertätige Agnesbründl ranken. Das Agnesbründl, schon im Wiener Barock ein prosperierender Wallfahrtsort, wurde von den josefinischen Behörden geschlossen, weil es so große Menschenaufläufe anzog. Von allen Sagen gefiel mir folgende am besten: Zeitgenossen, die sich mit dem Wasser des Agnesbründls die Augenlider bestrichen, behaupteten anschließend, in den umliegenden Baumkronen die Zahlen der nächsten Lottoziehung aufblinken zu sehen.

Ich stand an diesem lauen Abend noch länger auf dem Balkon und schaute auf den kleinen Alleebaum hinunter, der uns im Zwölferjahr auf der Landstraßer Haupt verdorrt ist. Warum, dachte ich, lassen ihn die so umsichtigen Stadtgärtner da stehen? Ich nahm mir vor, seine Krone zu beobachten, denn vielleicht würde er mir etwas offenbaren.

Und weiter im falschen Frühling: Am Tag, nachdem ich dessen Kommen bemerkt hatte, fuhr ich bereits erstmals mit dem Radl aus. Die Ausfahrt ging wenig überraschend, aber angemessen über den Erdberger Steg in den Prater. Das Patagonia-Radl war seit etwa dem Nikolotag unberührt im Lichthof gestanden und fast zur Gänze eingeschneit gewesen. Aber nun war es stoisch wieder ausgeapert wie ein steinzeitliches Artefakt. Und dank des Kohnschen Service vom Herbst diente es mir bei unserer ersten 13er-Ausfahrt in vollkommener Reibungslosigkeit.

Ich weiß nicht genau, warum ich links statt wie sonst rechts in die Hauptallee einbog. Womöglich fürchtete ich jenen »gelben Schnee« im grünen Prater des Spätwinters, den die leiwande Dichterin Julya Rabinowich unlängst so souverän im Standard beschrieben hat, und über den schon Frank Zappa wusste: »Watch out where the huskies go / don't you eat the yellow snow!« Jedenfalls fuhr ich nach links und landete im Wurschtlprater, an der Kreuzung Eduard-Lang-Weg/Karl-Kolarik-Weg. Zwischen der fest versperrten alten Hochschaubahn mit dem lullenden Zwerg und dem wintertoten Schweizerhaus fuhr ich hindurch, über den Calafattiplatz erreichte ich eines der großen Spukhäuser meiner Kindheit: den Rutschturm, der heuer seinen 100. Geburtstag feiert. Wahnsinn, dachte ich, im Vorjahr Woody Guthrie, heuer der Rutschturm, ein Centennium nach dem anderen, und wie alt bin ich?

Den Rutschturm empfand ich schon mit vier als spooky. Meine Mutter hatte mir die Geschichte erzählt, wonach ein rutschendes Kind von einem herausstehenden Schiefer durchbohrt worden sei. Und obwohl die Rutschfläche schon damals aus Kunststoff war, und obwohl ungezählte Kinder direkt neben meiner Angst sicher am Fuß des Turms landeten, rutschte ich nie.

Jetzt aber zwinkerte die Sonne durch die Sprießeln, der Föhnsturm rüttelte an den Geländern und an dem Schild mit der Aufschrift »Brunzen verboten!«. Der freundlich frischgestrichene Turm lächelte auf mich herab als wollte er mit Sartre sagen: »Die Hölle, das sind die anderen.« In diesem Jahr, nahm ich mir vor, da würde ich erstmals rutschen.

Das Herumsitzen im Spätwinter, das ist der Tod. Wer am Ende des Winters nur herumsitzt, weil er glaubt, dass das Aussitzen des Winters die letzte Möglichkeit ist, um ihn zu besiegen, der hat schon verloren. Der ist Zielscheibe des rheumatischen Reißens und jener »depressiven Verstimmungen«, von denen der Biowetter-Dienst der Hohen Warte so schön schreibt. Nun ist das Herumsitzen, währenddessen sich im Hirn die Kunst formt, natürlich Lebensteil eines jeden freien Kunstmenschen, wie ich einer bin, aber man darf es nicht zu weit treiben. Auch wenn du glaubst, es geht nicht mehr – hinaus, hinaus, hinaus.

Der falsche Frühling ist natürlich auch vergangen. Das war natürlich alles eine Lüge. Und der Schnee zurückgekommen. Aber beim zweiten Mal funktioniert er nicht mehr, der Schnee. Da ist er nur noch ein ärgerliches, unbekömmliches Wettergesicht. Aber trotzdem, es hilft nichts – hinaus, hinaus, hinaus. Mit allen drei, relativ widerstandslosen Kindern waren die Liebste und ich beispielsweise bei leichtem, depressiv verstimmtem Schneefall in der Lobau spazieren. Von der Panozzalacke ausgehend, über napoleonisches Hauptquartier und Nazibunker in nördlicher Richtung. Mit Schnee im Mund erklärte ich der Brut, wie ausgerechnet die dschungelig-bukolische Lobau Schauplatz der größten Kriege der letzten zweihundert Jahre wurde, und wir gingen weiter. An Feldern und Kiefernhainen vorbei, durch alte Silberpappelverhaue und schilfige Abschnitte, ehe wir über einen großen Bogen zum Ölhafen und schließlich zurück zum Auto fanden. Die erste Stunde im trauten Heim, nach so einem erbittert erzwungenen Wintermarsch, die gehört zu den kuscheligsten Momenten überhaupt. Ich setze mich dann gern an den Rechner und messe auf Google Earth die Länge des zurückgelegten Marsches nach: Bittesehr, rufe ich dann der Liebsten zu, siebeneinhalb Kilometer Lobau!

Aber auch die Länge meiner allein zurückgelegten Werktagsgänge beginne ich mittlerweile nachzumessen. Saitenkaufen spazieren beim Kerschbaum am Heumarkt: 4,17 Kilometer. Lyrisches Luftschnappen am Sankt Marxer Friedhof: 3,38 Kilometer. Das ist sehr schrullig, ich weiß, aber am Ende steht der Frühling.

»Heit moch ma amoi a Köllapartie, du gehst mit, er geht mit und i a!«, hat Maly Nagl (1893–1977) gesungen, unter anderem. Ihre Lieder höre ich grad ununterbrochen, und wie ich dazu gekommen bin, das werde ich Ihnen jetzt schildern.

Wenn der Winter nicht und nicht fortgehen will, ist es bekanntlich auch eine Ultimativ-Strategie, wie besessen Musik zu hören, immer dieselbe, so ausschließlich, bis die Welt und ihre unerfreuliche Jahreszeit verschwinden und nur noch die Musik da ist. Mein Wissenschaftler-Bruder, der gerade in New Orleans lehrt, hat mir unlängst ein Schippel wunderbarer Schallplatten zum Geschenk gemacht, lauter alte Sachen, 20er- bis 50er-Jahre, Blues aus dem Mississippi-Delta. Und diese Rootsmusik hab ich solange gehört, bis die Welt eh weg war, aber eine gewisse Sehnsucht noch da: nämlich die nach der eigenen Rootsmusik. Und über meine Freunde, die sich da richtig auskennen, bin ich auf die Maly Nagl gekommen. Maly Nagl, die man auch die Bessie Smith von Wien nannte. Maly Nagl, die ihre Karriere neunjährig unter der Regentschaft des Kaisers Franz Josef begann und unter Bruno Kreisky beendete. Maly Nagl, die mit 15 Jahren bereits Soloprogramme in der Fledermaus-Bar bestritt – Peter Altenberg verfasste Rezensionen, in denen er über die junge Sängerin als ein »allerliebstes Kunstwerkchen« schrieb. »I hob kan Zins noch zahlt«, »Die Fischerhüttn«, »I häng an meiner Weanastodt« – das höre ich jetzt ununterbrochen, nachdem ich davor ununterbrochen Charley Patton, Skip James und Mississippi Fred McDowell gehört habe. Die Liebste und die Brut treiben mich in meiner Ausschließlichkeit manchmal unter die Kopfhörer, wenn die Maly Nagl wieder einmal sein muss. Und unter meinen Kopfhörern finde ich dann interessante Parallelen zwischen den Bluesmännern und der Wienerlied-Diva, vor allem die durchdringenden Stimmen. Diese Stimmen kommen alle aus einer Zeit, in der noch keine Mikrofone zur Verfügung standen und der Sänger oder die Sängerin sehr mittig singen musste, um sich durchzusetzen. Das versuche ich dann auch, durchdringend, schneidend, naturverstärkt. Die Liebste und die Brut schicken mich dann manchmal ein bissl hinaus, spazieren und in die Trafik.

Am Gitarrenkoffer pickt noch der Gatsch. Feister, fettiger, ockerfarbener Gatsch, eingetrocknet wie gute Ölfarbe, gemacht aus Erde, wie sie erst in einer gewissen Tiefe vorkommt, six feet under, ungefähr. Der Gatsch ist der endgültige Beweis, dass der Vormittag vergangene Woche seine Wirklichkeit hatte. Ohne den Gatsch würd ich ein bisschen zwischen allen möglichen Wirklichkeiten verloren gehen.

So vor 30, 40 Jahren war ich öfter am Hernalser Friedhof, an der Flanke des Schafbergs, mit meiner Omi, die mich mitnahm, wenn sie ihre beiden Männer besuchen ging. Der eine 1945 gestorben, der andere 1970, liegen sie nur zwei Reihen voneinander entfernt, im weit oberen, weit hinteren Teil. Wo die Föhren sind, da ist es dann, pflegte die Omi zu sagen, wenn ich maulte, unter dem gar nicht so kleinen Gewicht von Gartenschere und Kerzen.

Dann war ich ewig nicht da, und jetzt halt wieder. Auf Friedhöfen verändert sich, im Gesamten gesehen, wenig. Der letzte Schnee zergeht, und obendrauf regnet's noch. Am Arm der Liebsten schweben die vielen Luftballons, das ist ein tröstlicher Anblick. Mein Bruder ist auch da, extra aus Louisiana gekommen. Die Brut wuselt rastlos am Beginn des Zuges. Das wäre in ihrem Sinne gewesen, sagt meine Mama, und dann sagt sie: Wo die Föhren sind, da ist es dann.

Und dann sieht man den Erdhügel, der sich grad genüsslich unter Schmelz- und Regenwasser in den Gatschhügel verwandelt. Der Pfarrer spricht freundlich und scheu, als hätte er gewusst, dass diejenige, um die es geht, dem, was die Pfarrer sagen, immer eher gelassen gegenübergestanden ist. Ich schaffe es, mein Lied zu spielen. Alle lassen die Luftballons fliegen, der des Zweitgeborenen bleibt in einer Föhre hängen, als wollte er noch ein wenig wachen. Meine Mama hat keine Mama mehr. Mein Bruder und ich haben keine Omi mehr. Die Brut hat keine Urgroßmutter mehr. Als wir wieder gehen, schaue ich nicht mehr zu den Föhren. Meine Mama, mein Bruder und ich können über irgendeinen kleinen blöden Witz eine Sekunde lang lachen. Auf zwei Grabsteinen lese ich die sinnstiftenden Wiener Namen Frischherz und Weinleid.

Während ich das schreibe, rückt die Volksbefragung herbei. Wenn Sie das lesen, kennen wir die Antwort. Im Falter stand ja, und das leuchtet mir ein, dass von den vier den Wienern gestellten Fragen nur eine NICHT rhetorisch wäre: nämlich jene, ob wir uns für die Olympischen Spiele 2028 bewerben wollen oder nicht. Über diese Frage dachte ich letzte Woche nach. Ich dachte darüber nach, während ich im Prater erstmals wieder am Wasser Gitarre spielte. Ich dachte nach, während ich den Leichenwagen über die Reichsbrücke lenkte, um im Transdanubischen meinen Freund Wilhelm und seinen selbstgemachten Marillenstrudel zu besuchen. Meine Gedanken wehten weit zurück: Ich entsann mich der Volksbefragung im Mai 1991, als die hellsichtigen Wiener die EXPO 95 ablehnten und der zweite Bezirk dennoch längst zum Spekulationsobjekt geworden und seiner Ruhe entrissen worden war. Ich versuchte mir sodann das Jahr 2028 vorzustellen. Und um nicht fehlzuspekulieren, ging ich davon aus, dass Wien dann ein bisschen mehr, aber grundsätzlich dasselbe wäre. Dann imaginierte ich mich selbst als älteren Herrn mit Gehstock in diese Szenerie hinein. In diesem Bild gehe ich dann durch Public-Viewing-Areale, gegen die jene von der Euro 2008 harmlose Gassenfeste waren. Da teile ich dann mit dem Gehstock

Menschenmengen vor neu geschaffenen und dennoch überfüllten Öffis, um den Prater zu erreichen. Und bevor ich dann NICHT schwimmen gehe, weil das Stadionbad ja so nicht mehr (oder zumindest uns nicht zur Verfügung) steht, zähle ich die Praterbäume, ob mir auch ja nicht einer fehlt. Zwischendurch denke ich an meine Kinder, die dann in der Mitte ihrer Zwanziger sein werden, und überlege, ob man eh nicht eins von ihnen aus Missverständnis oder falschem Verdacht prophylaktisch einsperrt, wie das vor der Londoner Olympiade dutzendfach passiert ist. Ich glaub ja an das allmähliche und unspektakuläre Wachstum. Natürlich wollen alle, ich auch, eine Party. Aber mach ma halt eine. Schaffen wir 2028 ein Public-Viewing-Areal, in dem wir nichts betrachten außer uns selbst in unserer Hellsichtigkeit. So formt sich ein Nein auf meine Lippen, und ich gehe los.

Am 14. März kommt der gefühlte zehnte schwere Schneefall dieses Winters über die Bundeshauptstadt, und das ist hart. Also gehe ich zu meinem Termin mit Freundin und Theaterfrau S., die mich für ihr neues Theaterprojekt um Moritaten gebeten hat, nirgendwo anders hin als in unsere Aida-Konditorei, Ecke Juch-Landstraßer Haupt. Das kraftvolle Rosa und die unbedingte gastronomische Verlässlichkeit des Treffpunkts mögen mir darüber hinweghelfen, dass ich, eine Woche bevor der Frühling kalendarisch beginnen soll, diesen in mir und um mich weder fühlen noch vorfühlen kann. Eine Aida ist, wenn schon nicht immerwährender Frühling, dann doch so etwas wie eine immerwährende Jahreszeitenlosigkeit, mit der man selbst den Wiener Spätwinter zu überlisten vermag. Ich besuche von Zeit zu Zeit bewusst Aidas statt Kaffeehäuser, und das nicht etwa wegen des (guten) Kaffees und der (gustigen) Mehlspeisenauswahl, sondern wegen der psychologischen Niederschwelligkeit, die eine Aida für den geschwächten Menschen bereithält. Kaffeehäuser, selbst die schäbigsten, verlangen eine Kraftanstrengung, ein Sich-Straffen vor dem Eintritt. In eine Aida kann man sich vom Fluss des Lebens einfach hineintreiben lassen, ganz so wie man ist. In meiner, äh, Junggesellenzeit im letzten Jahrhundert wohnte ich im Ersten und frequentierte wahlweise drei Aidas. Jene am Stephansplatz, wenn ich alles sehen wollte. Jene besonders hübsche in der Wollzeile, wenn ich nichts sehen wollte (außer das anmutige Lokal selbst). Oder jene kleine, unauffällige am unteren Ende der Rotenturmstraße, vor der man so schön draußen sitzen kann, wo man den Donaukanal riecht und im Wissen, dass der irgendwann ins Meer mündet, ein bisschen sogar das Meer. Außerdem ist das sanfte aber eiserne Regiment der Aida-Damen ein nicht zu unterschätzender Kontrapunkt zum allgegenwärtigen Machismo der Wiener Ober-Kultur. Unlängst erfuhr ich, dass diese Damen heute auch Tosca-Damen sein könnten, denn der wandernde böhmische Zuckerbäcker Josef Prousek, der 1925 die Aidas begründete, liebte einfach den ganzen Verdi und entschied sich erst im letzten Moment für die ägyptische Prinzessin.

Und dann ist vorletzte Woche der Dsungarische Zwerghamster des Erstgeborenen gestorben. Hamster Greg, mit vollem Namen Hamster Greg Molden, war anderthalb Jahre bei uns. Als er zu uns kam, war er drei Monate alt. Er wurde also eindreiviertel und erreichte damit genau die durchschnittliche Lebenserwartung eines Dsungarischen Zwerghamsters. Sein Tod reißt dennoch eine Lücke

ins Mikroklima unserer Erdberger Höhle: Das nette mani-
sche Zirpen des Laufradls fehlt uns ebenso wie perverser-
weise auch der ambivalente Zustand, dass es in der Wohnung »hamstert«, also dezent nach Nagetierlulu riecht. Wir
haben Hamster Greg Molden feierlich begraben, im Garten
der Omi. Das war einer der Tage, an dem die noch schwa-
chen Finger des Frühlings es geschafft hatten, den Jutesack
des moribunden Winters wegzuzupfen, und so war das Be-
gräbnis sonnenbestrahlt, gülden, innig und schön. Unser
Großer bestattete seinen Hamster one foot under am Zaun,
und er und seine Geschwister stellten dem Verstorbenen sein
Holzhäuserl wie ein winziges Mausoleum auf den Grabhü-
gel und dekorierten es mit Krokussen. Dann gingen wir lang
durch die Lobau, Napoleonstraße, Vorwerkstraße, Grund-
wasserhaus und beim Josefsteg wieder zurück. Ich litt jene
ausschließlich im Spätwinter zu erleidenden Schmerzen,
die man hat, wenn eine lang getragene schwere Winterjacke
beim ausgedehnten Spaziergang die Schultern verkrampft.
Erlöst wurden wir endlich auf einer kleinen Lichtung nahe
der Panozzalacke, wo wir den ersten Bärlauch des Dreizeh-
nerjahres auf frischer Tat, also beim Duften ertappten. Die
Liebste und die Brut brockten eine stattliche Menge, und ich
barg diese Menge zusammen mit einer Handvoll Schneeglöckerln in meinem Hut. Zuhaus dann schnippelten wir
den Bärenknofel, und die begabten Hände meiner Liebsten
formten ein Dutzend vollendeter Bärlauchsemmelknöderln.
Die aßen wir, und unsere Trauer wurde leichter.
Anderntags war es schon wieder schiach. Aber als ich mir
den Hut aufsetzte, um grimmig da draußen einen Weg an-
zutreten, da roch mein Haupt mit einem Mal nach Bärlauch,
und ich lächelte.

Seit Swetlana Geier Dostojewskis unvergleichliches Buch neu übersetzt hat, heißt es nicht mehr Schuld und Sühne, sondern Verbrechen und Strafe. Der viel bessere Titel! Ein Titel, wie erfunden auch für meine letzte Woche. Mein Verbrechen nämlich war, in der vorvorigen Kolumne die Oper Tosca dem Tonsetzer Verdi zugeschrieben zu haben. Mein Verbrechen war schlampert, lässlich, unnötig. Es tat mir sofort leid. Und dennoch folgte meine Strafe auf dem Fuß: Die Opernfreunde waren entfesselt. Die österreichischen Opernfreunde erinnern mich an die Ents, die Baumhirten in Tolkiens »Herr der Ringe«. Die sind jahrtausendelang einfach nur Bäume, unauffällig, hölzern, still. Aber wenn wer ihren Wald beleidigt, werden sie schreckliche, zornerfüllte Kreaturen, die auf ihren Stamm-Beinen aus dem Gehölz stürmen und alles kaputtschlagen. Die gefühlte Hundertschaft von Opernfreunden, deren E-Mails und Anrufe über mich hereinbrachen, verhielt sich im Ton zu einem Teil sehr freundlich und höflich, zu einem, leider größeren, Teil, von einer Arroganz und Dünkelhaftigkeit, die der Isoliertheit ihres Herzensgenres in der Restwelt zu entsprechen scheint.

Liebe Opernfreunde: Tosca ist von Puccini, jawohl! Vom großen, hochleiwanden Puccini! Nein, sorry, NICHT von Verdi! Es! Tut! Mir! Eh! Urleid! Und ich möchte euch jetzt eine Geschichte erzählen. Sie spielt unter Folk- und Bluesmenschen, also bei meinem Volk. Bei einem Konzert schrieb ich einst die Autorenschaft von »Going Up The Country« dem legendären Blind Lemon Jefferson zu. Der anwesende Erik Trauner, Chef der Mojo Blues Band und einer der besten Musiker dieses Genres, erzählte mir im Anschluss ganz sanft, warum das falsch sei, weil der Blues nämlich von Henry Thomas geschrieben wurde. Trauner erzählte wie ein bescheidenes, kristallklares Bacherl der Weisheit, vorwurfslos und bildend. Nachher wusste ich alles über Henry Thomas. Ich kaufte mir eine Platte. Ich verehre Thomas seither. Liebe Opernfans! Man kann auch korrigieren, Wissen und Wahrheit weitergeben, ohne eigenen Distinktionsgewinn daraus zu schöpfen. So kommt Luft in den Wald. Und die schrecklichen Ents können sich entspannen.

Die Sprache hat zuweilen recht: Unlängst hörte ich zwei junge Erdberger Frauen vereinbaren, dass sie einander nachmittags noch in »The Mall« treffen wollten, wie Wien Mitte zunehmend genannt wird (fein, der alte Name schwappt damit wieder in meine Richtung). Der Landstraßer und die Landstraßerin sprechen das allerdings eher wie »Se Moul« aus, sodass es mehr nach Maulwurf als nach Einkaufszentrum klingt, was einerseits wurscht, andrerseits aber auch passend ist.

Ich bin selten beim Maulwurf. Am Wochenende manchmal bei meinen lieben und lässigen Trafikanten, deren wilde Freiheit in der Provisoriums-Baracke jetzt beendet ist, zugunsten jener etwas klaustrophobischen Trafik im Eingangsbereich des Maulwurfs, die sie dennoch mit ihrer Coolness zu erfüllen vermögen.

Allerdings ging ein Mitglied unserer Brut (Name der Redaktion bekannt) vor kurzer Zeit da runter, weil es sich mit seinen Freunden in der viertausendköpfigen Schlange verabredet hatte, die sich um ein Autogramm des Rap-Unterhalters 50 Cent anstellte. Diesem Mitglied unserer Brut wurde in der Schlange vorübergehend flau. Die Sanis führten ihn kurz an die Luft und reihten ihn versehentlich mehrere tausend Menschen weiter vorn in die Schlange zurück. Drum kriegte er grad noch ein Autogramm, obwohl er nicht zwei Hunderter für 50-Cent-Signature-Kopfhörer ausgegeben hatte, um damit in die »fast lane« zu kommen. Der »Falter« fragt nun nicht ganz zu unrecht, ob Se Moul jetzt die neue Lugner City ist. Ich erinnere mich, wie vor Jahren seitens der Stadtregierung von kulturellen Impulsen gesprochen wurde, was den Neubau des Bahnhofs anging. Ich erinnere mich, dass vor Monaten der Landstraßer Bezirksvorsteher den Bauträgern dieses Neubaus den Titel »Ritter der Landstraße« verlieh. Und ich bin beeindruckt von dem Interview, das 50 Cent gerade dem »Spiegel« gegeben hat. Auf die Frage der Redakteure, ob er Geldmachen als Kunst bezeichnen würde, sagt der Gangsterrapper: »50 Cent ist eine Marke, insofern ist es Geschäft. Aber sie wird durch Kunst begründet.« Da blinzelt der Maulwurf in der Frühlingssonne.

Nach dem multimorbiden Gefühl, dass man widerstandskrafttechnisch den Spätwinter nicht mehr übersteht, kommt nun das machtlose Gefühl, dem Frühling nicht gewachsen zu sein. Der Zustand ist so, als könnte Noah die Spitze des Berges Ararat erkennen, stürzte aber bei der letzten Meerschweinchenfütterung über Bord ins Ertrinken. Außerdem: So richtig warm ist es immer noch nicht. Aber ich kann kein Flanellhemd mehr sehen. Noch im Jänner betrachtete ich mich im Spiegel in der ganzen Vielfalt meiner Flanellhemden und erfreute mich an dem Gedanken, dass Neil Young eh auch ein ästhetisches Modell für die zweite Lebenshälfte sein kann. Doch jetzt? Der Geist schreit nach Ruderleiberln, aber das Fleisch friert unverdrossen vor sich hin. Bei den Konzerten der letzten Wochen betrachtete ich die jüngere Kollegenschaft, suchend nach Inspiration und

Orientierung: Der Nino aus Wien etwa macht ästhetisch alles richtig, weil er stets dasselbe tut. Er trägt eine relativ dünne, eng anliegende Lederjacke. Die ist winters einen Hauch zu dünn und sommers ein bisschen gar warm, erspart dem Nino aber jeden Umstieg und potenziert damit seine Souveränität. Der Blonde Engel aus Linz wiederum – der einzige lustige Musiker, den ich aushalte, seit ich Fredl Fesl im blaugelben Wunschkonzert aufgenommen habe –, dieser Mann, der im breiten Linzer Slang sowie im Bassbariton äußerst komische, surreale Lieder singt, macht auch nichts falsch. Er wird nämlich selbst zu seiner Botschaft. Ebenfalls jahreszeitenunabhängig trägt er on stage stets Métallisé-Leggings, oben ist er ohne, hat aber zwei Engelsflügel umgeschnallt. Urleiwand, aber ich bin dafür zu alt.

Am meisten gab mir allerdings letzte Woche das Styling meines Freundes Hubert Weinheimer, Sänger in der Band Das Trojanische Pferd. Er und ich spielten im Ost-Klub. Hubert trug zum Startschuss des Lenzes einen estragonsenfbraunen Schnürlsamtanzug, dazu eine Lederkrawatte und eine weinrote Gitarre. Voilà der Frühling vom 13er-Jahr. Hubert strahlte mich an und sang: »Ich bin ein selbstgerechtes Schwein!« Ich liebe meine Freunde, und hübsch sind sie auch noch.

Eh klar: Jetzt, wo der Lenz über unseren gebeugten Häuptern detoniert, werden alle krank. Eh logisch, weil im Warmen gedeihen Virus und Bakterium, mit der Widerstandskraft isses aus, und schon liegen alle auf dem Divan. Ohne prahlen zu wollen und dreimal fest aufs Holz hauend, sage ich: Diese meine Herzensfamilie hier ist bis dato recht gesund. Der Papa führt das auf unsere bis zur

Stumpfsinnigkeit exekutierten Spätwinterspaziergänge zurück, und ein bissl auch auf den Bergtee. Der Bergtee wird von uns im Nylonsackerl aus Südkreta eingeführt, er besteht aus einer Art sprödem Reisig sowie einem getrockneten Kraut mit fetten, pelzigen Dolden. Der Bergtee, von uns den Winter hindurch geschlürft, hindert die Krankheit am Kommen und lindert, wenn sie doch kommt, alle Symptome inklusive der Gemütsverdüsterung. Mittlerweile bringen wir den Tee auch unseren Gumpendorfer Freunden mit, und auch H., unsere Lieblingsnachbarin, kriegt immer ein Sackerl. H., eine so liebenswerte wie offenherzige Dame, wohnt in unserem Hause oben am Juchee und arbeitet als Orakel, das heißt als professionelle Kartenlegerin. Dass H. hellsichtig ist, weiß ich seit unserer ersten Begegnung, damals, als wir einzogen im noch nagelneuen Leichenwagen. – Des is amoi a lustiges Auto!, rief unsere zukünftige Nachbarin spontan aus, und ich fühlte mich total verstanden, nachdem meine besten Freunde in den Wochen davor alle so neutrale Aahhh-Laute ausgestoßen hatten, wenn sie den Leichenwagen sahen. In den seither vergangenen drei Jahren hat H. nicht nur Beistand, Süßigkeiten und höchst entscheidende Informationen bei unserer Tür hineinrollen lassen, sie hat mir auch mehrfach ihre Dienste als Orakel angeboten. H., sag ich dann immer, seima nicht bös, aber gerade weil ich überzeugt bin, dass du das kannst, will ich nix wissen davon. H. ist herrlicherweise immer völlig unbeleidigt, wenn ich das sage. Unlängst warteten die Drittgeborene und ich auf den Lift, der Richtung Erdgeschoß fuhr. Da ist die H. drin, sagte ich zur Drittgeborenen. Und H. stieg tatsächlich aus. Ich hab dein Kommen vorausgesagt, sagte ich ihr, ich kann das nämlich auch. I waaß, sagte H. Eh klar.

Letzte Woche hing ich wie ein Aff geschätzte zehn Meter über der Landstraßer Haupt. Nur noch meine schwächelnde linke Hand und zwei ungenügenden Tritt fassende Füße hielten mich an unserer Erdberger Wohnklippe fest. Ich fühlte eine Woge der Höhenangst gegen meine Seele branden und dachte über das Leben und das Sterben nach.

In diese Situation war ich wie folgt gekommen: Zuerst hatte, das ist jetzt schon eine Zeitlang her, unser Herr J., der omnipotente, aber selten greifbare Handwerker dieses Haushalts, wunderbare Rollos montiert. Aber nun wusste unsere Frau G., die die Wohnung einmal wöchentlich schön erhalten hilft, nicht, wie man diese Rollos aushängt, konnte also das oberste Segment der Fenster zum Putzen nicht öffnen. Wir standen ratlos vor der Situation, Frau G. und ich. Die Sonne beleuchtete den Grind auf beiden Seiten der Fenster, wie die Hügel und Wadis einer Wüstenlandschaft.

Frau G. und ich kamen überein, dass sie den öffnungsfähigen Hauptteil der Fenster übernehmen würde sowie die unschwer erreichbaren Innenseiten der vom Rollo versperrten Oberlichten. Deren besonders dreckige Außenseiten waren hingegen meine Aufgabe. Ich, der ich die langen Arme des Gibbons besitze, stellte mich also auf das Fensterbrett, klammerte mich mit der Linken an irgendeinen vagen Halt, etwa eine Zierleiste des Fensterrahmens, und streckte die Rechte durch den geöffneten Fenster-Hauptteil hinaus. Ich bog den Arm ums Eck und versuchte, die Außenseite der Oberlichte mit dem Putzfetzen zu erreichen.

Unten donnerte ein 74A vorbei, und mir war, als starrte mich der Bus fassungslos an. Dann kam die Liebste, auf dem Weg in ihr Büro. Sie machte ein Handyfoto und sandte mir einen Blick voll Stolz und Sorge. Ich fragte mich, wo ich landen würde, wenn ich denn fiele. Aufgespießt auf einem Lindenast? Oder doch vor der Tür des bei uns im Erdgeschoß residenten Wellness-Studios Elysium? Endlich war ich fertig. Während ich halbwegs festen Boden genoss, sagte Frau G. mit zusammengekniffenen Augen: Ernest! Oberste zehn Zentimeter sind noch schmutzig! – Diese zehn Zentimeter, erwiderte ich, trennen das Leben vom Tod.

In den späten Achtzigern und frühen Neunzigern des versunkenen Jahrhunderts lebte ich im Ersten, welcher damals noch durchaus sein Mojo Workin' hatte, in den Worten von Muddy Waters. Ich suchte oft Lokale auf, aber nie für lang. Aus manchen flog ich hinaus, andere wurden mir fad. Das einzige Lokal, dem ich die ganze Zeit über treu blieb, war kein Lokal, sondern ein Friseursalon, jener des Erich Joham in der Griechengasse. Dort ging ich schon damals immer hin, vormittags und abends, dort trank und rauchte ich, dort sperrte ich die Ohren auf, kehrte ich die Geschichten zusammen, die auf dem Boden lagen, tausendfach wie die Haare der Kunden. Und dort, glauben Sie's mir oder nicht, habe ich die Liebste kennengelernt. Letzte Woche, siebzehn Jahre später, war ich wieder dort, mit den Buben. Der Erstgeborene lässt sich nicht mehr von mir dir Haare schneiden, dafür vom Erich, und der Zweitgeborene kam diesmal mit, um sich dies einmal anzuschauen. Der Erich schaute meine Buben amüsiert an und drückte ihnen eine Softgun-Uzi in die Hand: »Hobts wos zu Schbüün!« Dann schnitt und redete er. Er schneidet und redet stets. Grundsätzlich gehört ja hier Folgendes gesagt, und zwar allen jenen, die behaupten, den Erich nicht auszuhalten, weil der ja »überall dabei« sei: Der Erich kann, ja, er muss überall dabei sein, selbst unter den Lemuren, weil er der Erzähler ist. Das Lemurige wird abperlen von ihm wie Wasser vom Speckstein, und die Geschichten werden klebenbleiben. Der Rabenhofdirektor hat es unlängst schlau gesagt: Wer einmal wirklich verstehen will, was am Ende des 20. Jahrhunderts in Wien passierte, wird das Archiv vom Erich öffnen müssen. Ein paar haben das schon früh erkannt: Peter Weibel, der den Erich einst als Co-Professor an die Angewandte holte oder Wolf Wondratschek, der einen Roman über ihn schrieb. Und diesmal: Während der Erich mir erzählte, schuf er meinem Großen quasi nebenbei eine 1A-Frisur, eine Mischung aus Erich Kästner und Elektropop. Zum Schluss sagte er, irgendwie besorgt: »Im Rathaus gebns ma des Goldene Ehrenzeichen. Schau vorbei, mit da Gitarr!«

Die an dieser Stelle schon einmal, wenn auch noch lang nicht zu Genüge gewürdigte Volkssängerin Maly Nagl fasste in den Dreißiger-Jahren die Eckpfeiler des damaligen Prekariates so zusammen: »I hob kan Zins no zahlt, i bin nervös, / und auch der Gaskassier ist auf mich bös.« Zu den Nachfahren der Gaskassiere sagt man in den Bezirken meiner Existenz heute deutlich weniger poesiehaltig »Typen vo da Wien-Energie«, dabei hätten sie sich gerade nun den Eintritt ins Volkslied verdient, und zwar als Ritter der Urbs, als positive Großstadt-Identifikationsfiguren. Wir hatten hier den Fall, dass eine betagte Nachbarin nach ein paar Wochen der Rekonvaleszenz in ihre Wohnung zurückkehrte und dort bekümmert die Abwesenheit des Gases feststellte. So läutete sie bei uns an und teilte uns dies ratlos mit. Wie immer bei solchen Anlässen war es Freitagabend, und nachdem wir uns mit weiteren Nachbarn beratschlagt hatten, erkannten wir die Situation: Kürzlich haben sie uns ein

Hauptgasrohr vor dem Haus erneuert. Dabei wurde generalstabsmäßig ab-, bei der Nachbarin aber nicht wieder aufgedreht, weil die ja nicht da war. Ohne große Hoffnung rief ich bei der Wien-Energie an. Aber dort war ein Mensch von so flüssigem Charme wie Roger Sterling in »Mad Men« am Telefon. Die Dame brauche sich in keinem Fall zu ängstigen, ja nicht einmal zu sorgen, weil sofort – Wann ist sofort? Na, jetzt – werde er einen Kollegen losschicken. Der kam tatsächlich eine unpackbare halbe Stunde später, war jung und lieb, schwebte plaudernd in die Wohnung der Nachbarin, drehte alles auf und verschwand wieder.

Ich war vor Begeisterung fassungslos. Ich hatte das Morphing des finsteren Gaswerks zur freundlich-glühenden Wien-Energie offensichtlich verschlafen. Den gierig und sierig einherschlurfenden Gaskassier mit seinem Abdrehschlüssel gibt es anscheinend nicht mehr. Seine Nachfolger stelle ich hiermit dorthin, wo sich auf den Regalen meines Bewusstseins schon andere Stadt-Heroes finden, Frauen und Männer, denen ich blind vertraue, 48er und Feuerwehrleute etwa.

Dreimal erst hielt ich meine Saisonkarte an den Saisonkartensensor des Stadionbades, um mit einem einladenden Vorrutschen der Drehschranke und dem Aufleuchten des grünen Lichterls eingelassen zu werden. Es war wenig Zeit heuer, immer irgendwas. Schade, ich wär gern öfter gekommen. Sehr fesch nämlich ist es heuer im Stadionbad. Die beiden Kabinentrakte sind renoviert, aber nicht verändert, nur schön hergerichtet, wie man früher gesagt hat. Geputzt, geweißelt, neue Kasterln. Ich, der Saisonnier, habe also einen neuen Kasterlschlüssel bekommen, den ich wie schon

den alten nicht verwenden werde, weil ich der unverbesser-
liche »Wiesentyp« bin. Ich betrete das Bad, begebe mich an
den Beckenrand und kleide mich im Schutz des Badetuches
blitzartig um. Am Weg zum Beckenrand betrachte ich stets
die Skulptur »Das Weib« des Bildhauers Stendak. Die na-
ckerte Dame, ein Kunstwerk aus den Dreißigern, steht vor
dem Damenkabinentrakt. Sie verkörpert das Schönheits-
ideal der damaligen Zeit, nicht allzulange Beine, einen breiten, irgendwie gesund wirkenden Brustkorb, dichte Haare.
Sie hat die Hände hinter dem Kopf verschränkt und blickt
sich aus irgendeinem Grund in die eigene linke Achselhöhle.
Die Skulptur im Wiener Öffentlichen Raum hat Konjunk-
tur. Selbst Bob Dylan hat eine der Damen vom Wiener Parla-
mentsbrunnen auf das Cover seiner neuen Platte »Tempest«
getan. Mich selbst haben Plastiken da draußen immer beruhigt. Schon als Kind, damals in den Untiefen Döblings: der
depressive Beethoven im Heiligenstädter Park. Der Nepomuk an der Brücke über den Schreiberbach. Und vor allem
diese granitenen Tiere aus den 1950er-Jahren, die die Heiligenstädter Gemeindebauten, Parks und Hort-Vorplätze bevölkerten. Bären, Pferde, manchmal auch Exoten. Rundlich,
etwas stilisiert, total beruhigend. Dunkles Urgestein. Tiere
für alle. Teil meiner Heimischwerdung im Dritten war es, vor
dem Kindergarten beim Arenbergpark genau so einen Bären
zu finden.

Das alles denke ich, während ich wie von Zauberhand ins
Badekostüm gelange. Ich steige ins Wasser, wo es wärmer ist
als in der Luft.

Mit meiner Band hab ich eine Reise in die Wiese gemacht, ins Nordburgenland, nach Oslip oder Uzlop, wie es auf Kroatisch heißt. Hier steht an der Wulka die beeindruckende, vielhundertjährige Cselleymühle, und die beinhaltet insgesamt zu viel, um es hier aufzuzählen. Unter anderem liegt dort aber das Studio unseres Freundes, des Herrn Kantine, und dorthin gingen Herr Wilhelm, Herr Walther, Herr Hannes und ich, um unsere zwölf neuen Lieder aufzunehmen. Herr Kantine nimmt Musik ohne Computer auf, auf Tonband, das heißt, man kann nachher nichts beschönigen und muss sich also vorher gut vorbereiten. Das taten wir nach Kräften, und waren dann gar nicht so schlecht in Spiel und Gesang an den Ufern der Wulka.

In den Pausen gingen wir stets auf die große, halb verwilderte Wiese hinter der Mühle, wo Obst- und Nussbäume stehen, wir legten uns ins Gras. Wir waren umkreucht und umfleucht von allen Tieren Pannoniens. Über uns jagte der Falke die Taube. Im Schilf stellte die Ringelnatter dem Laubfrosch nach. Die Schwalben zogen auf der Gelsentreibjagd pfitschipfeilartig an unseren Köpfen vorbei. Und im Unterholz nestelten Igel und die herrliche Wechselkröte, das smaragdgrün gefleckte Supermodel des Burgenlandes. Dort in der Wiese tranken wir aus einer Flasche Wein, probierten die Lieder, die noch aufzunehmen waren, und die große Stadt, die wir ja eigentlich alle lieben, glitt wie ein abgeheiltes Ekzem von uns ab.

Am letzten Tag sahen wir Herrn Wilhelm wie einen Schmetterlingsforscher unter den Bäumen einhergehen, immer wieder verhaltend, und erst, als er kurz vor uns war, erkannten wir, dass er die Blüten der Robinien, der falschen Akazien, verzehrte. »Hab i scho als Bua gmochd. Jetzt schmeckt's nimma so guat. Aber mia hom jo nix ghobd, nochn Kriag.«

Und in diesem Moment rief ein Kuckuck mit kupferner Stimme, und dieser Ruf, der Wehmut und Alles-ist-möglich in sich vereint, ließ mich traurig werden, weil ich die Liebste und die Brut vermisste. Aber anderntags war ich eh schon wieder daheim, und Erdberg tat so, als hätte es mein Fernbleiben gar nicht bemerkt.

Fronleichnam war es schiach wie nur. Wir harrten eine Zeitlang aus, betrachteten mitleidig die nasse Prozession auf der Landstraßer Haupt und räumten auf. Schließlich verwarf ich den Plan A, nämlich in den schönen grünen Wald zu wandern, wegen Undurchführbarkeit. Stattdessen wurde Plan B aktiviert: Kultur für alle. Das bedeutet bei uns ein Besuch im Wien Museum. Wieder einmal schafften wir es erst knapp vor Torschluss, diesmal in die »Wiener Typen«-Schau. Diese versammelt das Pandämonium der urbanen Folklore aus dem 19. Jh.: Obstlerinnen, Wäschermädln, Gigerln, Maronimänner und Lavendelweiber, Bandlkramer, Zahlkellner undundund. Während wir staunend mit vielen anderen Menschen die Ausstellung durchschritten, lauschten wir in so Audio-Kasteln, die uns mit Zusatz-Informationen versorgten, wir hörten die Rufe der Lavendelfrau, das Lied vom Lemonimann, aber auch einschlägige Berichte aus den zeitgenössischen Feuilletons. Diese wurden gelesen von Robert Reinagl, und als ich dies erkannte, ging an diesem grauen Fronleichnamstag doch noch die Sonne auf, Reinagls honiggleicher Stimme wegen, die tatsächlich in ihrem Sound 300 Jahre Wien bewusst macht. Den Burgschauspieler Robert Reinagl ehre ich hoch, wobei ich ihn als Mimen gar nicht so genau kenne. Reinagls und meine Fährten durch den Urwald der Stadt kreuzen sich aber öfter, privat und halbprivat, manchmal auf der Landstraße, manchmal auch beim Hengl-Haselbrunner, dem musikalischsten Heurigen Wiens. Dort verfolgt der Schauspieler dann seinen eigenen Plan B: nämlich Wienerlieder singen, sei es in seinem famosen Duo »Die Mondscheinbrüder«, sei es allein zur Harmonika des Herrn Soyka und der Zither des Herrn Stirner. Kaum einer macht diese Singerei so schön wie er. Er singt mit Haut und Haar, er singt mit Leib, Seele und einer überlebensgroßen Glückseligkeit. Da kann man sitzen beim Gspritzten, über das Gesicht des singenden Robert Reinagl huschen alle Wiener Typen, die es jemals gab. Jüngst las ich von einer Burgtheater-»Wienerlied-Produktion«, an welcher Herr Reinagl nicht teilnahm. Ich kann Ihnen nur empfehlen: Gehen Sie zum Heurigen.

Der Mai, muss man sagen, war für die Liebste gleichermaßen wie für mich jeweils ein einziger Haufen Hacke. Der Teufel Freie Berufstätigkeit, der kein Zeitmanagement kennt, schiss uns diese beiden Haufen vor die Nase, und den ganzen Mai über trugen wir sie ab, hackelten, hackelten und hackelten also. Als der Mai verging, fühlten wir uns wie gepanzerte und benommene Duracell-Manderln. Und damit unsere Brut uns noch erkannte, beschlossen wir mit den Kindern einen Belohnungs- und Erholungsausflug mit Wellness-Schlagseite. Das Ziel: der Norden, die Therme von Laa. Das Weinviertel schien von den Fluten, die zeitgleich ganz Österreich strangulierten, ausgespart. Es war kühl, dunstig und hollerduftend. Wir bezogen unser »Genuss-Zimmer« im Thermenhotel, schritten über die »Brücke der Sinne« ins Thermalbad und hängten uns wie zu marinierende Fleischstücke ins warme Wasser. Als wir Stunden später ins Zimmer zurückkehrten, bemerkten wir, was passiert war: Das Thermalwasser hatte unsere im Mai verhärteten Walnussschalen geknackt, und jetzt, jetzt brachen wir so richtig ein. Ich spielte zahlreiche Runden Herr-der-Ringe-Quartett mit den Söhnen, während die Drittgeborene mit der Liebsten noch einmal ins Wasser ging, was beider waachen Zustand noch verstärkte. Im Thermen-Restaurant »Feinspitz« schnitten wir am »Genuss-Buffett« ordentlich ein, und fielen, ehe uns die Bewusstlosigkeit ereilte, in die Betten. Anderntags waren wir immer noch amorph. Die Therme hatte uns gut getan, aber auch die letzte Spannkraft geraubt. Wie Zombies bestiegen wir den Leichenwagen, um den Sonntag über noch das Land zu erforschen. Bei Drasenhofen wechselten wir nach Tschechien über und fuhren ins Liechtensteinische Schloss zu Valtice. Im dortigen Park wurde alles wieder gut. Der Erstgeborene legte sein Herbarium für Biologie an, und die Familie vergnügte sich mit einem Gang ins Foltermuseum. Mährische Erstkommunions-Kinder wandelten weiß und blau durch den Park, und unsere Stimmung wurde immer besser.

Erst als wir nachmittags Richtung Heimat fuhren, bemerkten wir, dass Österreich ertrunken war.

Mein Bruder ist wieder da. Die Universität von New Orleans hat für die Sommerferien zugesperrt, und er darf ein paar Monate nach Wien. So trafen die Liebste und ich ihn und seine Liebste im Café Korb. Wir aßen und tranken, und mein Bruder wollte uns nicht glauben, dass dies der erste Abend war, an dem man im Ersten draußen sitzen konnte, ohne einen Anorak zu tragen. Mein Bruder erzählte von seinen Studenten, von Konzerten die er besucht hatte, und von Bayous und Alligatoren. Es war Samstag, und die Tuchlauben spannte sich vor uns auf wie eine urbansoziologische Zirkusmanege. Müde vom Jetlag strichen die Augen meines Bruders über den ersten Bezirk, während wir vom Hochwasser, vom kalten Lenz und der ersoffenen Festwocheneröffnung erzählten. Wien!, entfuhr es ihm ungläubig. Menschen kamen vorbei, Menschen aus unserer Vergangenheit, ein Ex-Chef, eine entfernte Verwandte. Alle hatten ein Tuchlaubeneis in Händen. Schließlich kam der Dichter Rabinovici, ein alter Bekannter. Er hatte kein Eis und setzte sich auf ein Soda-Zitron zu uns. Der Dichter Rabinovici ist ein lieber und unfader Mensch. Er habe eine Rede zu schreiben, sagte er, verschiebe dies aber nun, um mit uns auf der Tuchlauben zu sitzen. Zeit verstrich. Der Dichter ging, und unsere Penzinger Freunde kamen vorbei, mürb von einer Caligula-Aufführung im Burgtheater. So saßen wir im Ersten und führten Schmäh.

In mir stieg ein Gedanke auf, wonach die Klimaänderung nicht in die erwartete, sondern in die entgegengesetzte Richtung stattfinden könnte, und es zur Regel würde, dass man nur an einem einzigen Abend im Ersten ohne Anorak sitzen kann, ein Heiliger Abend des Mittsommers. Irgendwann brachen wir auf. Wir kamen durch die Sonnenfelsgasse, vor 20 Jahren ein Jagdrevier von mir. Die Gassen waren dicht bevölkert mit schwer betrunkenen jungen Menschen. Und ich erzählte von den Zeiten, als man samstagabends auch der einzige rastlose junge Mensch im Ersten sein konnte, weil so wenig los war. Mit Glück traf man den Dichter Rabinovici. Die Liebste, die nicht so gern trinkt, startete den Leichenwagen, und wir surrten kanalabwärts. Sweet Home Erdberg.

Unlängst saß ich mit meiner Band und dem großartigen Schauspieler Heribert Sasse im trotz Schatten brütenden Schanigarten des Erdberger Apostelstüberls. Sasse und ich aßen jeder schweigend das herausragende Pljeskavica des dortigen Wirten, tunkten das gehackte Fleisch tief in den Ajvar ein, die erprobte Jugo-Antwort auf große Hitze. Wir mussten zwei Songs für ein Gruselstück proben, das wir im Herbst im Rabenhof spielen werden. Heribert Sasse muss in dem Stück unter anderem einen Bossa Nova über Wasserleichen singen. Mein Vertrauen in ihn ist groß, er kann es schon jetzt ganz gut, weswegen die Probe gleichmal mit dem Pljeskavica-Essen begann. Ich weiß, dass so alte Theaterfreibeuter wie der Sasse drei Tage vor der Premiere von der Krankheit des Gelingenmüssens befallen werden, weshalb der Wasserleichen-Bossa-Nova in jedem Fall leiwand wird. Heiß ist es hier und jetzt! Carpe pljeskavicam!

Das Fleisch war vertilgt, wir saßen noch ein wenig und rauchten. Ich kniff die Augen zusammen und sah, wie die Apostelgasse in der Hitze flimmerte. Ich mag ja den Gedanken, dass die meisten meiner Kunden so wie ich in Erdberg sitzen, was mir das Gefühl von Autarkie und von Small-is-beautiful verleiht. Als wäre Erdberg ein Dorf inmitten einer weiten Wildnis, und der Rest von Wien eine Halluzination. Gut, auf den *Kurier* trifft's nicht zu, der sitzt im Siebten. Aber im Theaterbereich stimmt's. Der Rabenhof, eh, sowieso. Aber auch das superlässige, interventionistische Straßentheater der Susita Fink. Und natürlich das Lilarum, das Puppentheater aus der Göllnergasse. Da sind sie, die Bretter, die Erdberg bedeuten. Vom Lilarum muss ich übrigens grad hören, dass es nicht so super rennt. Da reg ich mich sofort auf. Wien ist doch, das sehe ich, voller kluger junger Eltern mit kleinen Buberln und Mäderln. Hört mich an: Ich spreche hier als Papa, dessen drei Kinder Theater eben nicht unsympathisch oder unverständlich finden, weil sie im Lilarum mit seinen herrlichen Puppen und seiner wunderbaren Sprache sozialisiert wurden. Okay, jetzt haben sie zu, aber im Herbst: Gemma! Klausi und Mausi rulen. Und sie sitzen in Erdberg.

Wir schreiben den Juli des Fünferjahres. Bevor unsere Drittgeborene zur Welt kommt, geht über dem Spital zum göttlichen Heiland ein Mordstrumm Gewitter nieder. Aber als unser Mädchen geboren wird, bricht auf einmal die Sonne durch, gülden, mächtig, psychedelisch. Die Liebste und ich staunen und sind glücklich. Ein programmatischer Vorfall, denn wann immer wir seither Mädchen-Geburtstag feiern, ist es – wenn auch bisweilen heiß, drückend und schwül – immer schön. So auch letzte Woche, als sich endlich Sommerferienwetter wie aus dem Mira-Lobe-Buch eingestellt hatte. Wir hatten einen kühnen Plan: Kindergeburtstag im Stadionbad. Liebste, Brut und ich kamen schon mittags ins Bad, mein Bruder, bless him, erschien, um uns beizustehen. Wir behängten unsere kleine Lieblingsplatane hinter dem Spielplatz mit Krepppapierschlangen, breiteten Leintücher aus, auf denen sich Erdbeertorte, Gugelhupf und Flaschen mit selbst gemachter türkisfarbener Limonade befanden.

Schon war es drei, und ich ging zum Eingang und nahm elf Kinder in Empfang. Bei zweien kamen die Eltern mit. Im Rückblick erfüllt mich dafür tiefe Dankbarkeit, diesen Eltern und den unendlich geduldigen Autoritäten des Stadionbades gegenüber. Denn auf einmal verselbstständigte sich die Party. Andere Bekannte und Schulkollegen der Drittgeborenen waren im Stadionbad, sodass die Kinderschar sich auf circa 20 Köpfe erhöhte. Diese Problematik wurde schlagend, als wir ins vollbesetzte Familienbecken und später ins Wellenbecken gingen: stets mindestens drei Erwachsene, die auf die eh schwimmfähigen Kinder einbrüllten wie die Zenturionen bei Asterix. Zwischen dem Badengehen spielten wir Reise nach Jerusalem auf Handtüchern, warfen Wasserbomben und zogen eine Tombola durch. Wir wissen bis jetzt nicht, wie wir es geschafft haben, dass es sieben wurde.

Mein letztes Bild des Tages ist, wie wir nur noch in Begleitung der Gumpendorfer Freunde in der Bierinsel sitzen, von Gelsen umschwirrt, die zu erschlagen wir zu erschöpft sind. Ich habe die Drittgeborene auf dem Schoß und singe ihr zart ins Ohr: It's your party, but I cry if I want to.

Bisweilen begibt es sich im Sommer, dass der Mensch aus Wien wegfährt. Er besteigt in Begleitung seiner Familie seinen Leichenwagen, fährt eine niedrige dreistellige Kilometeranzahl nach, sagen wir, Norden. Dort steigt er aus, zwischen granitenen Felsen, rauschenden Fichten und schweigenden Weihern, und bemerkt plötzlich, dass ganz Wien mitgekommen ist. »Seawas« klingt es plötzlich überall und wiederholt aus dem schönen, grünen Wald, und das Offensichtliche wird bemerkt: »Da Ernstl is aa do!« So geschah es letzte Woche. Die Liebste, die Brut und ich waren nach Litschau ins Waldviertel gefahren, zum Schrammelklang-Festival. Der Vater der Gebrüder Schrammel, die bekanntlich sowas wie die Carter-Family des Wienerliedes waren, war nämlich achtzehnhundertirgendwann aus Litschau nach Wien migriert. Deshalb hatte der Theatermann Zeno Stanek vor sieben Jahren die ziemlich brillante Idee, heutige

Wien-Musiker alljährlich im Hochsommer nach Litschau an den Herrensee zu bitten. Da schrammelt, dudelt, geigt und zithert sie dann, die Hundertschaft der Kollegen. Man spielt auf Flößen und Wiesen, in Wäldern und Salettln, und eine Aura von Gelsen wabert um einen herum. Der leiwande Hans Theessink, der den Vorteil hat, in Litschau und in Mississippi gleichermaßen der leiwande Hans Theessink zu sein, war mitgekommen, und das erdete mich entscheidend. Wir spielten und grüßten und grüßten und spielten, und allmählich kamen wir in den Litschauer Rausch, der so etwas ist wie ein exterritorialer Wiener Rausch. Wien kam uns bei der Rückkehr vor wie ein großer leerer Wald. Aber schon zwei Tage später, nämlich heute, setzten die Liebste und ich die Brut in Züge und Autobusse, auf dass sie mit den Omas die Bundesländer bereisen. Wir aber werden morgen den Leichenwagen wieder satteln, um eine hohe zweistellige Kilometeranzahl nach Süden zu fahren, ins Semmeringgebiet. Zu zweit, yeah, um unseren Hochzeitstag zu feiern. Wir wollen in einer lauschigen Bergpension untertauchen. Wobei, untertauchen: Im Süden schnitzlert es ja eher, als dass es schrammelt. Wir sind überzeugt, dass wir irgendwen treffen werden.

Tatsächlich fuhren die Liebste und ich nach Payerbach. Wir checkten wieder auf dem Kreuzberg ein. Adolf Loos, der architektonische Zermerscherer des Ornamentalen, hatte hier 1928 als eines seiner letzten Werke ein Ferienhaus für einen Fabrikanten errichtet. Das ist jetzt ein sehr beeindruckendes, aber irgendwie den Gast auch forderndes Hotel. Wir finden den Wirten super, den sehr lustigen und entspannten Herrn Steiner, und wir mögen das herrlichen Essen, das er auftischt. Den schönen, grünen Wald rundherum sowieso.

Was es uns diesmal, tja, erschwerte, waren zwei Dinge. Erstens, der Raum: Wir hatten ein recht kleines Zimmer, das wirkte als sei Adolf Loos in den Siebzigern nochmal aus dem Jenseits zurückgekehrt, um eine Sauna für einen Sexfilm von Franz Antel zu gestalten. In diesem, eh modernen aber auch engen Raum fühlten wir uns wie zwei Häferl in einer Küche von Margarete Schütte-Lihotzky.

Zweitens, die Kulturmenschen: Wir hatten gewusst, dass der Reichenauer Theatersommer vor sich hin brodeln würde. In der Looslobby hing dann prompt ein aktuelles Festivalplakat, vom dem mich Frau Stemberger mit einem Blick voll dramatischem Ennui anstarrte. Dann der Gastraum: Ich trug beim Eintreten Latzhose, Sonnenbrille und einen (kalten!) Tschik im Mund. Ein Dutzend jausnender Kulturmenschen, um die Sechzig und beiderlei Geschlechts, erzeugten sofort einen schmalen Mund und begannen synchron sachte die Köpfe zu schütteln.

Wir hattens dann trotzdem super. Am nächsten Morgen waren ein paar Wolken am Himmel. »Das Wetter ist miserabel«, sagte einer der Kulturmenschen in sein Handy. Die Liebste und ich gingen in den schönen grünen Wald und fanden ziemlich viele Eierschwammerl.

Der nächste Ausflug führte uns, wieder mit Brut, nach Kritzendorf, wo der Nino und ich einige Lieder singen sollten. Was einmal die Sommerwiese war, ist ein Acker aus Lehm. Was der Strand war, ist eine Steilküste aus Gatsch. Und trotzdem waren die Kritzendorfer im Donaurestaurant so fröhlich wie lange nicht. Loos und Schnitzler sind Zivilisationsbeweise, sagte ich zur Liebsten, aber dass das Schnitzerl hier nach der Flut noch besser ist als vorher, das ist auch einer.

Kleine Sommerserie, der Prolog. Es gibt kulturelle Zonen, auf denen ich meiner Liebsten nicht oder wenigstens nicht für lange begegnen kann. Nehmen wir den Swing, die Frühform des Jazz. Der Swing gehört definitiv zu den Musiken, die mich innerlich nähren, seit Jahrzehnten. Im Speziellen der Swing Manouche, die Musik des genialen Django Reinhardt. Ich habe sogar selbst in einem Gipsy-Swing-Trio mitgespielt. Ich hatte die Rolle des Rhythmusknechts inne, der den sogenannten Dubtschek spielen musste, das eiserne Zwei-Viertel-Rhythmusfundament. Aber egal, ob ich Platten auflegte oder meine Gitarre packte, um den Dubtschek zu üben, die Liebste kriegte (und kriegt) ein müdes Gesicht, sie sagte (und sagt) mit gedehnten Vokalen: »Eeeecht? Swiiiiing?«, und schon höre ich auf. Mit Sagen ist es ähnlich: Während ich die alten Legenden in ihrer vagen Mischung aus wahrem Kern und jahrhundertelangem Drüber-Gelabere zutiefst inspirierend finde, erfüllen sie meine Liebste mit Fadesse. Aber anders als beim Swing gebe ich hier nicht auf. Ich will meine Liebste missionieren, überzeugen, bis ins Mark begeistern! Nicht nur, weil ich demnächst mit einem von mir hochgeschätzten Kollegen ein Sagen-Song-Projekt beginne, nein, auch weil ich Sagen tatsächlich echt total leiwand finde: Teufel, die in den unglaublichsten Verkleidungen und Inkarnationen allen und jedem erscheinen können, um sie oder ihn mit mannigfaltigen Ködern zum Verschreiben der Seele zu bewegen! Hartherzige Herrscher, die vom Schicksal bestraft werden! Wundersame Errettungen Geknechteter, Entrechteter, Beraubter oder zu Unrecht Verurteilter! Überhaupt all die Mirakel, Menetekel und bis zum Surrealen rätselhaften Mysterien am Wegesrand! Ich glaube ja, dass es der Ton der Sagenbücher ist, diese etwas staubige und muffige Diktion der Privatgelehrten und Volkskundler, die die Liebste nervt. Deshalb die heurige kleine Sommerserie (deren Prolog Sie hiermit gelesen haben). Ich will ein paar Wiener Lieblingssagen so erzählen, dass mein Schatz sie prickelnd findet. Und Sie, Sie lesen einfach mit. Im Herbst verrate ich, ob das Experiment gelungen ist oder nicht.

Der Basilisk. Unter den Mitarbeitern des Meisters war der Bäckergeselle Johann der Beliebteste. Er erledigte seine Arbeit mit einem gut geschmierten inneren Rhythmus und einem kleinen Lächeln auf den Lippen, ein warmes, kleines Lächeln, von dem kaum einer wusste, dass es zuweilen in ein, na ja, kaltes, kleines Grinsen umschlagen konnte. Wie von selbst waren Johann mit den Jahren die angenehmsten Arbeiten zugefallen. Dies trug wiederum zu seiner guten Laune bei. Ein Kreislauf des Gelungenen schloss sich. Aber die blutigsten Unfälle geschehen an den heitersten Sommertagen. An jenem Tag lief dem Bäckergesellen Johann die alte Mali entgegen, die Tante des Meisters.

»Er ist jetzt auch von Stein!«, schrie sie. – »Wer?«, fragte Johann. – »Der Vitus«, rief die Mali, »wie vorher schon der Florian. Alle von Stein!« – »Warum?« – »Sie haben im Brunnen das Viech gesehen. Halb Hendl, halb Wurm. Oder Krot.« – »Geh, Mali«, sagte der Johann. »Hast du's denn selber gesehen?« – »Gott bewahr! Dann warat ich von Stein.«

Johann betrat den Hof und blickte zum Rand des Brunnens hin. »Nicht!«, schrie er, als er sah, wie gerade jetzt der Meister seinen Kopf in den Brunnen steckte, um in die Tiefe zu schauen. Doch da ging schon ein Krachen durch den Meister und als feister Fels stürzte er in die Tiefe.

Johann sagte später, in diesem Moment habe er gewusst,

dass er nun auf etwas verzichten musste: auf die Befriedigung seiner Neugier. Er schickte den Lehrling um Seil und Spiegel, zog sein Schneuztuch aus dem Sack, das hell und rein war, wie der größte Teil seines Gemüts. Mit damit verbundenen Augen ließ man ihn hinab. Dort unten habe es schiach gerochen, etwas habe leise gelacht: Hehehe. Dann die Explosion. Stinkendes Gewebe sei ihm um die Ohren geflogen, nachdem das, was er nie gesehen hatte, von seinem eigenen Anblick zerplatzt sei. Aus mit Hehehe.

Man zog den Johann heraus. Die steinernen Kollegen ließ er im Brunnen, dann verschloss er ihn. Zuletzt wischte er das kleine kalte Grinsen aus seinem Gesicht und übernahm selbst die Bäckerwerkstatt. Tante Mali, die bald darauf zurückkehrte, schickte er um einen Krug Bier.

Die Spinnerin am Kreuz. Eine Favoritner Steinsäule, Erinnerung an die kluge Frau, die sich aus der Zeit spann.

Sie waren erst drei Jahre verheiratet, da kam er mit dem Kreuzzug daher. Elisabeth dachte, dass er sich aus seiner Durchschnittlichkeit befreien wollte, indem er mit dem Fürsten da hinunterzog. Sie liebte ihn, aber sie wusste, dass er durchschnittlich war. Elisabeth wusste auch, dass sie selbst etwas Besonderes war. Aber ihr war klar, dass es sinnlos für sie gewesen wäre, auf einer solchen Besonderheit zu beharren, als kleine Frau im Jahre des Herrn 1189. So zog er los mit dem Heer des Fürsten, und sie winkte ihm nach. Dann kehrte sie in das kleine Steinhaus zurück, wo sie sofort bemerkte, dass sie hier nicht bleiben wollte. Sie wollte ihre Arbeit tun, spinnen wie immer, aber mit dem Blick auf die Welt. Sie nahm ihren Spinnrocken und ging damit zum gro-

ßen Holzkreuz auf dem Wienerberg, über den das Heer fort-
gezogen war, nach Süden.

Man sah sie im Frühjahr spinnen, wenn die jungen Paare
sich unter den Holundersträuchern fanden. Im Sommer,
wenn es heiß und staubig auf dem Wienerberg war, und im
Herbst, wenn die Farben poliert waren und der Sturm am
Wienerberg.

Elisabeths Mann kam nicht zurück, auch als das geschun-
dene Heer des Fürsten wieder erschien, war der Mann nicht
dabei. Aber ihre Arbeit, ihr Garn, das wurde immer besser.
Das kam, weil sie niemals aufhörte, ihre Hände gaben das
Garn niemals her, und so geriet es ihr immer ebenmäßiger
und stärker. Das sprach sich herum. Die Menschen kauften bei ihr, weil ihre Arbeit so gut war, und weil man immer
wusste, wo sie zu finden war. Sie wurde vermögend, und als
ein schlimmer Winter kam und ihr Holzkreuz umwarf, ließ
sie um ihr Geld eine Steinsäule bauen, an der sie nun ihren
Platz hatte. Und eines Tages kam der Mann zurück, aus der
Gefangenschaft der Sarazenen. Verkrüppelt, ergraut, ohne
alles Geld. Aber sie hatte genug verdient, um ihn pflegen zu
lassen. Und nun lebten sie gemeinsam, und Elisabeth erschien es, als sei keine Zeit vergangen, denn sie hatte sich
davongesponnen.

Das Donauweiberl. Was die Angler ja ungern
zugeben: Dazwischen ist ihnen immer fad. Natürlich gibt es
die guten Momente, die majestätische Ruhe in den Buchten
am Strom, die man nicht als langweilig wahrnimmt. Dann
die Augenblicke größter, atemloser Spannung, Momente der
Entscheidung im Kampf Mensch versus Fisch. Und schließlich das müde Glück, eine zufriedene Mattigkeit am Ende

des Fischertages. Aber der fesche Fritz konnte das eine vom anderen unterscheiden. Er wusste genau, wann ihm fad war. Beispielsweise jetzt.

Der Fritz blickte nach Nordwesten, wo die Stadt lag, hinter einem fetten grauen Balken aus Urwäldern und Dunst. Dort machte man den Fluss so schmutzig, wie er dann bei ihnen, bei den Fischern, ankam. Aber dort, das wusste der Fritz, da spielte auch die Musik, und dort floss der Wein. Dort war einem niemals fad. Die Leine hing am Boot, die faulige, alte Schweinsschwarte gut auf den Haken gespießt. Fritz kannte alle Plätze, wo richtig große Waller im Dreck auf dem Grunde lauerten, meterlang, klug und böse. Die Leine zuckte zweimal, und dann sah der Fritz eine Bewegung im Wasser, die auf das Boot zuhielt. Es tauchte ein Mädchenkopf auf. Fritz staunte und vergaß den Wein weiter stromaufwärts. Ihm war nicht mehr fad. Die Haare waren kastanienbraun mit einem grünlichen Stich. Einen Augenblick dachte der Fritz, dies musste die tote Margarethe sein, die im alten Jahr im Strom ersoffen war, denn ein lebendiger Mensch könnte an dieser Stelle keinesfalls auftauchen. Aber dieses Mädchen war nicht Margarethe. Es lebte und war außerdem viel schöner. – Magst zu mir ins Wasser gehen, fragte das Donaumädchen, ich bräuchert einen starken Mann. – Der Fritz wiegte seinen Kopf. Er ging an Land. Zuhaus warf er einen kleinen Karpfen auf den Tisch und fragte seine Mutter: Was wär, wenn ich zu einem grünen Weiberl in die Donau ginge?

Dann würdest du dort verderben, sagte die Mutter. Anderntags ging der Fritz ins Wasser. Er verließ sein Boot in der Mitte des Stromes, und das grüne Weiberl nahm ihn gleich in Empfang. Aber der Fritz verdarb nicht. Nach dem Ersaufen lebte er weiter, als Gemahl des Mädchens, das gar keinen Fischschwanz hatte, wie so oft behauptet wird.

Agnes und Karl. Der Köhler sagte: Ich mag im Sieveringer Wald leben, aber ich bin trotzdem ein Wiener. Drum weiß ich, wie man den Säufern und Raufbolden auf der Gassn begegnet. Man schaut weg und geht weiter. Mit den Feen und den Zwergen im Wald ist es nicht anders. Man schaut weg. Man geht weiter. Man lässt sich nicht ein. Man hat nur Scherereien.

Der Köhler sagte: Ich wusste natürlich, von wem das Kind war, das die Fee vor unserer Tür abgegeben hat. Vom schwedischen König. Der war damals im Wald verloren gegangen, und dann tauchte er wieder auf und fuhr nach Hause. Aber übers Jahr kam die Fee mit ihrer kleinen Agnes ausgerechnet zu uns. Was sollen wir denn tun mit der?, frag ich meine Frau. Wir haben doch schon unseren Buben, den Karl. Sagt die Frau: Ja, aber die Fee hat 20 Goldstücke dazugegeben. – Wegschauen und weitergehen, sag ich. Aber: keine Chance.

So sind die Jahre vergangen, sagte der Köhler. Die Agnes war eh ein gutes Kind. Aber unser Karl und sie sind natürlich nicht immer wie Geschwister geblieben. Das hat man sich an allen zehn Fingern ausrechnen können. Die sind ein Liebespaar geworden. Das hat mir schon Sorgen gemacht. Und plötzlich mischt die Fee sich bei uns ein. Bringt wieder einmal ihre 20 Goldstücke, und gibt auf einmal unserem Karl gute Ratschläge. Wie er sich wichtig macht bei Hofe. Wie er dem türkischen Oberst ein Schnippchen schlägt. Und auf einmal ist der Karl berühmt! Lebt in der Stadt mit der Agnes in einem Palais!

Der Köhler sagte: Ich hab ein schlechtes Gefühl gehabt. Und hab ich recht gehabt oder nicht!? Wie unser Karl ein einziges Mal eine andere angeschaut hat, drin in der Stadt, nix Ernstes, kommt die Fee mit Gebrüll aus dem Wald und lässt das

Palais mit dem Karl versinken. Ich bin doch kein Trottel, sag ich zu meiner Frau, ich hab doch gesagt: wegschauen und weitergehen.

Die Kinder sind weg. Die Fee hat sich auch nimmer gezeigt. Und wenn das Wetter wärmer wird, ziehen wir hier fort. In die Kalte Kuchl, hinter dem Piestingtal. Ich hab genug von dieser Gegend. Es kommt nix Gutes aus diesem Döblinger Wald.

Wie immer am Eingang des Herbstes: ein letztes Detail aus den Sommerferien. Es war vor unserer großen Augustreise. Diese Reise führte uns weiter als jemals zuvor miteinander, ein Ozean trennte uns vom Ziel. Ein weiteres Meer von Vorbereitungen trennte uns noch von der Abreise, als ich in einem Akt von Eskapismus aufs Häusl ging und dort im damals aktuellen *Falter* die Kolumne der Kollegin Knecht las. – Die arme Knecht, rief ich nach meiner Rückkehr, die haben schon wieder Läuse. In meinem Ton schwang vielleicht die Spur zu viel joviales Mitleid mit, das aber rührte daher, dass wir bisher halt noch nie, nie, nie Läuse hatten, was bei acht Kindergarten- und sechs Schuljahren wie ein Mirakel klingt, aber stimmt. – Komisch, mich juckt's auch, sagte nun die Liebste. Und, der Psycho schläft nicht, mich selbst juckte es noch im selben Moment. Sodann fiel uns beiden ein, dass vor Schulschluss im Umfeld der Drittgeborenen Läuse aufgetreten waren ... Ich sagte: Ujegerl.

Der nächste Tag. Ich kann schon wieder nur Gutes aus Simmering berichten. Hier steht das Hygieneinstitut der Stadt Wien, das die Entlausungsstation beinhaltet. Ein Ort der Reinigung, der Läuterung, ja, der Katharsis. Die knochentrocken aber freundlich agierende Amtsärztin diagnostizierte unsere Buben als lausfrei. Der kalte Triumph, den sie uns entgegenschleuderten, wird sich noch einmal rächen. Die Liebste, die Drittgeborene und ich hingegen waren von Pediculus humanus capitis befallen, der Kopflaus. Die Entlauser Wiens stellten sich als ziemlich coole Männer heraus. Der eine gab sich als Weltreisender zu erkennen, der Läuse schon in Fünfsternhotels und Premium-Fluglinien gesichtet hatte. Der andere, der mich behandelte, trug seine Unverwundbarkeit in Form einer spiegelnden Glatze zur Schau. Während sein Nissenkamm durch mein Haar fegte, läutete sein Handy mit der Titelmelodie von Django. In der Folge sprachen wir über Tarantino, während der Mann meine Läuse umnietete wie Christoph Waltz die Plantagenbesitzer. Am Ende zeigte er mir ein paar hässliche Leichen. Tja, dachte ich, euch hätten wir nach New Orleans exportiert, wenn die gute Kollegin Doris nicht gewesen wäre.

Auf unserer großen Reise, die uns durchs Dixieland bis zu meinem Bruder nach New Orleans geführt hat, habe ich nichts geschrieben. Das ist einerseits verwunderlich, vier Wochen lang. Irgendwas schreibe ich immer auf Reisen. Wenigstens ein halbes Lied oder irgendeinen Blödsinn, den ich dann zuhause mit Kopfschütteln in eine Lade sickern lasse. Aber diesmal: nix. Man kann es andererseits verstehen: So ein Mississippi muss erst einmal hinein in einen Menschen von hier, so ein Bayou, so eine Plantage, so eine Esplanade Avenue von New Orleans. Was soll da zur selben Zeit rauskommen?
Irgendwann gingen wir in einen dortigen Drogeriemarkt, Dinge des täglichen Bedarfs kaufen. Da war es Mitte August, und die Kinder von Louisiana mussten wieder in die

Schule. So bot der Drogeriemarkt Schulartikel, nicht viel, aber das in konzentrierter Form. Und da sah ich es: mein Mittelquartheft! Ich jubelte, und Ms. Georgia, die der Liebsten gerade die Ohrenstäbchen zeigte, sah stirnrunzelnd zu mir herüber. Aber bitte: ein Mittelquartheft! Das sterbende Format, das beste Format! Mittelquart war immer mein liebstes Heft gewesen, geschmeidig sich zwischen A5 und A4 schmiegend, dabei aber breitschultrig und also beruhigend. Unsere damaligen Mittelquarthefte waren von einem satten Fastenzeit-Violett und trugen ein weißes, rot gerahmtes Etikett. Das Mittelquartheft von New Orleans war petrolweiß marmoriert und hatte ein Etikett mit der Aufschrift »Composition Book«. Dieses Etikett allein war schiach, sodass ich nach dem Erwerb des Heftes eine alte Postkarte von den DeLeon Springs in Florida draufpickte. Schon war alles bereit.

Dann fuhr dieses mein Heft mit mir herum. An den Lake Lafitte, dann den Mississippi hinauf. Es blieb leer. Einmal riss sich die Brut zwei Doppelseiten heraus, um Stadt-Land zu spielen. Manchmal starrte ich das Heft an und überlegte mir, was reinkommen sollte. Das Heft war dabei, als wir über Mississippi und Alabama nach Florida fuhren. Es blieb leer. Es kam mit nach Erdberg, und liegt jetzt auf meinem Schreibtisch. Es ist immer noch leer. Aber trotzdem steht alles schon drin.

Wenn Sie das lesen, kann ich gerade ein Schippel Glück gebrauchen. Unser Stück hat am kommenden Mittwoch am Rabenhof Premiere. Der Herr Direktor, der Regie führt, summt wie ein Kraftwerk, die Schauspieler gehen geradezu südstaatlichen Aberglaubensritualen nach, und meine Band ist wachsam und still. Tage auf Messers Schneide. Und der Spruch, den ich vor Jahren von einem Wiener Musiker gehört habe – »Scheißts euch nicht an, es ist ja nur Kunst« – der wirkt diesmal auch bedingt. Ich weiß es: Ich brauche Glück. Und unsere Rauchfangkehrer scheinen dafür nicht zuständig. Statt mich zu segnen hat einer von ihnen gerade jetzt wieder einen Brief hinterlassen, dass er uns nicht angetroffen hat und demnächst anzeigen wird.

Von den vier klassischen Neujahrsinsignien – Kleeblatt, Hufeisen, Rauchfangkehrer und Schwein – habe ich stets am meisten ans Schwein geglaubt, am wenigsten an den Rauchfangkehrer. Beim Rauchfangkehrer scheint zwar das Paradoxon des Äußerlichen überzeugend (ein kohlrabenschwarzer Mann soll das Schicksal auf die gute Seite rempeln), aber aus der Nähe bleibt vom Nimbus der Fortuna nimmer viel übrig. Beflügelt durch eine knebelartige Gesetzeslage, durch ihre Monopolstellung und ein Metternichsches Kontrollsystem sind die Rauchfangkehrer eher Schergen ihrer eigenen Macht als fröhliche Dienstleister, mit einem Hauch von *good luck*. Ich habe Rauchfangkehrer schon im Ersten, dann später in Mitte und jetzt auch hier in Erdberg stets vorrangig als Kontrollfreaks erlebt. Klar, niemand von uns will an einer Kohlenmonoxid-Vergiftung sterben, aber im Vorfeld kann man ja *reden*, statt immer gleich zu drohen. Nachbarin H. versichert mir zwar, es gebe unter den Mitarbeitern der für uns zuständigen Rauchfangkehrerfirma »an aanzigen, der is wirklich leiwand«, aber den habe ich noch nicht getroffen.

Ich erinnere mich nur an den Herbstmorgen im Jahr 1986, als ich eh schon im zweiten Anlauf zu meiner Reifeprüfung schritt und einem Rauchfangkehrer begegnete. Mit dem Satz »Ich hab heut Matura«, winselte ich um ein bisschen Glück.

Der Mann sagte: »Echt?«, und ging weiter. Immerhin drohte er mir nicht.

Ich höre grad viel Velojet. Velojet ist eine großartige Band aus Steyr, die jetzt schon seit Jahren in Wien agiert. Der Sänger, René Mühlberger, singt immer über Dinge, von denen man gern selbst träumen würde, stünde einem Österreich nicht im Weg. Auf dem himmlischen neuen Velojet-Album »Panorama« gibt es das Stück »Leading A Life«, das ich am liebsten habe, es erzählt von der Verortung einer Lebensgeschichte im Fluss der Zeit.

Das passt dazu, wenn ich grad dauernd daran denken muss, dass der Edi in Pension geht. Der Edi, der in einer für ihn nicht wirklich gültigen offiziellen Realität Eduard Voss heißt, war einer der großen Glücksfälle, die uns am Weg der Kinderaufzucht passierten. Als wir vor bald sieben Jahren den Erstgeborenen in der Volksschule anmeldeten, versuchte sich dieser am Ende des Gesprächs vom Direktor zu verabschieden, unsicher mit einer geeigneten Anrede für den vollbärtigen Mann kämpfend. Der Direktor sagte: »Waast wos, für olle Zukunft? Zu mir sogst: Hallo Edi!« Wir haben das dann alle so gehalten. Alle drei Kinder, und wir selber auch. Sechs Schuljahre mit Edi, dem Gründungsdirektor dieser fabelhaften Ganztagsvolksschule auf der Landstraße. Sechs Jahre, die dank Integrationspionier Edi und seiner unpackbar superen Lehrerinnen dazu führten, dass unsere Kinder den grünen Wald der Kindheit nicht verlassen mussten, wenn sie um halb acht das Haus Richtung Schule verließen und verlassen. Dass wir in die unmittelbare Nähe dieser Schule ziehen würden, hat uns die Übersiedlung von Mitte nach Erdberg schon im Vorfeld versüßt. Wir haben Freunde mit Kindern, die die vergangenen Jahre im Nahkampf mit Pädagogen und Pädagoginnen verbrachten, deren Grundstimmung dem Kalten Krieg zu entstammen schien. Edi dagegen lehrte uns, dass eine Schule als Ganzes leiwand sein kann, wenn ihr Chef fest daran glaubt, dass Kinder die Krone der Schöpfung sind.

Ich werde in der nächsten Zeit hie und da in jenem nahgelegenen Billard-Café vorbeischauen, in dem Herr Direktor a. D. Voss weite Teile seines Ruhestandes zu verbringen gedenkt. Ich werde hingehen, obwohl ich nicht Billard spiele. Ich werde die Tür öffnen, durch den rauchschwadendurchschwebten Raum blinzeln und rufen: Hallo Edi!

Irgendwas hat mir Glück gebracht. Vielleicht warens doch die Rauchfangkehrer von Wien. Oder die Schweinderln von Wien. Unsere Premiere am Rabenhof ist jedenfalls richtig gut gegangen. Und die Feier danach, die war schön. Irgendwann gegen Ende der Geisterstunde saßen meine Band und die Gäste noch in unserer Garderobe, der Weinheimer-Hubert und der Sas-Raphael sangen wunderschöne Lieder. Das war der richtige Moment: Ich hakte mich bei der Liebsten ein, hob unbemerkt eine grüßende Hand, und wir zwei wanderten von Erdberg nach Erdberg, sprich: haam.

Tags davor war ich noch auf dem Patagonia-Radl nach Mitte gerollt, in die alte Heimat, um beim Kerschbaum im letzten Moment neue Banjo-Saiten zu kaufen. Auf dem Weg kam ich auch an dem Haus vorbei, in dem wir bis vor dreieinhalb Jahren lebten. Ich bremste, setzte mich auf ein Rundbankerl auf der Brücke über die Bahn und starrte das Haus an. Nach einer Zeit kam eine Frau aus dem Haustor, die ich nicht kannte. Aber dabei schwang das Haustor weit auf, und ich roch einen Augenblick unser Ex-Stiegenhaus. Es war, als träfe man nach Jahren einen inzwischen entfremdeten Menschen, aber wie man seinen Mundgeruch riecht, weiß man wieder alles, was einmal war. Das Haus neben unserem Ex-Haus wird noch immer renoviert, fast scheint es, als wären die Arbeiten eingeschlafen. Der Geröllschlauch hängt verstaubt aus dem zweiten Stock, wie der Darm aus einem getöteten Drachen.

Jimmy, unser Freund und Mitte-Ex-Nachbar, hat angekündigt, zurück nach New York zu gehen. Und M., Freundin, Mitte-Ex-Nachbarin und Drittgeborenen-Patin, hat mich auf diesen Käfig ums Luxuswirtshaus im Stadtpark hingewiesen. Dieses Luxuswirtshaus, das ja seit seiner Schaffung eine Provokation der Öffentlichkeit darstellt, hat jetzt seinen Luxusparkplatz mit sechs Meter hohen Zäunen umgeben, und ich gehe davon aus, dass hier eher die Luxusfahrzeuge geschützt werden sollen als die Kinder auf der anderen Seite.

Tja, *I'm a stranger here in a strange land*, wie Bob Dylan singt. Aber abends dann, in Erdberg, die neuen Banjo-Saiten waren aufgezogen, da wartete die Premiere und das Glück. Ich danke schön.

ERNST MOLDEN
LIEDERBUCH
Songtexte aus fünfzehn Jahren
nebst einem Vorwort von Robert Rotifer
Deuticke 2011. 192 Seiten

Ernst Molden, Schriftsteller und Musiker aus Wien, der ab Mitte der neunziger Jahre als Romancier bekannt wurde, wandte sich in den letzten Jahren zunehmend dem Liederschreiben zu. Im Jahr 2007 begann eine intensive Zusammenarbeit mit der Wiener Rocklegende Willi Resetarits; in der Folge schrieb Molden, der auch an der Songwriting-Klasse von Nick Cave in Wien teilgenommen hat, vor allem Songs im Wiener Dialekt. Ernst Molden ist in der Sprachtradition H. C. Artmanns gleichermaßen heimisch wie im amerikanischen Alternative- und Blues-Rock. Für eine wachsende Fangemeinde gehören Moldens Lieder mittlerweile »mit zum Schönsten, das je im österreichischen Pop aufgenommen wurde« (Samir Köck, *Die Presse*). Das Liederbuch versammelt Ernst Moldens Songtexte aus den Jahren 1996 bis 2011.

»Wie nur wenigen gelingt es Ernst Molden, Literatur und Musik zu kleinen Kunstwerken zu verbinden. Seine Songs erschaffen gewissermaßen Parallelwelten, sie sind wie surreale Kurzfilme, die dennoch vom Hier und Jetzt erzählen.«
Klaus Totzler, *ORF*

»Molden hat die hohe Kunst im Kopf und das tiefe Wien im Herzen.«
Wolfgang Kralicek, *Falter*

ERNST MOLDEN / WILLI RESETARITS / WALTHER SOYKA / HANNES WIRTH
HO RUGG
Auf CD und Vinyl
2014 (Monkey/Rough Trade)

Die Selbstverständlichkeit also, die Ernst Molden zugewachsen ist, drückt sich vielfältig aus. Seine Sprache ist auf der absoluten Höhe zeitloser Wiener Poesie. Die Musik zitiert immer wieder das klassische Wienerlied, um sich mit der nächsten Wendung von jeder Dogmatik freizuspielen. Manche Motive, die wir schon früher bei Molden kennengelernt haben, kehren wieder. Man nennt das Stil. Ernst Molden hat seinen gefunden.

Christian Seiler

Bei Fragen zur Produktsicherheit wenden
Sie sich bitte an den Paul Zsolnay Verlag:
Prinz-Eugen-Straße 30, 1040 Wien
info@zsolnay.at